AV

Veröffentlichungen der Literaturkommission für Westfalen

Band 103

Herausgegeben
von der Literaturkommission für Westfalen

Fritz Achelpöhler

König – Kirche – Ravensberg

Die Errichtung der autoritären Monarchie Friedrich Wilhelms III. im preußischen Staat und in der evangelischen Kirche

AISTHESIS VERLAG

Bielefeld 2023

Abbildung auf dem Umschlag:
Ausschnitt der Stadtansicht Bielefeld von 1825 zwischen Marienkirche und Sparrenburg.
(Stadtarchiv Bielefeld, 400,11 / Graphische Sammlung Lfd. Nr. 640)

Für die Menschen.
Für Westfalen-Lippe.

Bibliografische Information der Deutschen Nationalbibliothek

Die Deutsche Nationalbibliothek verzeichnet diese Publikation in der Deutschen Nationalbibliografie; detaillierte bibliografische Daten sind im Internet über http://dnb.d-nb.de abrufbar.

Postfach 10 04 27, D-33504 Bielefeld
Satz und Umschlag: Germano Wallmann, geisterwort.de
Druck: docupoint GmbH, Magdeburg

ISBN 978-3-8498-1876-0
www.aisthesis.de

Inhalt

Vorwort

Den Anstoß zu dieser Arbeit gab ein Bericht aus dem Jahr 1817. Als damals 300 Jahre Reformation gefeiert wurden, schloss der preußische Innenminister eine Gruppe von Protestanten aus der Feier aus, weil sie als „Protestanten" aufgetreten waren.

Das weckte meine Neugier auf die näheren Zusammenhänge. Wie nahm die Öffentlichkeit in Ravensberg diese autoritäre Ansprache wahr? Immerhin gab es in Ravensberg seit der Aufklärung im 18. Jahrhundert ein deutliches Streben nach Selbstbestimmung. Im Frühjahr 1813 hatten die verbündeten Monarchen aus Russland und Preußen in Kalisch dazu aufgerufen, Deutschland solle geeint in den Krieg gegen das Empire Napoleons eintreten, es werde mit einer Verfassung zu neuer Einheit gelangen. Nach dem Krieg entstand der Deutsche Bund; er wurde ein Bund der Fürsten, nicht der Deutschen, und die Verfassung blieb aus.

Die politischen Veränderungen in Deutschland nach den Befreiungskriegen ab 1815 werden bis in die Gegenwart in der Geschichtswissenschaft vielfach als „Restauration" beschrieben, bis hin zu einer angeblich historischen Feindschaft zwischen Frankreich und Deutschland. Tatsächlich wurde in dieser Zeit nichts „wieder hergestellt", wie der Begriff der Restauration nahe legt. Vielmehr wurden neuartige autoritäre Strukturen des preußischen Staates geschaffen. Dies kann an der Kontroverse von 1834 bis 1839 im preußischen Staatsministerium um die politische Kontrolle der Privatlehrer und -schulen gezeigt werden, an der Auseinandersetzung des preußischen Staates mit der Kreissynode Bielefeld und nicht zuletzt an den Prozessen gegen Otto Lüning.

Gezeigt werden kann aber auch, wie sich mutige Demokratinnen und Demokraten, als „Demagogen" denunziert, dieser autoritären Politik widersetzt haben: Wir finden sie im Kreis der evangelischen Kirche ebenso wie unter den Richtern des Oberlandesgerichts Paderborn.

Dem Gedenken an diese mutigen Demokratinnen und Demokraten ist diese Arbeit gewidmet. Die Arbeit geriet in die durch die Pandemie bestimmten Schwierigkeiten der Bibliotheks- und Archivbenutzung, auch des gesellschaftlichen Verkehrs im Historischen Verein für die Grafschaft Ravensberg und mit Freunden.

Entlastung konnte ich im familiären Kreis, besonders bei meiner Frau durch Zuhören erfahren, auch Anregungen und Hinweise von meinen Kindern aufnehmen. Dafür sage ich öffentlich Danke!

Ich habe erlebt, dass die Archivarinnen und Archivare in Berlin, Bielefeld, Detmold und Münster mich immer wieder bei meinen Besuchen wirkungsvoll unterstützt haben. Dafür bedanke mich sehr.

Der Literaturkommission für Westfalen des Landschaftsverbands Westfalen Lippe danke ich für die Aufnahme in ihre Schriftenreihe, Herrn Kopp vom Aisthesis Verlag für die aufmunternde Betreuung.

Lisa Kerkhoff und Horst Albers haben mit ihrem Lektorat am Ende wertvolle Hinweise gegeben und dankenswerterweise geholfen, das Manuskript in eine annehmbare Form zu bringen.

Ein besonderer Dank gilt meinem Enkel Arthur Neugebauer, der in der Karte des Regierungsbezirks Minden 1848 die im Buch erwähnten ostwestfälischen Orte lesbar gemacht hat.

Bielefeld, im April 2023 Fritz Achelpöhler

Einleitung

Die Errichtung der autoritären Monarchie König Friedrich Wilhelms III. im preußischen Staat und in der protestantischen Kirche traf in Ravensberg auf das Streben nach Selbstbestimmung und Demokratie im Vormärz.

Die Grafschaft Ravensberg mit dem Hauptort Bielefeld war seit 1618 mit Brandenburg-Preußen verbunden. Sie umfasste 20 von 700 Quadratmeilen (150/5.245 km^2) im Regierungsbezirk Minden, war bis in die Mitte des 19. Jahrhunderts der am dichtesten besiedelte Raum in Westfalen mit einer überdurchschnittlich wohlhabenden Bevölkerung in Landwirtschaft und Gewerbe. Im Landschulwesen gebe es Fortschritte, sei aber noch weit entfernt davon, um als vorbildlich zu gelten.[1] Das Königreich Preußen war seit Friedrich II. ein Staat mit aufgeklärten Monarchen. Sichtbares Zeichen der Aufklärung war das „Allgemeine Landrecht für die preußischen Staaten" in Autorität und Inhalt. Die Verwandlung der aufgeklärten Monarchie in einen autoritären Obrigkeitsstaat in Preußen ging einher mit dem Anspruch Friedrich Wilhelms III. auf Deutungshoheit in der Sprache bei öffentlichen und kirchlichen Erzählungen. Den Aufruf zur Feier des 300. Jahrestages der Reformation Martin Luthers schloss Preußens Innenminister mit einer Abmahnung gegen den Wortgebrauch „Protestanten". Die Hintergründe sollen in der mit Theodor Schmalz verbundenen Kontroverse über staatliche und protestantische Positionen untersucht werden. Die Kritik an bestimmten, aber nicht genannten Protestanten ging ein als Verdacht in die polizeiliche Beobachtung Friedrich Schleiermachers, lag auch der Verfolgung Ludwig Jahns durch strafrechtliche Untersuchungsverfahren zu Grunde. Aus diesem Zusammenhang soll dargelegt werden, wie E. T. A. Hoffmann als Richter am Kammergericht argumentiert und die mit Schmalz verbundene Kontroverse rechtlich geprüft und geklärt hat.[2] Nach einer Welle von Verhaftungen in den Jahren 1823/24 wurde in den Prozessakten niedergelegt, was einzelne Beschuldigte über ihre persönlichen Verbindungen ausgesagt und über ihre politischen Diskussionen in Erinnerung behalten hatten. Die Oberlandesgerichte in Breslau und Naumburg führten diese Aussagen als Gründe für eine Verurteilung wegen hochverräterischer politischer Bestrebungen auf. Die Untersuchung der Akten eines Prozesses soll zeigen, dass aus vielen

Bruchstücken das Bild einer demokratischen Verfassung rekonstruiert werden kann und wie viele mit Ravensberg verbundene Männer der Demokratie zugetan waren. Der Begriff der Demagogie entzog den demokratischen Bestrebungen die Legitimation. Die Steckbriefsprache der politischen Polizei wurde in der Geschichtsschreibung bis ins 21. Jahrhundert fortgeschrieben. Die politischen Veränderungen in Deutschland nach den Befreiungskriegen ab 1815 werden bis in die Gegenwart als Restauration ausgegeben. Die Kontroverse von 1834 bis 1839 im preußischen Staatsministerium um die politische Kontrolle der Privatlehrer und -schulen zeigt, dass der Begriff der Restauration die Einrichtung neuartiger autoritärer Strukturen und die Begründung einer angeblich historischen Feindschaft zwischen Frankreich und Deutschland mit dem Mantel vorgeblich historischer Überlieferung verdecken sollte. Zur Durchsetzung des autoritären Hoheitsanspruchs in Presse und Literatur wurde zur Unterbindung kritischer Kommunikation eine Zensurbehörde eingerichtet. Die Geheimpolizei überwachte Briefe, drang in Wohnungen ein auf der Suche nach privaten Aufzeichnungen. Zur Sicherung wurden neue normative Begriffe gesetzlich verankert und mit Strafandrohungen bewehrt. Staatliche Kommissionen sorgten für die Sanktionierung widerständiger Personen und Gruppen durch Sondergerichte in den Formen des preußischen Rechtsstaates, den die Aufklärung zur Abwehr von Willkürherrschaft geschaffen hatte. König Friedrich Wilhelm III. bedrängte die reformatorische christliche Freiheit mit der Institutionalisierung seines Machtanspruchs in Organisations- und Glaubensangelegenheiten. Welche Entwürfe zur Entwicklung eines verfassten kirchlichen Lebens in Ravensberg erörtert und versucht worden sind, können Akten und Literaturausschnitte belegen. Protokolle und Berichte der Kreissynode Bielefeld zeigen, wie die Regierung der Kreissynode die institutionelle Weiterentwicklung autoritär verwehrte, wie aber auch die Synode eigene Positionen zur konfessionellen Vielfalt unter Christen und Juden, ansatzweise auch zur sozialen Frage entwickelte. Im Mittelpunkt der 3. Verfolgungswelle steht Hermann Lüning aus Schildesche bei Bielefeld, der 1834, nach der Flucht seines Bruders August in die Schweiz, in Greifswald ein Lesekränzchen zu einer „Gesellschaft der Volksfreunde" entwickelte und die Verbindung der Studenten zu einer Vereinigung mit Nichtstudenten erweiterte. Unter den dort gelesenen Zeitungen war auch die Augsburger „Allgemeine Zeitung", in der sich die Mitglieder der Lesegesellschaft über die polizeilichen Aktivitäten, die Entwicklung einer zentralen politischen Justiz, die aufgekommene soziale Frage mit der Verknüpfung von wirtschaftlicher Krise und sozialen Veränderungen sowie über die Lage von Studenten informieren konnten. Akten des Kammergerichts belegen, wie Hermann Lüning vor dem Untersuchungsrichter die „republikanischen" Strukturen der Gesellschaft der Volksfreunde dargestellt hat. Beiträge zu den publizistischen Unternehmungen seines Bruders Otto – „Das Westphälische Dampfboot" und „Dieß Buch gehört dem Volke" – zeigen, wie Hermann Lüning nach der Haftentlassung seine schon als Student entwickelte Idee einer Gesellschaft der Volksfreunde in Freiheit im Vormärz fortsetzte. Der preußische Innenminister verknüpfte die erneute Observierung Hermann Lünings mit der Fortdauer der Verbannung August Lünings und einer Anzeige gegen Otto Lüning wegen der in dessen Gedichten enthaltenen politischen Anspielungen. Am Ende stehen Entscheidungen des Oberlandesgerichts Paderborn in zwei Instanzen aus den Jahren 1845 und 1846. Darin werden historische und politische Bezüge in den Entscheidungsgründen genannt, die den Gegensatz zwischen der staatlichen Gewaltpolitik seit 1819, aufgeklärtem Rechtsverständnis und öffentlicher Meinung dokumentieren.

Der Justizminister forderte Rechenschaft von den Richtern zum Vorgehen und in vier Entscheidungen, legte die Akten schließlich auch dem Kammergericht vor. Wie er sich zu dem Verdacht eines illoyalen Verhaltens der Paderborner Richter gestellt und diesen nach außen aufrechterhalten hat, soll die dienstliche Abmahnung zeigen, die Friedrich Wilhelm IV. im Sommer 1847 den Paderborner Richtern aussprach und zugleich allen Oberlandesgerichten mitteilte.

Das Hauptaugenmerk dieser Studie gilt den Menschen aus der Region Ravensberg, die auch die benachbarten Räume des heutigen Regierungsbezirks Detmold einschließt. Die zentralstaatlich-politische und evangelisch-kirchliche Entwicklung Preußens von 1815 bis 1847 wird als ein integrierter Vorgang angesehen, die vielfältige Diskussion aber nur so weit einbezogen, wie es zum Verständnis der regionalen Vorgänge erforderlich erscheint.

1. 300 Jahre Reformation – Missmut des Innenministers über Protestanten 30. Juni 1817.

Die Bezeichnung „Protestanten" lasse „mancherlei Mißdeutungen" zu, und sei „dazu auch in der neuesten Zeit hin und wieder gemißbraucht worden". Diese öffentliche Zurechtweisung an die „evangelische Geistlichkeit der preußischen Monarchie"[3] erschien ausgerechnet am Ende eines Rundschreibens zur Feier der Erinnerung an die mit Martin Luther verbundene Reformation 300 Jahre zuvor und war in einen historischen Vergleich gefasst. Das gedruckte Schreiben teilte Richtlinien für den Verlauf der Feierlichkeiten mit. Am Ende ließ Innenminister Kasper Friedrich v. Schuckmann (1755-1834) verlauten, die Bezeichnung „Protestanten" sei „nicht mehr angemessen", sie führe „die Idee einer Sekte mit sich, die nur geduldet"[4] werde, so der König in seiner Anweisung an den Minister zur Erstellung des Rundschreibens. Im Begriff einer „Sekte" war auch der Begriff einer autonomen, politischen Verbindung[5] enthalten. Friedrich Wilhelm III. ließ durch den Innenminister darüber aufklären, dass mit dem Wort Protestanten „mehr die damals[6] geschehene Verwahrung der äußern Rechte der evangelischen Fürsten und Stände in den Angelegenheiten des Glaubens und der Kirchenverfassung" umschrieben werden könne; um den der evangelischen Kirche „eigenthümlichen Geist und Sinn zu bezeichnen", sei der Ausdruck nicht geeignet. Schuckmann machte die Relativierung eines reformatorischen Kernbegriffs zu einem Politikum: Der Minister unterstellte dem Wortgebrauch eine in der Begriffslogik des Wortes „Protestanten" enthaltene Behauptung widerstreitender Eigenständigkeit; worauf er genau zielte, ließ er offen.[7] Es waren wohl Tendenzen, die sich ein Vierteljahr später beim Wartburgfest Ausdruck verschafften. Politisch mochte er präventiv eine dem Staat „schädliche" Haltung abwehren. Schuckmann hatte sich allgemein geäußert und so ausgedrückt, dass der Verdacht in der öffentlichen Meinung unbestimmt bleiben konnte. Durch die Verbreitung im preußischen Staat sollte der Verdacht wirken. Ohne eine nähere inhaltliche Bestimmung des mutmaßlich Bedrohlichen verblieben die Begriffe „Mißdeutung" und „Mißbrauch" als rhetorische Elemente; sie verbanden das Streben nach Eigenständigkeit mit dem Verdacht der Illoyalität.[8] Schuckmann hatte eine Spaltung der reformatorischen Christen ausgemacht: die öffentliche Meinung sollte für loyale „Evangelische" und gegen illoyale „Protestanten" eingenommen werden. Schuckmann weckte die Erinnerung an die kontroverse Auseinandersetzung um einen unbestimmten Verdacht, der die öffentliche Meinung in Preußen im zweiten Halbjahr 1815 beherrscht hatte.

Im Hintergrund dieser Kontroverse macht die kirchengeschichtliche Rückschau „entschieden liberale Theoretiker" aus, die „den Geist ‚protestantischer Freiheit' als normative Grundlage von freier Bürgergesellschaft und nationalem Rechts- und Verfassungsstaat" gefeiert hätten. „Immer meinte ‚das Protestantische' [...] eine von aktiven Christenbürgern, Bürgerchristen durch sittliche Praxis in die allgemeine Kultur und speziell die Politik eingezeichnete autonome Vernünftigkeit."[9]

Vor diesen liberalen Theoretikern, vor ihren Äußerungen und Haltungen, hätten andere gewarnt, ihnen öffentlich vorgeworfen, den rechten Glauben preiszugeben, eine Revolution vorzubereiten und zu planen. Es war eine Minderheit, doch – wie Innenminister Schuckmann – in höchsten Staatsämtern vertreten, einige so eng „wie eine Ersatzfamilie" mit Friedrich Wilhelm III. verbunden.[10] Sie traten hervor, als Napoleon besiegt und nach St. Helena verbannt worden war. Die Entscheidung über Fortführung oder Neuordnung der staatlichen Verfassung, – auch von Kirche und Schule – stand in Preußen und in den übrigen deutschen und europäischen Staaten an. In der Politik trafen die Gegensätze inhaltlich bei den Begriffen „deutsche Einheit" und „Verfassung", grundsätzlich bei dem Gegensatz von autoritär monarchischer Herrschaft oder bürgerlicher Freiheit aufeinander.

2. Theodor Anton Heinrich Schmalz über geheime politische Vereine.

Die Rolle eines Provokateurs hatte im Sommer 1815 der Berliner Staatsrechtler Theodor Anton Heinrich Schmalz in einer kleinen Schrift über politische Vereine[11] übernommen. Sie wurde rasch verbreitet, ihre Tendenz vielfach zurückgewiesen. Eine erste Nachricht über Inhalt und Wirkung erreichte Oberpräsident Ludwig Freiherr Vincke in Münster aus Berlin:

> [...] Die Schrift war durch Herrn Schmalz selbst, vivae vocis oraculo, sehr laut angekündigt worden und die Neugierde des Publikums aufs höchst gespannt.

> Sie fand sich getäuscht, denn statt geschichtlicher Nachrichten über einen Gegenstand, dessen Geheimnis und Gefährlichkeit die Gemüter doppelt anspricht, gab der Verfasser allgemeine Andeutungen; sprach übrigens in breiter Ruhmredigkeit von sich selbst [...]. In der Rosenstielschen Gesellschaft bei Bandemer ward ihm auf eine Weise mitgespielt, die den Gesetzen der Höflichkeit zunahe trat, in dem Hirt[12] ihn öffentlich anfuhr: ‚Wie ist es möglich, daß Sie noch nicht geprügelt sind!' Der Minister v. Schuckmann hatte wie verlautet, die Schmalzische Schrift gelobt. Die Anwesenheit dieses vornehmen Gönners und Rosenstiels gewandte Verteidigung hinderten nicht, daß Schmalz aufs höchste getadelt wurde.[13]

Der „handfeste" Skandal blieb Literatur. In ein förmliches Berichtigungsverlangen zu einer biographischen Notiz hatte Schmalz seinen Widerspruch zur reformorientierten Politisierung eingefügt, verbunden mit der Forderung nach uneingeschränkter Monarchie. Er wollte die bisher fast allgemein vertretene Auffassung über politische Vereine „berichtigen". Im Untertitel „Ueber politische Vereine ..." behauptete er die Existenz revolutionärer politischer Vereine, übernahm einen Begriff der preußischen politischen Polizei aus dem Jahre 1798. Geheime Bünde wie der Tugendbund gegen die französische Besatzung[14] seien legitim gewesen, „jedoch", so erklärte Schmalz, „es haben sich andere Verbindungen [nach dem Sieg über Napoleon] in der Stille gebildet."[15] „Das Daseyn aber solcher Verbindungen verbreitet Furcht."[16] Dieser Satz war als Alarm zu verstehen und sollte den geneigten Leser in Abwehrbereitschaft versetzen. Das Gefühl der Furcht wurde zum Erzählkern einer Verschwörungsgeschichte, die wenig, doch gewichtige Zustimmung, aber lebhaften Widerspruch hervorrief und das staatliche Handeln in den folgenden Jahrzehnten bestimmen sollte. Seine „in den ersten Septembertagen" 1815[17] erschienene Schrift hatte Schmalz an die noch in Paris versammelten Monarchen seiner Zeit geschickt. Damit erschien sie Kritikern als „Denunziation", als „Warnung" verstanden sie die Adressaten der Schrift.[18]

Schmalz trat entschieden für die absolute Monarchie ein,[19] tilgte in seiner Darstellung die sozialen und politischen Motive der Teilnehmer für den selbständigen Einsatz in den Befreiungskriegen und fasste sie in der Erzählung einer vom König veranlassten Pflichtübung der Bürger wie bei einer fiktiven Brandkatastrophe zusammen.[20] Dieses Angebot an die Fürsten zu einer „alternativen Erinnerung“ stand der Lebens- und Kriegserfahrung der Teilnehmer an den Befreiungskriegen entgegen. Sie sahen, dass ihre Forderungen zu aktiver bürgerlicher Mitwirkung in der Politik im Rahmen einer Verfassung delegitimiert werden sollten. Schmalz ordnete die politischen Motive der Kriegsteilnehmer – auch die Diskussionen über eine für Preußen zu entwickelnde und vom König angekündigte Verfassung – in die Alternative „absolute Monarchie oder Hochverrat“ ein, den bloßen Verdacht eigenständiger Überlegungen über eine zu errichtende Staatsverfassung machte er zum Nachweis einer Verschwörung.

Dass „Zwecke im Inneren ohne des Königs Willen durchgesetzt werden sollen“[21], den Vorwurf, „allgemeine oder besondere Constitutionen gegen den Willen der Fürsten durchzusetzen“[22], schrieb Schmalz als Hochverrat „geheimen politischen Vereinen“[23] zu, die als gefährliche Vorbereiter einer Revolution erscheinen sollten. Das Attribut des Geheimen entzog dem Begriff die empirische Überprüfbarkeit und öffnete den Raum für falsche, auch frei erfundene Nachrichten.[24]

Der oben zitierte Briefausschnitt lässt erkennen, wie heftig auch im gesellschaftlichen Verkehr die Gegensätze ausgetragen wurden, auch, dass sich höchste Staatsbeamte wie Innenminister v. Schuckmann in eine Debatte einbrachten, die sich in der Presse und der Korrespondenz der leitenden Beamten über das ganze Königreich ausbreitete.

Aus den zahlreichen Rezensionen, Aufsätzen und Broschüren im Anschluss an diese Veröffentlichung[25] seien zwei Rezensionen herausgegriffen: die Berichterstattung im „Rheinischen Merkur“ als im preußischen Westen weit verbreiteter Zeitung und für den Bereich der protestantischen Kirchen in Preußen eine Predigt Friedrich Schleiermachers, dazu die Kontroverse zwischen Barthold Georg Niebuhr und Schmalz, der in einer zweiten Schrift auf Niebuhrs Kritik geantwortet hatte.

Eine für Schmalz positive, mit K. gezeichnete und Karl Albert v. Kamptz zugeschriebene Rezension[26] verfremdete die verfassungspolitische Diskussion unter Zuhilfenahme der Orthographie in das Unheimlichkeitswort eines „dämagogischen Oceans“. Der Begriff des Demagogischen[27] sollte eine Herrschaft aus Willkür bezeichnen, das Bild des Ozeans dehnte die Genauigkeit auf den Gedanken der Unbegrenztheit und Unbegrenzbarkeit schlechthin. Dieser Rezensent sah in den geheimen Vereinen die Klubs der Jakobiner wiederkehren, die Ludwig XVI. zu seinem Nachteil gleichgültig behandelt habe, und drohte mit einem Kreislauf, der in den Untergang Deutschlands münden sollte. Eine anonyme, schmalzkritische Rezension stellte fest, der Geheimrat „setzt geradezu das Daseyn politischer Verbindungen in Deutschland voraus", und schloss mit der Frage, „wo wird man nun nicht diese geheimen Gesellschaften suchen können und wollen? Jakobinerriecherei[28] wird von neuem beginnen und mancher Behörde zu großer Thätigkeit Anlaß geben."[29] Schmalz erklärt dazu in seiner dritten Schrift, dieser Vorwurf sei grundlos, den „redlichen Mann wird keine Jacobinerriecherei abschrecken von Freimüthigkeit"[30]. Was in der Vergangenheit Angst gemacht hatte, sollte nun die Zukunftserwartung ausdrücken und als Vorsorge gegen einen mutmaßlichen Kontrollverlust konkrete Gestalt des Verdachts annehmen.

2.1 Joseph Görres im „Rheinischen Merkur".

Joseph Görres hatte in den „Rheinischen Merkur" Nr. 341 vom 8. Dezember 1815 einen Beitrag Achim von Arnims aufgenommen. Unter der Überschrift „Aus Berlin" leitete Arnim die Berliner Diskussion über die Schmalz'sche Schrift mit dem Hinweis auf reformkritische Kreise ein: „gewisse Leute, die schon damals beym Landsturm gefährliche Verbindungen zu vermuthen vorgegeben hatten, waren häufig versammelt, ehe der Wisch von Schmalz erschien, die unterrichteten Leute wußten, daß so was erscheinen sollte." Arnims Bericht dieser öffentlichen Diskussion geriet zur Satire und bemerkte kritisch: „Uebrigens sollen sich nach der Schmalzischen Denunziation mehrere bedeutende Geschäftsmänner dahin erklärt haben, bey so bewandten Umständen sey noch an keine Verfassung zu denken." Die Zeitgenossen haben auch Namen mutmaßlicher Anstifter und Hintermänner genannt, Caroline von Humboldt wies auf Schuckmann.[31]

In seiner Artikelserie „Die Rückwirkung in Preußen" über vier Ausgaben des „Rheinischen Merkurs" zwischen dem 16. und 31. Dezember 1815 sah Görres auf die Schmalz'schen Thesen in, wie Kraus notiert, „unübertrefflicher Ironie"[32] , ließ durchblicken – „dank seiner Vernetzung mit preußischen Offiziellen"[33] im Rheinland –, dass die Geheimpolizei am Werke sei. Die „Allgemeine Zeitung" meldete am 2. Januar: „Man weiß im Gegentheil aus guter Quelle, daß der König, sich mißfällig darüber geäußert und die

Unterdrükung des Geistes in diesem Blatte anbefohlen hat." Die Zeitung erwartete, „daß der Rheinische Merkur bald in die Schranken der Mäßigung und der Ordnung zurükgebracht werden, oder zu erscheinen aufhören dürfte."[34] Das Letztere verfügte Friedrich Wilhelm III. am folgenden Tag. Die Verbotsverfügung enthielt auch eine Absichtserklärung zur Pressefreiheit. Die Formel lautete: „Mein Ministerium beschäftigt sich mit einem Gesetze über die Press-Freiheit", bis dahin müsse aber der Oberpräsident am Niederrhein Johann August Sack (1764-1831) als Adressat der Verfügung[35] „die Zeitungen und Journale im Zaum halten"[36]. „Bis dahin" sollte bis 1851 reichen, als in Preußen das erste Pressegesetz erschien.

Friedrich Wilhelm III. hatte bereits am 18. November Polizeiminister Wittgenstein angewiesen, „nicht nur den Rheinischen Merkur, *sondern jedes andere öffentliche in Meinem Lande herauskommende Blatt" unter seine „specielle Aufsicht zu nehmen* und Maasregeln zu ergreifen, die dem oben obgedachten Zweck vollständig entsprechen."[37] Dieser verkürzte das Hochwertwort der Pressefreiheit auf die autoritäre Entscheidungsfreiheit des Monarchen und wies Sack an, alles außerhalb dieser Maßgabe als „Zügellosigkeit", „unanständig oder beleidigend" zu betrachten und zu unterbinden. Die Alternative eines Pressegesetzes nach britischem Vorbild, „dass [...] ein allgemeines Gesetz über Pressfreiheit und ihre Beschränkung den Verf. allein für seine Schriften verantwortlich mache und die Regierung von der Censur derselben gänzlich befreie"[38], hatte der König verworfen. Als Prediger und auch als Schriftsteller hatte sich Friedrich Schleiermacher an der durch Schmalz ausgelösten Diskussion beteiligt.

2.2 Friedrich Schleiermacher, 22.10.1815 in der Dreifaltigkeitskirche zu Berlin.

Gelobet sei der HERR, der seinem Volk Israel Ruhe gegeben hat, wie er zugesagt hat. Es ist nicht eins dahingefallen von allen seinen guten Worten, die er geredet hat durch seinen Knecht Mose. 57Der HERR, unser Gott, sei mit uns, wie er mit unsern Vätern gewesen ist. Er verlasse uns nicht und ziehe die Hand nicht ab von uns. 58Er neige unser Herz zu ihm, dass wir wandeln in allen seinen Wegen und halten alle seine Gebote, Satzungen und Rechte, die er unsern Vätern gegeben hat. (Predigttext 1. Kön. 8, 56-58)

Schleiermacher bezog den Predigttext auf „das frische Andenken an die [...] Tage von Leipzig" und auf die vierhundertjährige Regierungszeit der Hohenzollern in der Mark Brandenburg.[39] Damit war der Gottesdienst zugleich ein Staatsakt. Der besondere Anlass lud ein zu einer Erinnerung an die historische Überlieferung des Zusammenhalts der Hohenzollern mit den Völkern der preußischen Staaten – „Gelübde der Treue" – wie an die Zeitgeschichte – „die blutigen und verhängnisschweren aber auch entscheidenden und ruhmvollen Tage" von Leipzig und des Krieges überhaupt. Der endgültige Sieg über Napoleon lag drei Monate zurück. Die Erinnerung war frisch für die Nacherzählung der Geschichte vom persönlichen Einsatz im Kampf, der Motive und Ziele. Deutsche Einheit und preußische Verfassung waren aktuelle Ziele, gegen die Schmalz einen Monat zuvor polemisiert hatte. Schmalz war Mitglied der Gemeinde; dass er den Gottesdienst versäumt hat, ist nicht anzunehmen, eine unmittelbare Konfrontation ist nicht ersichtlich und nicht überliefert. Überliefert ist nur die gedruckte Predigt; die Abweichungen vom Vortrag sind nicht bestimmbar.

Wie Schleiermacher das Ziel der deutschen Einheit behandelte, zeigt Matthias Wolfes. Er schließt den Bericht über Inhalt und Aufbau der Predigt mit dem Zitat: „Haben wir nicht wohl gewußt, daß mit unserm königlichen Herrn vereint Gott uns zwar züchtigen könne aber nicht verderben, weil dies Volk und dies Königshaus, an dem sich Gottes Gnade schon so sehr verherrlicht, auch noch müsse zu großem aufgespart sein" und bemerkt, „worin dieses ‚Große' besteht, konnte den Predigthörern angesichts der Rolle, die Preußen nach den erfolgreichen militärischen Auseinandersetzungen innerhalb des nationalen Einigungsprozesses zukam, nicht zweifelhaft sein."[40] Das Ziel einer preußischen Verfassung schien auf, wenn Schleiermacher beschrieb, wie Volk und König verbunden seien und wie diese Verbindung zu gestalten sei. Er benutzte dazu mit „Veredlung" ein Wort aus der Gärtnersprache; Zuhörer sollten denken, es bleibe die alte Monarchie, sie erhalte zu ihrer Verbesserung eine Verfassung wie einen Edelreis „aufgepfropft":

> Wenn wir uns an diesem feierlichen Tage hier vor Gott das Wort geben, das Band der Liebe und des Gehorsams, das uns mit unserm Herrscherhause vereint, unter allen Umständen unverbrüchlich festzuhalten und zu dessen Veredlung aus allen unsern Kräften beizutragen so wird schon von selbst Niemand glauben, das erste sei so gemeint, als wollten wir

> uns gegenseitig warnen, nicht etwa auch in den Frevel der Empörung zu gerathen, wovon freilich in dem langen Zeitraume, der bei uns durch unentheiligte Treue gesegnet war, leider die Geschichte anderer Völker schreckliche Beispiele zeigt, […].[41]

Den Worten, zur „Veredlung“ des Bandes zwischen Volk und Herrscherhaus „aus allen […] Kräften beizutragen“, hatte Schleiermacher im Druck eine besondere Bedeutung vermittelt. Die feierliche Selbstverpflichtung der Gemeinde zum Erhalt der Monarchie und ihrer Weiterentwicklung zum monarchischen Verfassungsstaat wollte Schleiermacher nicht als Warnung vor revolutionären Umtrieben – Schleiermacher sprach vom „Frevel der Empörung“ – verstanden wissen. Diesen Verdacht räumte der Prediger im historischen Vergleich mit Frankreich vorsorglich aus. Schleiermacher wiederholte diese Warnung in der Form doppelter Verneinung.

> So wenig Spuren eines solchen Frevels giebt es in unserer Geschichte, daß sie sich in dem unbeachteten Gebiete unsicherer Vermuthungen verlieren; und daß jeder Argwohn, als ob hie und da etwas gebrütet würde, woraus sich Zwietracht entspinnen könnte, wenn er nicht sollte absichtlich das gegenseitige Vertrauen untergraben wollen, nur mitleidig würde verlacht werden.

Schleiermacher forderte Zustimmung und Aufmerksamkeit ein „jeder wohlmeinende und aufmerksame“ und – wie im Ton einer persönlichen Ansprache an Schmalz –, „können wir jeden […] dreist auffordern es in seinem Innersten zu prüfen, ob er nicht gestehen muß, daß zu solchem Frevel keine Anlage ist in unsern Mitbürgern, […].“

Schleiermacher hatte zwischen realer und fiktiver Besorgnis unterschieden. Nach dem Tilsiter Frieden sei das tiefste und heftigste gemeinsame Gefühl die „Besorgniß“ gewesen,

> daß die freie Herrschermacht unseres Königes noch mehr möchte gebeugt werden unter fremde Gewalt, oder daß diese frevelnde Gewalt, welche schon so vieles gewagt hatte, zuletzt auch noch ihre zerstörende Hand legen möchte an das geheiligte Band zwischen diesen Ländern und ihren angestammten Beherrschern.[42]

Die fiktionale Sorge erkannte Schleiermacher als Ausdruck einer bloß abweichenden Meinung. In der Entgegnung auf Schmalz hatte Niebuhr gegen den Ketzernamen „geheime Verbindungen" den Begriff einer legitimen politischen Partei abgegrenzt und für die Anerkennung der Vielfalt öffentlicher Äußerungen geworben.

> Wer, weil die Unvollkommenheit menschlicher Dinge eben hier ganz unvermeidlich eintritt, keine Partheien dulden, und jede übertreibende, ausschweifende, verwilderte, oder die ihm so erscheint, ausgerottet wissen will, der widerspricht sich selbst, wenn er zugleich Freiheit und Leben im Staate wünscht; der verwirft auch nothwendig die Reformation und unsere protestantische Freiheit; und muß eingestehen, daß die von den Vertheidigern des Despotismus und der Universalmonarchie gepriesenen Güter wirklich die höchsten seyen.[43]

„Freiheit und Leben" ließ Schleiermacher in ein öffentliches Leben voller Vielfalt der Meinungen münden. In einem so großen Staat wie Preußen „bei so vielseitigem Verkehr mit andern Völkern und so mannigfaltiger vor uns liegender Geschichte anderer Staaten" „muß sich eine große Menge verschiedener Meinungen über das, was dem gemeinen Wohl förderlich ist, erzeugen. Daß jeder die seinige äußere um seiner Einsicht Raum zu verschaffen, dieser Freiheit verdanken wir zuviel, als daß irgend jemand sogar seinen Gegnern sie sollte beschränken wollen."[44]

Streit über verschiedene Meinungen sei unvermeidlich. Doch dieser ließe sich mit Empathie für den anderen – „frage Dich in deines Gegners Seele" – austragen. Dieser Satz leitete einen Abschnitt ein mit der Anrede „Wohl denn mein Bruder!" und über 16 Zeilen hinweg mit mehrfacher persönlicher Anrede[45], naheliegend, dass hier Schmalz Inhalt und Form auf sich beziehen konnte. Wie Schleiermacher sich hat verstanden wissen wollen, bleibt offen.

In die Polizeiakten gelangten zwei Abschnitte der Predigt: Am 03.12.1821 berichtete die „Central-Untersuchungs-Commission" des Deutschen Bundes in Mainz über „das politische Treiben zu Berlin"[46], „auch *Schleiermacher*[47] sprach und schrieb gegen Schmalz." Schleiermacher habe in der Predigt am 22.10.1815 „deutlich auf Schmalz gezielt" und damit „die Kanzel zum Schauplatze politischer Streitigkeiten" gemacht.[48] Der erste Abschnitt war eine

Kritik an der Plausibilität der Schmalz'schen Warnung vor revolutionären Vereinen, der zweite enthielt eine Auseinandersetzung mit der Fiktionalität der unterstellten Befürchtungen.[49] Beide Abschnitte konnten Leser an die Schmalz'sche Veröffentlichung erinnern. Für den Bericht seien es diese Sätze, die die Kanzel *„zum Schauplatze politischer Streitigkeiten machen"*.

Strafbare Fehlverhaltensweisen eines Predigers im Amt werden im ALR „grobe Excesse"[50] genannt. Das ist ein unbestimmter Rechtsbegriff, den die KO vom 12.04.1822 mit Inhalt füllen wollte. Kultusminister Altenstein waren diese Abschnitte und der damit verbundene Vorwurf für eine strafrechtliche Untersuchung nicht belastbar, Innenminister Schuckmann und der Direktor im Polizeiministerium Karl v. Kamptz wollten wenigstens den Verdacht zum Vorwurf machen. Sie räumten ein, „bei den widersprechenden Urtheilen über die Kanzel Vorträge des p Schleiermacher" vermöchten sie „nicht, darüber etwas bestimmtes anzuführen", glaubten jedoch, „daß es schon schlimmer ist, wenn ein solches Gerücht entsteht und sich erhält."[51]

Schmalz wehrte sich ausdrücklich gegen Niebuhr und indirekt gegen Schleiermacher. Niebuhrs Forderung, Beweise oder Namen „geheimer Vereine" zu nennen, tat er ab: „Nicht mit Namen, sondern mit der Sache" habe er zu tun.

> Ein Schriftsteller aber, welcher über notorische Dinge seinen Unwillen ausdrückt, oder über allgemein-geglaubte, hat aus keinem Grunde gerade den Beweis des Daseyns dieser Dinge zu führen.[52]

> Nicht minder streben sie nach Constitutionen, [...] insinuiren tückisch genug: „in einem Staate, wo die Souverainität ungetheilt dem Monarchen gehöre – – sey kein Leben und keine Freiheit."[53]

> Aber von den wahren Vortheilen der Volks-Repräsentationen haben Leute, wie unsre politischen Flugblätterschreiber, gerade desto verkehrtere Ideen, je lauter sie schreien, und ich setze hinzu, je frecher sie dabey die Sprache der Religion entweihen. Christen und momentan-anarchische Maßregeln? Welche Lästerung!

So wurde für Schmalz die gedruckte Predigt ein „politisches Flugblatt" mit Auffassungen, die er unter Revolutionsverdacht stellte. Schmalz wiederholte nachdrücklich den Vorrang einer absoluten Monarchie, belehrte: „[...] daß wer der Obrigkeit widerstrebe, Gottes Ordnung widerstrebe", und die „politischen Flugblätterschreiber" „langen die [Larve] des Thomas Münzer, des Johann Bockholt[54], des Cromwells wieder hervor, um heuchlerisch unter dem Denkmantel religiöser Floskeln Teufeley zu wirken."[55] Zwischen Schleiermachers Predigt am 22. Oktober 1815 und Schmalz' „Letztes Wort" war die Druckfassung der Predigt erschienen.[56] Die Druckfassung konnte die Predigt zu einem Politikum werden lassen. Schmalz mied den Namen Schleiermachers, wählte Ausdrücke, die ihn und seine Predigt einbeziehen mochten. Die Ausführungen waren so unbestimmt, das sich viele dagegen empören, aber niemand vor Gericht dagegen erfolgversprechend klagen konnte. Der Jurist Schmalz hatte eine eigene Welt von Fakten geschaffen, die ihn auch von den Bestimmungen des Allgemeinen Landrechts zum Schutze der Persönlichkeit freistellten.

2.3 Niebuhr und Genossen – die Wiederkehr der Jakobinerfurcht nach einer Eingabe.

Die Unterzeichner einer Eingabe – Niebuhr und Genossen – wollten eine Kontrolle der von Schmalz behaupteten Fakten von Staats wegen[57] erreichen:

> Es ist durch ganz frische Beyspiele ausgemacht gewiß, daß diejenigen, welche die Gerüchte vom Daseyn geheimer Bünde verbreiten, bey ihrer Taktik beharren, mit unermüdlicher Dreistigkeit ihre Behauptungen zu wiederholen, zu thun als ob sie nicht widerlegt wären, sich auf die handgreiflichsten Erdichtungen mit unerröthender Stirn wie auf Thatsachen zu berufen, in der Hoffnung die Vernunft auf diesem Wege zu betäuben und zu überwältigen, und sich Glauben zu erzwingen.[58]

Der König beendete die öffentliche literarische Diskussion in Preußen mit einem Befehl. Er lehnte die Untersuchung und Aufklärung der Schmalz'schen Behauptungen ab[59] und wiederholte das Edikt von 1798, mit dem er Gesellschaften und Verbindungen verboten hatte, in denen „über gewünschte oder zu bewirkende Veränderung in der Verfassung oder Verwaltung des Staates" „Berathschlagungen, in welcher Absicht es sei", angestellt würden.[60] Damit ließ er erkennen, dass er sich die Schmalz'sche Denunziation – es sollten

„Zwecke im Inneren ohne des Königs Willen durchgesetzt werden" – zu eigen gemacht hatte.[61] Die Furcht vor einer Wiederkehr der Jakobiner war zurück. Für die in Preußen erst eingegliederten Gebiete im Rheinland und in Westfalen war das eine nachhaltige Veränderung ihrer öffentlichen Lage.

3. Preußens neue Westgebiete: Rheinland und Westfalen.

Seine Pläne im Königreich Preußen für die Rheinlande hatte Friedrich Wilhelm III. von Wien aus am 5. April 1815 und für Westfalen aus Berlin am 21. Juni 1815 öffentlich bekanntgegeben. Preußen hatte 30% mehr Einwohner auf 15% neuer Fläche gewonnen. Welche Erwartungen und Befürchtungen dem vorausgegangen waren, mögen stellvertretend zwei Zitate erkennen lassen:

> Ob nun endlich eine ordentliche landständische Verfassung und ein vollständiges repräsentatives System zum Vorschein kommen werde, soll mich wundern. Geschieht das nicht, dann war es nicht der Mühe werth, so viel Blut u. Gut aufzuopfern, um Deutschland von dem fremden Joche zu befreyen.[62]

Ludwig Natorp (1774-1846) setzte sich am 7. März 1815 mit einer noch anonymen Gegenöffentlichkeit auseinander, der Ernst Moritz Arndt mit dem Grafen Ernst zu Münster (1766-1839) ein Gesicht gegeben hat. Arndt zitierte aus einem Brief Münsters an den Reichsgrafen Freiherrn Heinrich Carl Friedrich vom Stein nach St. Petersburg, es „werde am Ende besser gethan sein, das wälsche napoleonische Joch allenfalls noch ein zehn zwanzig Jahre länger zu tragen und die Zeit abzuwarten, als das Gefühl der Stärke zu sehr an die Kleinen zu bringen."[63]

In beiden Zitaten geht es um die bürgerliche Freiheit. Natorp war die Aussicht auf politische und gesellschaftliche Selbstbestimmung eine moralisch legitimierte Hoffnung, die Proklamation für die Rheinländer, die Verordnung über die zu bildende Repräsentation des Volkes für Preußen und die Aussicht auf eine ständische Verfassung für Westfalen konnten ihn in dieser Hoffnung stärken.

Graf Münster äußerte Angst um den Verlust politischer und sozialer Vorrechte angesichts der zahlreichen Anteilnahme junger Männer, die mit der

Bernhard Christoph Ludwig Natorp (1774-1846).
Lithographie nach dem Gemälde von Wilhelm v. Kügelgen.
WLM Münster.

Befreiung von Napoleon auch die bürgerliche Freiheit im Innern und die deutsche Einheit erlangen wollten. Münster war Jurist und Diplomat im Kurfürstentum, seit 1815 Königreich Hannover, lange Jahre Kabinettsminister der Krone in London. Er hatte in den Jahren 1812 bis 1814 mit Stein über Rüstungsgeschäfte und militärische Absprachen gegen Napoleon zwischen England und Rußland, auch über die Neuordnung Deutschlands nach den Kriegen korrespondiert, mit den Vertretern der europäischen Staaten auf dem Wiener Kongreß verhandelt und mit Fürst Metternich über viele Jahre auch eine engere persönliche Beziehung unterhalten.[64]

Friedrich Wilhelm III. hatte dem Volk der Rheinlande – im „Grenzlande des deutschen Reiches" – verkündet, es sei „die Vormauer der Freiheit und Unabhängigkeit Deutschlands", stehe im Schutz Preußens, um „seine Freiheit" zu behaupten, nehme am Ende Anteil „an dem Ruhm, die Freiheit und Unabhängigkeit des deutschen Reichs auf lange Jahrhunderte dauernd gegründet zu haben." Die dreifache Berufung auf „Freiheit" war die Freiheit „Deutschlands", des Rheinlandes und des „deutschen Reiches", konnte auch der nationalen Freiheit gelten, nach außen gegen Frankreich, aktuell gegen Napoleon gerichtet, der einen Monat zuvor von Elba aus in Frankreich gelandet war. Für die Bezeichnung der inneren Entwicklung wurde der Freiheitsbegriff nicht verwendet, konkret wurden die Verbesserung der Anstalten des öffentlichen Unterrichts, ein „bischöflicher Sitz", eine Universität und Bildungsanstalten für „Geistliche und Lehrer" angekündigt. Sogar eine „Zuziehung" bei der Festsetzung und Erhebung der Steuern mit Modellcharakter für ganz Preußen stand in Aussicht: „Die Steuern sollen mit Eurer Zuziehung regulirt und festgestellt werden, nach einem allgemeinen, auch für Meine übrigen Staaten zu entwerfenden Plan."[65] Die Justizverfassung blieb erhalten. „In den zwanzig Jahren von 1795 bis zu Anschluss an Preußen, war das neue französische Recht eingeführt worden. Gleichheit vor dem Gesetz, öffentliche und mündliche Gerichtsverfahren, Geschworenengerichte in Strafsachen, Trennung von Justiz und Verwaltung."[66]

1816 wurde die Provinz Westfalen errichtet. Dort ließen die Ministerien in Berlin die Geschäfte durch drei Regierungen führen, Ravensberg durch die Regierung in Minden verwalten. An der Spitze der Provinz residierte in Münster der Oberpräsident, der durch ein Konsistorium als staatliche Behörde das Kirchen- und Schulwesen leiten, nicht verwalten sollte. Die Einrichtung der Provinzen bewertet Reinhart Koselleck als

> eine Konzession an den Regionalismus derart, daß die historischen, sozialen, konfessionellen und nationalen Unterschiede gerade innerhalb der Verwaltung selbst zu Worte kommen konnten. Der Oberpräsident stehe [...] „vor einem Volksteil ... als der Bevollmächtigte des Königs da, der zur Masse zu sprechen und ihre Sprache zu vernehmen hat."[67]

Oberster preußischer Verwaltungsbeamter in Westfalen war nach dem Rückzug Napoleons seit dem 13.11.1813 Zivilgouverneur Ludwig Freiherr Vincke (1774-1844), ab dem 25.05.1815 bis zu seinem Tode am 02.12.1844 Oberpräsident.[68] Vincke, ein wirtschaftlich unabhängiger Landadliger, war von Friedrich Wilhelm III. 1798 mit 24 Jahren zum Landrat für den östlichen Kreis Minden ernannt worden, ein „(typisch junger) examinierter Berufsbeamter", den Jürgen Kloosterhuis „zu den preußischen Prototypen eines modernen, staatlich geprägten Verwaltungsapparats"[69] rechnet. 1804-1807 leitete er die Kriegs- und Domänenkammer Münster-Hamm bis in die Anfänge der französischen Herrschaft über Westfalen. Er gehörte in Berlin „zum äußeren Kreis der preußischen Reformer"[70], von 1808-1809 arbeitete er in Berlin im Finanzministerium, danach bis 1810 als Regierungspräsident in Potsdam. Dort war er auf Natorp getroffen und hatte dessen schulpolitische Tätigkeit schätzen gelernt. Überhaupt erhoben diese Beamten einen „Anspruch auf Eigenverantwortlichkeit"[71] und verstanden sich in ihrer großen Mehrheit „als der geistige Kern des Staates und der Gesellschaft", als „solcher wollten sie nach außen wirken, um freie selbständige Staatsbürger zu erziehen."[72]

Die Proklamation für Westfalen[73] erfolgte einen Monat nach dem allgemeinen Verfassungsversprechen für Preußen[74] und stellte den Bewohnern von 22 westfälischen Territorien „mit sorgfältiger Beachtung ihrer frühern Verhältnisse" „eine ständische Verfassung" in Aussicht, „welche ihren Bedürfnissen angemessen ist". Diese sollte „an eine allgemeine Verfassung anschließen, die Wir", so Friedrich Wilhelm III., „Unsern gesammten Staaten gewähren werden." Diese Proklamationen sollten die Zusammengehörigkeit der preußischen Gebiete aus Sicht der neu-preußischen Untertanen beschreiben und andeuten, wie der altpreußische Staat vom Westen her erneuert werden könnte. Sie waren mit der Veröffentlichung in der Gesetz-Sammlung für die Königlich Preußischen Staaten an „Jedermann" gerichtet, für die Beamten bildeten sie die Grundlage ihrer Amtsführung.

Ludwig Freiherr Vincke (1774-1844).
Gemälde von August von der Embde, Öl auf Leinwand, 1816 (Privatbesitz).
Das 1816 bei einem Aufenthalt in Kassel von August von der Embde gemalte Porträt zeigt Vincke im ersten Jahr seiner Amtszeit als Oberpräsident.

Johann Friedrich Benzenberg[75] sah auf die Verfassungszusage und eine unabhängige freie Presse und begrüßte die Zusagen Friedrich Wilhelms III. als „ein Wort des Heils und der Freude." Doch sei die Wirklichkeit davon noch weit entfernt. Er hatte erwartet, dass „auch von unten"[76] die Huldigung gestaltet und „politische Teilhabe zum Ausdruck" gebracht worden wäre. Nicht ohne Trauer habe das Volk gesehen, wie bei der Erbhuldigung in Aachen „die Stellvertreter des Volks, nicht vom Volke gewählt, sondern von der Regierung bezeichnet"[77] worden seien. Das Huldigungsfest sei „fast ein französisches" geworden; doch „wie nach französischer Weise" sei am Tage danach in den Zeitungen verkündet, „wie doch alles so gar herrlich gewesen" sei. Es sei ernst, „wenn die Regierung sich selber huldigt; – wenn die Zeitungen der Regierung dasjenige ohne Maß loben was die Regierung gethan – und auch das – was die öffentliche Meinung getadelt."[78] „Jede Verfassung ist gut, die eine rechtliche ist."[79] Benzenberg argumentierte als Protestant:

> Gott hat den Menschen nach seinem Bilde gemacht, so lehret die Schrift. Der Bettler und der König stehen mit gleichem Rechte *vor dem Throne des Ewigen, – vor dem Throne dessen, der keinen Nahmen hat, der da ist, der er war, der er seyn wird.* Der Mensch will eine rechtliche Verfassung, nicht allein ihres Werthes wegen, sondern wegen seiner Würde. Das ist es, was die Zeit jetzt bewegt. Das Rechtliche der Verfassung beruht auf dem Grundgesetze zwischen dem Volke und dem Fürsten – nach welchem dieser regiert, nach welchem jenes gehorcht. Es ist der Wunsch unseres Volkes, dass seine Stellvertreter vom ganzen Volke gewählt werden.[80]

Der politische und soziale Inhalt des Volksbegriffs war offen. Die Untertanen im absolutistischen Staat und alle Gemeindeglieder in den protestantischen Kirchen mussten erst noch erreicht und für neue Formen der Beteiligung gewonnen werden.

4. „Republikanische Verfassung" oder „landesherrliches Kirchenregiment?"

Die Spannung zwischen Staat und Kirche, zwischen monarchischer Herrschaft in Preußen und bürgerlicher Freiheit wirkte in der Alternative „republikanische Verfassung" des Kirchenwesens oder „landesherrliches Kirchenregiment." Die protestantischen Gemeinden hatten aus unterschiedlicher Herrschafts- und Reformationsgeschichte ihre jeweiligen konsistorialen Kirchenordnungen in die Provinz eingebracht.[81] Die preußische Regierung sah es als eine staatliche Verwaltungsaufgabe an, eine gemeinsame kirchliche Verfassung in einer Kirchenordnung für die protestantischen Gemeinden zu bestimmen. Die lutherischen und reformierten Gemeinden in der westfälischen Grafschaft Mark lebten in einer selbständig entwickelten Verfassung, wollten diese erhalten. Die märkischen Gemeinden zwischen Gelsenkirchen und Soest, Hamm und Lüdenscheid wurden durch gewählte Gemeindevertreter in Presbyterien geleitet, sie besetzten die Pfarrstellen durch freie Wahl, hielten Synoden von Pfarrern und anderen Vertretern der Presbyterien ab, die über gemeinsame Angelegenheiten in ihrem Kreis berieten und entschieden, vor allem über Fragen von Schule, Kirche, Finanzen und Armenpflege. Diese Kirchenverfassung war in den Gemeinden fest verankert, das 200-jährige Bestehen im Märkischen besonders 1812 gefeiert[82] worden. Vincke betrachtete sie als Modell für Westfalen, Schleiermacher grundsätzlich und für Preußen insgesamt: „Auch die neue Gesellschaft des Bundes, den [der Erlöser] gestiftet hat, bedarf äußerer Zusammenkünfte, damit die Menschen zusammengehalten werden."[83] Innenminister Schuckmann lehnte sie ab. Die unterschiedlichen Vorstellungen einer künftigen kirchlichen Verfassung traten neben dem Reformationsjubiläum 1817 zu Tage, als Friedrich Wilhelm III. den Wunsch nach einer Union der lutherischen und reformierten Bekenntnisse und einer einheitlichen Gottesdienstordnung für Preußen, der Agende, äußerte. Wie die märkische auf Presbyterien gestützte Synodalverfassung 1835 in die rheinisch-westfälische Kirchenordnung überführt worden ist, ist in der Literatur und in Quellendokumentationen leicht zugänglich.[84] Wie König Friedrich Wilhelm III. mit seiner Regierung die reformatorische christliche Freiheit mit der Institutionalisierung seines Machtanspruchs in Organisations- und Glaubensangelegenheiten bedrängte, soll in ausgewählten Texten und aus der Sicht der Grafschaft Ravensberg betrachtet werden.

4.1 Kirchliche Verfassung betreffend – mit Bezug auf die Grafschaft Ravensberg 1815.

Ansprechpartner der Staatsregierung waren die Oberpräsidenten als leitende Beamte, in Westfalen Vincke. Die Monarchie sollte ergänzt werden – so die Ansicht Vinckes – durch Einbindung *„der verständigsten Einwohner“* mit einer „vom Volk ausgehenden Verwaltungskontrolle“, die „wirksamer sei als die *‚strengste hierarchische Maschinerie‘*“.[85] Die Kirche sollte in Freiheit, in einer „republikanischen Verfassung“, durch Synoden von Predigern und Gemeindevertretern ihre Angelegenheiten selbst verwalten.[86] Vincke berichtete aus seiner Zeit als Kammerpräsident[87], wie positiv die Synoden in der Grafschaft Mark gewirkt hätten. Er verwies auf die 200-jährige Geschichte, die in der dem Brief beigefügten Festschrift dokumentiert sei, verglich die kirchliche Synodal- mit der staatlichen Konsistorialverfassung und sprach sich gegenüber dem Innenminister für die Gestaltung einer republikanischen Verfassung der protestantischen Kirche aus, die in einzelnen Punkten ein Konsistorium unterstützen und so auch durch ein Konsistorium unterstützt werden könne:

> Im Allgemeinen, wenn ich die mir näher bekannten Provinzen in- und außerhalb Westfalen, wo Synodal- und Konsistorialverfassung, die eine ohne die andere bestand und bestehet, miteinander vergleiche, kann ich es nicht bezweifeln, daß die erstere günstigere Resultate für Religiosität im Allgemeinen, für Ordnung im Kirchen- und Schulwesen, für Bildung des Predigerstandes und daher auch für das notwendige Ansehen und die allgem. Achtung dess. darbietet, als letztere. Viel hat hierzu die mit der Synodalverfassung in der Regel sich vereinigt findende Predigerwahl durch die Gemeinden mitgewirkt. Es scheint aber auch solches in der Natur der Sache begründet, als notwendiges Resultat aus der freien republikanischen Verfassung hervorzugehen, welche dem Einzelnen nach dem Maße seiner selbständigen Wirksamkeit ein lebendiges Interesse für sein Amt und dessen treue Ausübung[88] gibt, welche denselben selbst durch diese Teilnahme bildet.

Vincke verband die kirchliche mit der politischen Verfassungsfrage und erwartete,

> daß die Menschen sich mehr selbst achten, verständiger werden, entwickeln und fortbilden, je nachdem man ihnen eigene Wirksamkeit und Selbständigkeit in ihren Gemeindeangelegenheiten einräumt, und sie sich selbst beraten läßt; soweit als es möglich ist, ohne höhere Zwecke zu gefährden, solches auch auf öffentliche Angelegenheiten ausgedehnt.[89]

Eine Kirchenverfassung mit dem Raum für eigene Wirksamkeit und Selbständigkeit in Gemeindeangelegenheiten sollte einen Raum für zukünftige Möglichkeiten öffnen.[90] Vincke bezeichnete seine umfassenden Äußerungen zur Geschichte und Tätigkeit der Synoden als Skizze, die er durch „darüber vorab einzuziehende Gutachten einiger der würdigsten Geistlichen“ zu ergänzen sich vorbehalte.[91] Die Entwicklung einer Synodalverfassung sei schließlich auch geeignet, unter Voraussetzung „eines verbesserten Kirchenregiments“ die mit der Unterschiedlichkeit der protestantischen Konfessionen verbundene Trennung aufzuheben. Die Vorzüge der mit der Synodalverfassung verbundenen freien Predigerwahlen waren für Vincke augenfällig; er berichtete darüber gesondert eine Woche später.[92]

Vincke hatte Natorp[93] seinen Bericht vom 25.01.1815 mit der Bitte um Stellungnahme zugeschickt. Dieser schätzte ihn als einen Mann, der „die Freyheit des Volks und die Freyheit der Kirche“[94] ehre und antwortete im Februar:

> Das Wesentliche dieser Verfassung mußte von Ihnen und muß von einem jedem gebilligt werden, der die natürliche Würde der Kirche und die natürlichen Rechte der Menschen und Völker anerkennt. Die sich dawider erklären, sind entweder herrschsüchtige geistliche oder weltliche Staatsdiener, welche das Volk in allen Stücken und durch alle in seiner Mitte getroffenen Einrichtungen und Anstalten bloß nach politischen Rücksichten gängeln, zum Teil auch wohl nur für ihre Person viel regieren und viel Einfluß haben wollen; oder träge Geistliche, welche lieber durch die Gnade einer regierenden Behörde zu Amt und Brot kommen und dabei erhalten werden möchten als durch ein dem Volk gewidmetes frommes und tätiges Leben sich ihres Amtes würdig und bei dem Volk beliebt zu machen Lust haben; oder Leute, in deren

Augen die Kirche darum keine Achtung und Fürsorge verdient, weil ihnen die moralische und religiöse Würde des Menschen überhaupt ein Phantasma ist.[95]

Vincke übermittelte dem Minister seinen abschließenden Bericht[96] mit den angekündigten Gutachten[97] am 21.05.1816.[98] Schuckmann hatte für das Staatsministerium dem König die Entscheidung über die kirchliche Verfassung mit Presbyterien, Kreis- und Provinzialsynoden bereits am 16.01.1816 entworfen, der daraufhin über die kirchliche Verfassung entschied.[99] Wie Schuckmann empfohlen hatte, ordnete der Monarch an, Presbyterien, Kreis- und Provinzialsynoden einzurichten; ausdrücklich sollten diese keine Entscheidungskompetenzen erhalten. Die Synoden seien vielmehr bestimmt zur Beratung und der „Beförderung fortschreitender Ausbildung der Geistlichkeit und eines würdigen Betragens.“[100] Die Gemeinden behielten das Recht, ihre Pfarrer zu wählen, wo ihnen nicht die Ansprüche von Patronen oder Magistraten entgegenstanden. Alle übrigen Funktionsträger wie Superintendenten, Generalsuperintendenten und Konsistorialräte sollten vom König ernannt, Synodalbeschlüsse genehmigungspflichtig werden.[101]

Vincke hatte auch ein Gutachten des Ravensberger Superintendenten Johann Heinrich Scherr (1779-1844)[102] eingeholt. Scherr, ernannt durch Jérôme, König von Westfalen, war seit dem 22.02.1811 Superintendent für die Grafschaft Ravensberg. Er war seit 1804 Bielefelder Pfarrer an der Neustädter Marienkirche, in der als konfessionsverschiedener Stifts- und evangelischer Pfarrkirche „die katholischen Kanoniker und Vikare ihr geistliches Leben bis 1810 in der Marienkapelle“[103] aufrechterhielten. Nach der Niederlage der preußischen Armee hatte er 1807 zusammen mit dem preußischen Diplomaten Dohm[104] beim französischen Militärgouverneur Sicard erreicht, dass die „Militärschule“ für die zu Waisen gewordenen Soldatenkinder reformiert und fortgeführt werden konnte.[105] Mit dem westfälischen Kultusminister in Kassel hatte er als Superintendent die Errichtung eines Lehrerseminars in Bielefeld betrieben, mit Vincke seit 1813 über die Neuordnung des Schulwesens beraten. Was er über die Entwicklung einer Synodalverfassung dachte, hatte keinen Einfluss mehr auf den bereits getroffenen Ministerentscheid, kann aber dazu dienen, kirchliche und politische Grundsätze zu verdeutlichen.[106] Dienstliche Erfahrung hatte Scherr mit der Synodalverfassung nicht gemacht. Er hatte Vinckes „Skizze“ und das von Ferdinand Weerth (1774-1836)[107] verfasste Gutachten zur Hand; Weerth, freundschaftlich mit

Vincke verbunden, hatte Einwände gegen die Synodalverfassung erhoben.[108] Scherr entkräftete die Kritik mit der Person des Kritikers, Weerth sei gerade als ein herausragender Repräsentant der Synodalverfassung anzusehen, weil er für das in der synodal verfassten Mark verbesserte Kirchen- und Schulwesen stehe.[109] Er zitierte die Autoren Johann Georg Heinrich Feder (1746-1821), Göttingen, die Natorp'sche „Quartalsschrift", August Hermann Niemeyer (1754-1828), Johann Christoph Salfeld, Abt von Loccum, Friedrich Schleiermacher (anonym, nur als „Verfasser"), Johann Georg Jonathan Schuderoff (1766-1843), nannte Beschlüsse des kurmärkischen Konsistoriums, die auf Einrichtung einer Synodalverfassung abzielten[110], beschrieb Verfahrensweisen der lutherischen Kirchen in der Nachbarschaft der Grafschaft Hoya und anderer hannöverschen Provinzen.

Scherr erörterte das Verhältnis zwischen Staat und Kirche und die Zuordnung der inneren und äußeren Angelegenheiten. Aus Vinckes Skizze übernahm er das Modell einer Synodalverfassung, die durch staatliche Konsistorien zu ergänzen sei. Für eine auf Presbyterien gestützte Synodalverfassung fehle es in Ravensberg an den Voraussetzungen: den lutherischen Gemeinden seien Presbyterien unbekannt, die in den reformierten Gemeinden vorhandenen Gremien hielten keinen Vergleich mit den märkischen und bergischen Verhältnissen aus. Deshalb sei zunächst eine Synode nur der Prediger zu betrachten.

Die Kirche dürfe allerdings in ihre inneren Angelegenheiten keine Einmischung durch fremde Entscheidungen und Anordnungen gestatten. Sie sollte selbst Zweck sein, nicht anderen – auch nicht dem Staat – als Mittel dienen.[111] Scherr suchte die Gründe in der Kirchengeschichte, die von den Evangelien über die Reformation bis in die Gegenwart „der für die Protestanten der Preußischen Staaten beabsichtigten Reformen des Cultus"[112] reiche, in der aber der König von Preußen nicht vorkam. Scherr beschrieb eine Art urchristlichen Gesellschaftsvertrags[113], aus dem eine kirchliche Verfassung abzuleiten und daher „in gemeinsame Beratungen" einzubinden sei, „wie dies nicht nur in den ältesten Zeiten der christlichen Kirche überhaupt[114], sondern auch noch unter den Protestanten bei der Festsetzung der wesentlichsten Bestimmungen zu Lehrbegriff und Cultus geschehen ist."[115] Die Synodalverfassung entspreche dem Geist des Christentums, so wie dieser „die Stifter der christlichen Religionsgesellschaft schon beym ersten Entstehen derselben zu brüderlicher Berathung über die zu treffenden Anordnungen von selbst vereinigte"[116].

Die Geschichte verband Scherr mit Erwartungen an die Zukunft: Der Satz, man werde „selbst glücklicher seyn, weniger Hindernisse und überall mehr Interesse für die neue Ordnung der Dinge finden“, klang wie die Sprache, die den Reformern in Preußen, so auch Vincke, zueigen gewesen war. „Unläugbar“[117] notierte Vincke in einem Randvermerk, „mehr Interesse für die neue Ordnung der Dinge“. Den Gedanken steigerte Scherr in: „ein erhöhtes und gemeinsameres Interesse für dieselbe anzuregen und dadurch eine nähere und edlere Vereinigung unter den Standesindividuen zu bewirken [...].“ Die republikanische Kirchenverfassung befördere das „regere und gemeinsamere Interesse für die große Angelegenheit der Religion“ und verspreche „überhaupt mehr Gutes für die Verbesserung des Kirchen- und Schulwesens im Allgemeinen“[118]. Der Begriff der Teilhabe sollte die republikanische Verfassung der Kirche mit dem Ziel der Errichtung einer vergleichbaren Verfassung des Staates verknüpfen.[119]

Nach der Geschichtsbetrachtung verwies Scherr auf den normativen Anspruch von Natur und Erfahrung: Das Erreichen des „bezweckten Guten“ werde gefördert, „weil auch das der Natur und Erfahrung gemäß ist, daß die meisten sich um so mehr für nützliche Anordnungen zu interessiren pflegen, je mehr sie sich auch selbst von der Veranlassung und dem Ursprunge derselben etwas bey messen zu können glauben.“[120] In dieser Verbindung von rationalistischen und empiristischen Überlegungen wusste sich Scherr einig mit Vincke[121] und ließ ein fundamental demokratisches Argument folgen: „Männer [...] wollen nicht wie Kinder behandelt sein noch kann alles durch obrichkeitliche Befehle und Anordnungen bewirkt werden.“[122] Er führte diesen Grundsatz ein als ein Zitat des „vortrefflichen Feder“[123]. Scherr erwartete offenbar vom Staat, dass auch er seine Verhältnisse nach dem Beispiel der Kirche, ihren Werten und Strukturen unter den Prinzipien der Vernunft ordnete. Scherr hatte das politische Thema in religiöser Sprache erörtert, mit christlichen Inhalten verbunden und für den Anspruch der Kirche auf Eigenständigkeit ein argumentum ex historia gewonnen, das außerhalb der Kritik an der Französischen Revolution stand.

Die Zukunft sollte die Akzeptanz mit dem Erlebnis der Einführung der für Ravensberg unbekannten Synodalverfassung erweisen – „glücklicher“, „weniger Hindernisse“ und „überall mehr Interesse für die neue Ordnung der Dinge“ –, das dürfe man „am sichersten hoffen“. Diese Prognose hatte Scherr an den Anfang seiner allgemeinen Ausführungen gestellt und mit einem

Wort Schleiermachers verbunden – von ihm „der Verfasser des bekannten Glückwunschschreibens“[124] genannt. Schleiermacher hatte den Auftrag der „Liturgischen Kommission“ umgedeutet in den Auftrag, „eine neue lebendige Verfassung der Kirche“ in „einem repräsentativen Kirchenregiment“ zu entwickeln.[125] Scherr stellte – wieder unter Hinweis auf Schleiermacher – das Fehlen einer derartigen Synodalverfassung[126] an den Anfang einer umfangreichen Liste der Mängel, die er in der „bisherigen Verfassung“ der protestantischen Gemeinden in Ravensberg ausgemacht hatte. Ob Scherr bereits von der Autorschaft Schleiermachers wusste, steht dahin. Für die Kenntnis von dem ins Grundsätzliche geratenen Dissens[127] zwischen Schleiermacher und Innenminister Schuckmann fehlt ein Hinweis.

4.2 Die Anordnung der Kreissynoden am 24.01.1817.

Die am 24.01.1817[128] verfügte Einberufung der Kreissynoden betonte die Chancen. Scherr stellte den Ravensberger Pfarrern am 02.02.1817 „zunächst nur eine engere Vereinigung für das gemeinschaftliche Interesse unseres Berufes“ als Gemeinschaftserlebnis in Aussicht. „Denn wer hätte nicht bey unserer bisherigen kirchlichen Verfassung für einen wesentlichen Mangel derselben halten müssen, daß sie uns zu sehr isolirte und zu amtsbrüderlichen Berathungen und mehrseitigen Mittheilungen über gemeinschaftliche Angelegenheiten, gar zu wenig Anlaß gab.“[129] In der Sache skizzierte Scherr die Vorgeschichte[130] seit der Initiative der kurmärkischen Superintendenten, erwähnte die Schrift von Neumann[131], beschrieb den Auftrag der liturgischen Kommission als zur Verbesserung des Kirchenwesens bestimmt und nannte zwei Titel zur märkischen Verfassung.[132] „Die Förderung der höheren Zwecke, welche bey dieser Anordnung beabsichtigt“ seien, werde „freilich auch in Zukunft mehr abhängen *wie*, als davon *daß* Synoden gehalten“ würden. Scherr war offenbar überzeugt, dass Synoden eine neue Wirklichkeit erzeugen könnten, auch wenn die „künftige Synodalverfassung“ „nicht eine republikanische als die frühere märkische seyn, sondern mit dem Landesconsistorio in eine wirksame Verbindung gesetzt werden und unter deren Leitung stehen“ werde. Scherr berichtete, dass Oberpräsident Vincke die „Wünsche der märkischen Geistlichkeit und das Interesse der Synode aufs theilnehmendste vertreten“ und dem Innenminister einen „vorschläglichen

Entwurf der den Synoden zu gebenden Verfassung, sowohl in Beziehung auf den Wirkungskreis als auf deren Stellung“ eingereicht habe. Nach den ihm „hierüber damals näher bekannt gewordenen Verhandlungen zu urtheilen“ könne „kaum noch ein Zweifel darüber statt finden daß diese Verhandlungen auf die allgemeine die innere Verbesserung des Kirchenwesens bezielende Einführung der Synodalverfassung in allen protestantischen Provinzen des preußischen Staates einen entscheidenden Einfluß gehabt“[133] hätten. Mit Vincke und Natorp setzte Scherr auf die leitenden Personen des Konsistoriums in Münster. Scherr schrieb Natorp die „Verbesserung des Kirchen- und Schulwesens im Märkischen und Bergischen“ zu und schätzte ihn hoch; diese synodalverfasste Region sei ja das Verbreitungsgebiet der Natorp'schen „Quartalsschrift“. Natorp war von der Regierung Potsdam nach Münster gewechselt, um sich im neu errichteten Konsistorium „insbesondere mit der Neuordnung im Lehrerseminar Soest, der Bewahrung und Gestaltung der Synodalverfassung in der Provinzialkirche“ zu befassen.[134] Am 19.07.1817 übermittelte Scherr den Synodalen Natorps Reskript vom 24.06.[135] mit dem Entwurf einer Synodalordnung.[136] Als Superintendent hatte er für das Konsistorium bisher eher die Funktion eines Geschäftsführers:

> Die Geistlichen bilden [...][137] Diöcesen u. haben an der Spitze [der]sel[b]en einen Superintendenten, abe[r] der Superintendent ist da weiter nichts, als die Person, welche zwischen den Geistlichen u. der geistlichen Landesbehörde die Verhandlungen besorgt. In dieser Verschiedenheit finden wir übrigens gar keine Schwierigkeit, indem grade da, wo die Kirche keine Verfassung hat, ihr eine gegeben und die Diöcesen durch eine gemeinsame Synodal- u. Kirchenordnung verbunden werden sollen.[138]

Dieses erwartete Scherr für Ravensberg und das übrige Westfalen. Er hatte festgestellt, dass die Prediger in der bisherigen kirchlichen Verfassung überwiegend isoliert und ohne Anregung seien.[139]

Aus Visitationsberichten lässt sich Scherrs Interesse an Personen und an der Sache erkennen. Die Gemeinde Rödinghausen, die zum Kaiserreich Frankreich gehört hatte, stach in der Betrachtung der vier angeschlossenen Schulen im positiven Sinne heraus; in Bieren hörte Scherr „eine Unterredung aus dem Gebiete des deutschen Sprachunterrichtes, die jedem Lehrer an einem Gymnasium Ehre gemacht haben würde, und die nichts desto weniger ganz für *diese* Kinder geeignet war“. Die Landschule könne „fast eine Normalschule abgeben“. Sehr zu bedauern sei es leider, „daß dieser schätzbare Lehrer, der seiner Schule schon seit 32 Jahren so treu vorgestanden hat, und deshalb die ungetheilte Achtung und Liebe der dortigen Gemeine genießt, den Keim eines baldigen Todes in seinem kränklichen Körper zu tragen scheint.“ Er regte an, „Pröscher die Anerkennung seiner ausgezeichneten und dabey höchst anspruchslosen Amtsverdienstlichkeit durch ein eigenes Schreiben, das demselben gewiß zur großen Aufheiterung in seinem körperlich gedrückten Zustande gereichen würde, gewogentlichst an den Tag zu legen.“[140] Auf der Versammlung aller Ravensberger Prediger sollten nun die bisherigen Überlegungen der Realität begegnen.

4.3 Die Ravensberger Synodalversammlung in Bielefeld am 11./12.11.1817.

Am 1. Oktober wurde der Umfang aller noch zu lösenden Aufgaben sichtbar. Von den 48 erschienenen Predigern waren 43 lutherisch, 5 reformiert, 43 älter als Scherr. Die Entfernungen reichten im Norden von Rödinghausen mit 30 km nach Bielefeld, nach Osten bis Vlotho 45 km, im Süden über die Grenzen Ravensbergs hinaus ins Hochstift Paderborn bis Höxter 100 km, im Westen bis Rheda und Versmold 37 km. Für eine zweitägige Sitzung bot Scherr den Predigern Nachtquartiere „bei achtbaren Familien“ an, sofern sie keine persönlichen Beziehungen nach Bielefeld hatten.[141] Als Lokal für die zu Anfang November vorgesehene Tagung hatte er die Zusage für das heizbare Sitzungszimmer des Stadt-und Landgerichts. Für die Verabredung einer Geschäftsordnung und zur Vorbereitung der Tagesordnung regte er regionale Vorgespräche und die Wahl von Deputierten mit Stimmenmehrheit an, um einen Entwurf zu erarbeiten. Die Erwartungen waren hochgestimmt: Der Herforder Senior Friedrich Wilhelm Johanning (1759-1851) antwortete: „Endlich scheint die algem[ein]ersehnte Synodal Verfassung auch bey uns ins Leben zu treten.“[142] Das Ergebnis dieser Vorbesprechungen wurde am 4. November mit der Terminierung der Synode auf den 11.11.1817 zugestellt. Es handelt von technischen Fragen, Geschäftsordnung, Tagesordnung, Gottesdienst und Abendmahl. Im ersten Dokument einer Ravensberger Gesellschaft – hier machten die protestantischen

Prediger den Anfang, die ihre Willensbildung in einer Vertretungskörperschaft organisierte, heißt es:

> 1. Die Synode versammelt sich am 11ten November. Es kommen aber die Mitglieder zur vorläufigen Berathung am Montag gegen Abend zusammen.
> 2. Es scheint zweckmäßig zur feyerlichen Eröffnung der Synode mit dem Gottesdienst eine Abendmahlsfeier zu verbinden wobei unmaßgeblich einer der Amtsbrüder der reformirten Confession mit einem andern der lutherischen Confession die Austheilung besorgte. Der Herr Prediger Senior Johanning wird nach dem Wunsch der Deputirten darum begrüßt, die Consecration des Abendmahls zu besorgen und eine Anrede vorher an die zur Feyer Versammelten zu halten, das Schlußdankgebet verrichtet ein reformirter Amtsbruder, wozu die Herrn Amtsbrüder reformirter Confession unter sich zu erwählen belieben werden.

Zur Geschäftsordnung wurde vorgeschlagen, dass „Amtsbrüder über alle die Stücke, worüber sie einen besondern Antrag machen oder eine Erklärung abgeben wollen, ihre Gedanken schriftlich im Voraus abfassen, damit darüber dann weiter mit mehr Bestimmtheit abgestimmt werden könne“.

Im Kern des Entwurfs der Synodalordnung sahen die Prediger auf die Selbstorganisation der Gemeinden durch Presbyterien. Daher sollte zunächst über die Wahl und Aufgaben der Presbyter, danach über die Kompetenzen der Synoden und schließlich über die übrigen kirchlichen Behörden und deren Stellung zueinander beraten werden. Diese vier Punkte waren in eine Reihe von Einzelfragen aufgegliedert. Am Ende weist das Protokoll für 1 ½ Tage die Behandlung der mit der Bildung von Presbyterien verbundenen Fragen aus.[143] Die Synode stellte fest, dass das Presbyterium „in allen der Gemeinde zukommenden und einzuräumenden kirchlichen Rechten der Repräsentant sey“[144], daraus folge dann auch unmittelbar, „daß die Gemeinde selbst das Presbyterium frei wählt.“ Zu den Rechten zählte die Synode vorrangig das Recht, den Pfarrer selbst zu wählen; wo dieses Recht den Gemeinden noch nicht zustehe, sei es anzustreben. Ferner sei das Budgetrecht, die Mitgliedschaft im Schulvorstand in toto oder durch Vertreter, in Städten die Entsendung von Mitgliedern in die Armenkommission vorzusehen. „Nachträglich wurde noch über die Constitution des Presbyteriums die Bestimmung gewünscht, daß in dasselbe nur höchstens ein Viertel Heuerlinge erwählt werden können." Damit wollte die Ravensberger Kreissynode ihrem sozialen Fortschrittsoptimismus eine Schranke setzen.

Die Union der lutherischen und reformierten Gemeinden werde grundsätzlich begrüßt, es sei über die Gemeinsamkeit beider Synoden bereits de facto entschieden; es bleibe nur die Frage zu beraten: „Wie wohl am zweckmäßigsten Einleitung zu treffen seyn möchte, die lutherischen und reformirten Gemeinden zu einer evangelischen Gemeinde zu vereinigen und was zur Vorbereitung dessen Seitens der Prediger von beyden Partheyen gemeinschaftlich geschehen könnte." Die gemeinsame Abendmahlsfeier löste ein Verdikt aus: Das Konsistorium betrachtete diese Bielefelder Feier als „willkürliche Anordnung" und trug allen westfälischen Superintendenten auf, „daß bis zu nähern Festsetzung auf kirchenverfassungsmäßigem Wege keine *neuen* von den bisherigen ganz abweichende riten bey der Comunionfeier von einzelnen Predigern eingeführt werden."[145]

4.4 Die Aufgliederung der Ravensberger Synode 1818.

1818 war die Ravensberger Synode in die Bielefelder und die Herforder Kreissynode mit den nördlich und westlich Bielefelds gelegenen Gemeinden aufgegliedert worden. Scherr hatte sich umfassend mit dem nun zum Herforder Superintendenten ernannten Johanning abgestimmt, ihm seine Manuskripte zur Schul- und Kirchenverfassung sowie Vorlagen überlassen, die als Kopien überliefert sind.[146]

Das Konsistorium ließ durch eine Umfrage ermitteln, welchen Amtsbruder die Prediger als Superintendent vorschlagen wollten. Mit dem Verfahren und zwei Personen war die Regierung in Minden gar nicht einverstanden, sie bezeichnete es als „einen gewagten Vorgriff". Gewagt wohl deshalb, weil der Wortlaut der Kabinettsordre – „übrigens kann die in Vorschlag gebrachte Wahl der Superintendenten nicht stattfinden"[147] – ausdrücklich widersprochen hatte. Das Konsistorium erklärte dem Minister, es sei notwendig, den Voten der Prediger in Rahden für Carl Weihe[148] und für Heinrich Romberg in Minden zu folgen. Sonst „würde dadurch die in den Diöcesanen erregte Hoffnung zunichte gemacht u. dadurch das Vertrauen auf die Aeusserungen u. Zusagen der vorgesetzten Behörden nur geschwächt werden." Romberg sei zwar erst ein Vierteljahr zuvor aus einer anderen Gegend – aus „dem

Clevischen unter dem Superintendenten Nebe“ – gekommen, die die „Presbyterial- und Synodalverfassung“ habe, doch sei „leicht zu errathen“, daß man scheine „die Hoffnung zu hegen, daß er zu einer herrischen Verfahrensart, über welche die Geistlichen der Mindenschen Diöcese früherhin klagten, nicht geneigt seyn werde.“ Er sei bereits mit dem im Mindenschen noch fremden Synodalwesen und mit der Synodalgeschäftsführung näher bekannt.[149] Das Konsistorium hatte im Ansatz eine die Norm überschreitende kirchliche Verfassungswirklichkeit geschaffen. Zu dieser neuen Wirklichkeit gehörten auch die Erfahrungen, die die Beteiligten auf und nach den Synodalversammlungen gemacht hatten. Das hatte die Regierung bisher durch Weisungen ausschließen wollen. Der zweiten Runde der Synodalversammlungen gab die Regierung durch eine Vorlage zur Kirchenordnung den Gegenstand der Beratungen im Einzelnen vor und setzte mit einer Reisekostenregelung eine empfindlich wirkende Restriktion.

Die Abrechnung der Kosten für die Synode 1817 zog sich bis weit ins Jahr 1818, als bereits die nächste Sitzung anstand. Die Regierung in Minden hatte Scherr angewiesen, „den Amtsbrüdern anzudeuten, daß von fernerer Kostenvergütung keine Rede seyn könne, indem dazu kein Fonds vorhanden sey!“ Die Kosten seien „aus den Kirchenaerarien, oder den eigenen Mitteln der Geistlichen“[150] zu entnehmen. Scherr teilte Johanning mit, er habe die von ihm für den 10. Oktober vorgesehene Synode vorläufig ausgesetzt; er werde „sogleich remonstriren[151] und wenn dies ohne Erfolg bleibt restanziren.“ Er habe wegen dieses Punktes „eine Spur Sorge gehabt“, „auch gleich gehoffet, daß die bekannte erste Verfügung königlicher Regierung nicht von Dauer seyn werde. Aber alle Vergütung abzuschaffen – das heißt nach meiner Ansicht die Sache so gut als aufgehoben.“[152]

Die 2. Kreissynode Bielefeld fand vom 17.-19.11.1818 im Hause des Superintendenten statt, weitere Synoden erst ab 1835. Bielefelds Bürgermeister Ernst Friedrich Delius war zu 18 Predigern hinzugekommen. Die Synode erneuerte ihren Wunsch nach freier Wahl der Prediger, „die nur bei wenigen Gemeinden“ gegeben sei.[153] Die Presbyter sollen gehalten sein, ihrem Prediger „zur Ausrichtung der speciellen Seelsorge“ „von den vorhandenen Kranken zu benachrichtigen, (dies ist ihnen ausdrücklich zur Pflicht zu machen) das von dem sittlichen Verhalten der Gemeinsglieder ihnen als zuverlässig bekannte und ohne gehässige Ausspäherei in Erfahrung gebrachte mitzutheilen.“[154]

Die Protokolle der Synoden von 1817 und 1818 sind Ergebnisprotokolle. 1818 wies Scherr wieder auf mögliche schriftliche Beiträge hin: „Nur diejenigen, die etwas nach einem eigenen Entwurfe Gearbeitetes zur Verhandlung zu bringen wünschen hätten, werden wiederholt ersucht, ihre Aufsätze vorher einzusenden, wie dies von einigen auch schon wirklich z.B. dem Herrn Amtsbruder Gieseler[155] geschehen ist, der von der Idee ausgehend, die Kirche bedürfe gewissermaßen dreifacher Kirchenordnungen, nemlich für die Beamten der Kirche, für das Volk und für jede einzelne Gemeine, in einer interessanten Abhandlung den Entwurf einer Kirchenordnung fürs Volk ausgearbeitet und so alles eingesandt hat.“[156]

Gieseler hatte 1817 zur derzeitigen Lage der Kirche vermerkt, „eine öffentliche Kirche, wenn sie in völlige Ruhe kömmt und die herrschende wird, verdirbt sich mit dem Fortgange der Zeit nur gar zu leicht, wie uns das die Geschichte jeder, auch der christl. Kirche nachdrücklich genug lehret. Dies bey der protestantischen möglichst zu verhüten, streuete der Herr in ihr, als ein der Fäulniß widerstehenes Salz – den Mysticismus aus.“[157] Als Repräsentanten nannte er Quäker, Mennoniten, Herrnhuter und die „Parthey der Pietisten“, die die „Erbauungsmittel unsrer Kirche, nach den Regeln der Kirchenordnung, sehr eifrig benutzen.“ Neben Philipp Jacob Spener (1635-1705) und August Hermann Francke (1663-1727) nannte er Friedrich August Weihe (1721-1771), einen Mann aus der Region. „Der so begabte, als fromme und eifrige Prediger zu Gohfeld“[158] habe „die pietistische Schule zum wirklichen Vortheil des lebendigen und thätigen Christenthums belebet, und von seiner Wirksamkeit sind noch immer Spuren vorhanden.“[159]

Im Kirchenleben warb er für Offenheit im Streit:

> Jene Verschiedenheiten in Meinungen und die daraus entstehenden Streitverhandlungen schaden nichts, sondern vortheilen vielmehr dem Reiche der Wahrheit. Es ist besser, wenn ein Wasser in steter Bewegung ist, und Welle an Welle schlägt, als wenn es still steht und zum stinkenden Sumpfe wird. Unsere Gegner müssen selbst gestehn, daß keine andere christliche Kirche der protestantischen an Aufklärung und Wissenschaft, in der Zahl großer Lehrer und Schriftsteller, und in der Menge belehrender und erbaulicher Schriften gleichkommt […].[160]

Gieseler hatte die gedruckte Vorankündigung seiner Schrift weit gestreut: eine erschien in Mallinckrodts „Rheinisch Westphälischem Anzeiger“[161], andere schickte er nach Lippstadt, Elberfeld, Osnabrück, Lübbecke, Detmold und Bielefeld; der Herforder Senior Johanning subskribierte insgesamt 18 Exemplare. Scherr nahm diese Schrift in ein Rundschreiben auf: „Das Jubelbüchlein des Herrn Bruders Gieseler, welches jetzt ausgegeben wird, darf als dem Zwecke der Volksbelehrung wohl entsprechend wiederholt empfohlen werden.“[162] An die Synode richtete Gieseler den Satz: „Ein großer Schritt zu diesem Ziele, um der Kirche ihre äußere Würde und ihren Glauben wieder zu verschaffen, wird eben jetzt geschehen, durch die verordnete allgemeine Einführung einer presbyterianischen und Synodalverfassung. Gott gebe, daß sie wirksam und folgereich sey.“[163]

An der Ravensberger Synode 1817 hatte er teilgenommen, im Folgejahr legte er den von Scherr zitierten, nicht überlieferten Schriftsatz vor und ließ sich wegen seiner „Harthörigkeit“ entschuldigen. Zwei Jahre später sah er sich durch die Schrift des Aschersleber Superintendenten und Konsistorialrats Johann Christoph Greiling (1765-1840) „Ueber die Urverfassung der Apostolischen Christengemeinden oder biblische Winke für die Evangelischen Synoden“, Halberstadt 1819, herausgefordert,

> worin dieser im Vorfeld der neu zu bildenden preußischen Kirchenordnungen eine demokratische Kirchenverfassung auf die urchristliche Gemeinde projizierte. Dem stellte Gieseler das von Christus selbst eingerichtete Institut eines perpetuierenden Zwölferrats mit einer Art apostolischen Sukzession gegenüber. Daraus entwickelte sich eine lebhafte Kontroverse, die von den Rezensenten meist zuungunsten Gieselers beurteilt wurde.[164]

Kritisiert wurde sein Stil, in der Rezension als Polemik überschrieben, im Text mit „verketzert seinen Gegner“[165] ausgedrückt.

Gieseler gebrauchte wiederholt den Demokratiebegriff in einem literarischen, nicht historischen Sinn: „Hr. Greiling hat den Zweck, für die christliche Kirche eine rein democratische Verfassung zu vindiciren“, „vollkommene Democratie“, „als hätten die Apostel denen Demagogen und dem Pöbel selbst freye Hand gelassen;“ „Das Unglück ist nur, daß unsere Kirchen-Constitutionsmacher so viel Lust zur Democratie zu äußern scheinen.“ „Das democratische Princip ist das verderbende Element der

Kirche gewesen, und muß es zu jeder Zeit wieder werden, sobald ihm Raum gegeben wird."[166] An Stelle einer polemischen Antwort verwies Greiling[167] die Frage, wie sich das christliche Demos, das Staatsvolk zur Gemeinde in der Kirche verhalte, zur Selbsteinschätzung an die Gemeinden mit Presbyterialverfassung.

Sozialwissenschaftliche und Staatsrechtsbegriffe durchzogen viele Schriften. Indem sie hin und her gewendet wurden, Widerspruch erfuhren, auch in scharfer Polemik, entstand in kirchengeschichtlicher Betrachtung das Bild einer politischen Aussprache von eigenem Gewicht. Die Modelle der Autoren waren kurzlebig; die Entscheidungen über die kirchliche Verfassung, über die Wahl der Pfarrer blieben außerhalb der Debatten.

> Friedrich Wilhelm Graf spricht von einer Fundamentalpolitisierung des Protestantismus in den Debatten um die Identität von Theologie und Kirche in der von Reinhart Koselleck so genannten ‚Sattel- oder Schwellenzeit' (1750-1850), in welcher alte politische Schlüsselbegriffe wie Staat, Bürger, Gesellschaft neu geprägt wurden oder einen Bedeutungswandel im Sinne der politischen und gesellschaftlichen Umwälzungen vor, während und nach der Französischen Revolution erfahren haben.[168]

In Westfalen deutete sich dieser Wandel in den Verhandlungen der westfälischen Provinzialsynode an.

4.5 Westfälische Provinzialsynode in Lippstadt 1.-12.09.1819.

Vorgeschichte, Verlauf, Ergebnisse und Folgen der Westfälischen Provinzialsynode 1819 in Lippstadt sind in einer Quellenedition, herausgegeben von Wilhelm H. Neuser, dokumentiert und in der Literatur[169] untersucht und dargestellt worden. Zur westfälischen Provinzialsynode in Lippstadt 1819 hatte die Kreissynode Bielefeld den Wunsch nach „Wahlfreiheit der Gemeinden" ihrer Pfarrer übermittelt und die Unterstützung gesucht bei den

> Kreissynoden in andern Provinzen, wo der Regel nach Wahlfreiheit der Gemeinden statt findet, was bei uns [in der Bielefelder Kreissynode] nur bei wenigen Gemeinden der Fall ist, indem wir billig voraussetzen, daß da die

> durch Erfahrung begründeten zweckmäßigen Einrichtungen zum Vorschlag kommen werden. Nur wünschen wir, daß die Ausübung der Wahl nach dem Vorschlage der vorigjährigen Synode dem Presbyterio, was für diesen Fall aus der Gemeinde auf die doppelte Anzahl seiner Mitglieder gebracht wird, überlassen werde.[170]

Zusammen mit D. Carl Alemann, Pfarrer in Bielefeld Altstadt, nahm Superintendent Scherr 1819 für den Kirchenkreis Bielefeld an der Provinzialsynode in Lippstadt teil.[171]

Die märkischen Synodalen gaben vorab eine Erklärung ab, in der sie das Wesen der Presbyterialverfassung, ihre Geschichte, drei Grundsätze und ihre gegenwärtige Position im preußischen Staat beschrieben. Die Versammlungen des Presbyteriums, der Kreis- und Provinzialsynoden seien „anordnende und richtende Behörden mit der Befugnis, Beschlüsse zu fassen, Urteile zu treffen und Wahlen durchzuführen“[172]. Die Presbyterialverfassung beruhe auf den Grundsätzen des „natürlichen Gesellschaftsrechts“; diese waren im ALR ausgeführt. Sie sei die Verfassung, „die die ersten von den Aposteln unsers Herrn gestifteten christlichen Gemeinden annahmen“; im ALR und in den Kabinettsordres des Königs kamen die Apostel nicht vor. Sie gründe sich ferner auf das Bekenntnis zu Jesus Christus als Erlöser, den die Kirche „als ihren einzigen und ewigen Herrn und König verehrt“, der „allen Christen gleiche Rechte zugesteht.“[173]

Die märkischen Vertreter fanden allgemeine Zustimmung in der Synodalversammlung. Es erklärten „die Vorsteher und Abgeordneten der sieben übrigen Kreissynoden (nemlich der Kreissynoden M i n d e n, R a h d e n, H e r f o r d, B i e l e f e l d, T e c k l e n b u r g, W i t t g e n s t e i n und S i e g e n), daß sie der von jenen m ä r k i s c h e n Synoden ausgesprochenen Ansicht völlig beipflichteten.“[174]

Der westfälische Pfarrer Wilhelm Bäumer (1733-1848) lehnte den Berliner „Entwurf einer Synodal-Ordnung“ ab; er gewann für seine Argumente auch die einhellige Zustimmung der westfälischen Provinzialsynode in Lippstadt. Wie die Synode auf die Anliegen aus Bielefeld eingegangen ist, ergibt sich aus der Anlage F zum Protokoll[175], die „Art der Erwählung“ sei „zur Sprache gekommen“ und „gehöre wie die Wahl des Predigers“ in die Kirchenordnung. In einer Anmerkung zum Patronatsrecht wird vermerkt, es wäre „zu wünschen, daß alle Patronatsrechte wegfielen und die Gemeinden wieder in ihr ursprüngliches natürliches Recht eingesetzt würden."[176] Das Protokoll wurde allen Pfarrern in Westfalen einschließlich aller Anlagen als Drucksache zugestellt[177] und konnte weiterwirken. Das passte dem Monarchen und der Regierung nicht.

4.6 Agende und Synodalverfassung: Union der protestantischen Kirchen als autoritäre Übernahme.

1817 hatte Friedrich Wilhelm III. zur Beratung und Annahme einer kirchlichen Verfassung als Synodalverfassung, zur Union der lutherischen und der reformierten Gemeinden mit neuer Gottesdienstordnung aufgerufen. Er wollte die Gestaltungs- und Entscheidungshoheit in kirchlichen Angelegenheiten ausüben, nicht abgeben. Nach den Beratungen der Kreissynoden 1817 und 1818 hatte Friedrich Wilhelm III. die Provinzialsynoden in Preußen im Jahr 1819 einberufen, danach ruhten alle Synoden ohne eigenes Recht. Sie hatten eine Wirklichkeit eingeleitet, die dem königlichen Anspruch entgegenzuwirken begonnen hatte. 1821 empfahl Friedrich Wilhelm III. „versuchsweise" und auf dem „Weg der Güte und der Ueberzeugung"[178] die seit 1820 praktizierte „Agende für die Hof- und Domkirche in Berlin" als Gottesdienstordnung in der neuen Union allen Kirchengemeinden zur Annahme. Er verbot den Namen „Protestant" in allen Druckschriften und öffentlichen Blättern.[179]

„Agende" war der Begriff einer Gottesdienstordnung, in der unter Verzicht auf „Formen und Mittel des äußeren Cultus"[180] die einzelnen Schritte im Ablauf eines Gottesdienstes, die Liturgie, neu ausgerichtet werden sollten. Protestantische Regenten hatten diese Aufgabe für ihren Bereich geklärt, reformatorische Gemeinden in einem katholischen Herrschaftsbereich dies selbst entschieden. Während ihre protestantischen Untertanen überwiegend Lutheraner waren, gehörten die preußischen Könige zum reformierten Bekenntnis. Sie hatten die Aufgabe einer Kirchenordnung bisher an „Consistorien", staatliche Institutionen aus lutherischen und reformierten Theologen des Königreichs, delegiert oder Körperschaften wie den märkischen Synoden überlassen. Der Bruch mit der gewohnten Praxis war offensichtlich, die Unvereinbarkeit des Vorgehens mit den Beschlüssen der westfälischen Provinzialsynode von 1819 wurde mit dem gedruckten Protokoll aktenmäßig dokumentiert. Die Union der protestantischen Kirchen in Preußen war zu einem Unternehmen autoritärer Übernahme geworden.

Aus der großen Zahl an Veröffentlichungen sei eine zeitgenössische Kritik an der „Agende für die Hof- und Domkirche in Berlin“ aus Sachsen zitiert: Der anonyme Kritiker wandte sich gegen den verordneten Sprachgebrauch – „ein Geplärre der Lippen und gedankenloses Plapperwerk“ –, kritisierte die Beschränkung von Predigt und Gemeindegesang und verglich die dort vorgesehenen Textzeilen der Gebete zu Himmelfahrt und Pfingsten mit den Gebeten „an vaterländischen Festen“, die „mehr als dreimal so lang“ seien. „Scheint es hiernach nicht, als seien die Siege bei Leipzig, Paris und Belle Alliance wichtiger, als die Auffahrt Jesu und die Sendung des heiligen Geistes.“[181] Preußische Untertanen konnten dasselbe aus dem Text der Agende herauslesen; ihre öffentliche Stellungnahme hätte die Zensur als Dienstsache angesehen und unterbunden, einen protestantischen Prediger hätte wie einen Beamten das vom König ausgesprochene Verbot getroffen:

> Sowohl mündliche als schriftliche Privat-Mittheilungen und Äußerungen über Dienstsachen sind ernstlichst und bei *Strafe zu untersagen. Niemand unter den Beamten soll an der Redaction von Zeitungen und öffentlichen Blättern Antheil nehmen, Mitarbeiter sein oder Nachrichten liefern, wenn es nicht mit besonderer Erlaubnis ihrer Vorgesetzten* oder auf Befehl derselben geschieht.[182]

Die Inhalte aller am königlichen Hofe gepflegten Besorgnisse teilten sich als Vereidigungsformel in einem Abschnitt des Ordinationsformulars mit, das der Agende beigefügt war; zur Amtseinführung sollten die zu ordinierenden Prediger geloben, umfassend sozialdefensive Strategien präventiv abzudecken und staatspolizeiliche Aufgaben zu übernehmen:

> Desgleichen will und werde ich getreu seyn, meinem rechtmäßigen Könige, Seiner Majestät dem Könige von Preußen, meinem großmächtigsten Landesherrn und obersten Bischof, also, daß ich des Königs Nutzen und Bestes suche und fördere auf jegliche Weise. Mit Leben und Blut, mit Lehre und Beispiel, mit Wort und That will ich die Königliche Macht und Würde vertheidigen, wie es in unserer heilsamen monarchischen Regierungsform festgestellt ist. Ebenmäßig will ich zur rechten Zeit es aufdecken, wenn ich erfahren sollte, daß etwas obhanden sey zur Aenderung oder Aufhebung dieser trefflichen

> Grundverfassung, in welcher das Wohl des Staates bestand und bestehet; und dem ich in allen Punkten gehorchen und nachkommen will und werde. Desgleichen will ich, so viel an mir ist, Gehorsam schaffen Seiner Königlichen Majestät, meinem allergnädigsten Könige, und denen, welche von seinetwegen zu gebieten und zu befehlen haben. Auch alle meine Pfarrkinder und Gemeinsglieder anhalten, jederzeit recht zu denken und zu reden, über das weltliche Regiment, welches von Gott verordnet ist. Auch will ich dahin streben, in der mir anvertrauten Gemeine die rechte und gehörige kirchliche Ordnung aufrecht zu erhalten, den von Seiner Königlichen Majestät publicirten Gesetzen gemäß; will sie ermahnen zur Uebung der Gottseeligkeit, des Landfriedens, eines frommen Lebens und Umganges und gegenseitiger Liebe und Einigkeit; ich will zu Gott beten für die hohe Obrigkeit, und alle meine Gemeinsglieder erinnern an die ihnen obliegende unterthänige Treue, und zu Gehorsam und Folgsamkeit sie ermahnen.[183]

Minister Altenstein hatte am 07.10.1823 umfassend „über die erste Aufnahme der Agende" dem König berichtet, auch, in förmlicher Feststellung einer Fehlanzeige, dass „Niemand"[184] aus Westfalen ohne Vorbehalt die Agende übernommen habe. Er schlug vor, über das Ergebnis in einem Kreis von 40, 21 oder 15 namentlich bezeichneten Predigern aus Westfalen und dem Rheinland zu beraten. Aus Westfalen war der Münsteraner Konsistorialrat Wilhelm Möller (1762-1846) in allen Listen, in dem 40er Kreis auch der Bielefelder Superintendent Scherr benannt. Im Anhang zum Bericht hatte Altenstein eine „Zusammenstellung der für die Ablehnung der Hof- und Dom-Kirchenagende angeführten Gründe"[185] beigefügt. Aus Brandenburg und Münster hätten die Oberpräsidenten berichtet,

> der in der Agende mit dem Amts-Eide verbundene Unterthaneneid scheine, als ganz unkirchlich, hier nicht an der rechten Stelle zu stehen. Er würde den Prediger, der ihn leistete, in mehr als einer Hinsicht in Gefahr bringen, sich in seinem Innern beunruhigt zu fühlen oder das Vertrauen seiner Gemeinde zu verlieren, er kompromittire die Würde des Altars, der Kirche und des geistlichen Standes eben so sehr, wie den alten Namen des preußischen Volks; solcher Sicherungsmittel bedürfe Gottlob! der Preußische Thron nicht. Nirgend habe auch die Schrift den Verkündigern des Evangeliums solche Verpflichtungen auferlegt.

Die Berufung auf die Schrift brachte den protestantischen Kern in Erinnerung. Vom Niederrhein hieß es, „der Schwur, politische Vergehungen aufdecken zu wollen u.s.w. fordere von ihm [dem einzuführenden Prediger] etwas, das seinem Amte fremd sei.“ Der Prediger „werde dann als Späher gefürchtet und verhaßt sein, wo er als Seelsorger willkommen und mit vollem Vertrauen aufgenommen sein sollte“, schließt dieser Bericht.[186] Die Akte enthält auch Randbemerkungen des Königs. Zu konkreten Hinweisen etwa auf Mängel in der Ausstattung reagierte Friedrich Wilhelm III. in Worten[187]; zu den hier zitierten Stellen drückte er seine persönliche Einschätzung nicht mit Worten, nur durch Fragezeichen oder Striche am Rand aus. Eine Beratung mit dem Fachminister oder anderen Personen ist aus den Akten nicht ersichtlich. Unter Hinweis auf die vom Minister erstellte Anlage und andere nicht näher bestimmte Informationsquellen ließ er wissen, dass er die näheren Ausführungen zur Ablehnung der Agende als einen in seiner Sicht strafbaren oppositionellen Akt ansehe:

> es ist Mir auch sonst bekannt geworden, daß die Einführung der Liturgie nicht sowohl von den Gemeinden als vielmehr von den Predigern verhindert wird. Wenn Ich nun bisher die Annahme der Agende und die Einführung der darin enthaltenen Liturgie von der freyen Entschließung der Pfarrgeißtlichen abhängig gemacht habe; so konnte Ich doch voraussetzen, daß von ihnen kein Hinderniß wie durch Obwalten der Gemeinde, würde aufgestellt werden und Ich kann daher Mein gerechtes Mißfallen darüber nicht zurückhalten. Sie werden dies der evangelischen Geistlichkeit, durch die Consistorien, bekannt machen und ihr andeuten laßen, daß Ich ein solches Benehmen nicht ungerügt laßen werde.[188]

Die Gemeinden und die „evangelische Geistlichkeit“ – das waren in Ravensberg die vom König bezeichneten Gemeinden und Prediger jeweils einzeln und nur grammatisch im Plural vereint. Die Gemeinden traten in Gottesdiensten zusammen, synodale Formen gab es nur dort, wo sie historisch gewachsen waren. Zur Durchsetzung seiner Positionen verfasste Friedrich Wilhelm III. zusammen mit Daniel Amadeus Neander, dem das Agendenreferat im Geistlichen Ministerium übertragen war[189], eine Schrift, die „die von so vielen Geistlichen und Laien angegriffene erneuerte, alte Kirchen-Agende“ durchsetzen sollte; „in Schutz nehmen“[190] nannte er das, verdeckt durch Anonymität. Die neue Agende lehne sich „eng an die lutherischen Ordnungen der Reformationszeit"[191] an; der Vorwurf, „daß sie nach dem Crypto-Katholizismus schmecke", sei „eine der gehässigsten Beschuldigungen"[192], die die Verfasser durch wiederholten Bezug auf Martin Luther auszuräumen suchten. Es gelte, mit der Berliner Agende „das Alte, Ehrwürdige und Bewährte, in der jetzigen, gänzlicher Willkühr wiederum Preis gegebenen, Zeit auf eine etwas zusammengedrängtere, ansprechendere Weise, [...] der Vergessenheit zu entziehen und ihm seine frühere Autorität wieder zu verschaffen."[193] Dieser Grundsatz hatte in der Staatspolitik die Abwendung von der Reformpolitik seit 1816 getragen. Nunmehr steuerte der König die Kirchenpolitik zwischen dieselben Leitlinien. Die Regierung verbreitete die Schrift auch in Westfalen[194], vorzugsweise bei Gemeinden, die bisher die „Agende für die Hof- und Domkirche in Berlin" abgelehnt hatten.

Die Einführung eines dogmatischen Martin-Luther-Verständnisses sollte den Vorwurf des „Crypto-Katholizismus" widerlegen. In Ravensberg und in der übrigen Provinz Westfalen stieß das auf Befremden: Als antikatholische Symbolfigur wurde Luther abgelehnt. Der Pfarrer Günther hatte 1817 zum Reformationsfest in Paderborn, „einer sonst ganz katholischen Stadt", durch die Verteilung der Fröbingschen Lutherschrift[195], die extrem verleumderische Ansichten von katholischer Kirche in der Schuljugend vermitteln wollte, „Entrüstung und Erbitterung" bei der katholischen Bevölkerung, Ablehnung bei der eigenen Gemeinde erzeugt. Das Konsistorium erstattete Strafanzeige, die das Oberlandesgericht nicht angenommen und dem Konsistorium als Disziplinarfall zurückgegeben hatte.[196]

Der Ravensberger Georg Gieseler verband die Person Luthers mit dem Protestantismusbegriff. „Die Benennung Protestant ist also zwar zufällig entstanden, aber von großer Bedeutung. Sie sollen fortwährend protestiren gegen jede Verfälschung und Verderbung des Christenthums.[197]

Die Kirchenverbesserung wird nie ganz abgethan und vollendet, so wenig als irgend Jemand mit seiner eignen religiösen Besserung je zum Ende seyn kann. Wie oft und stark hat Luther es gesagt, er habe das Werk nur angefangen, erwarte aber und binde es seinen Nachfolgern aufs Gewissen, daß man bey dem, was er gethan, nicht stehen bleiben, sondern beständig fortschreiten und fortfahren müsse im Bauen und Bessern der Kirche Christi.[198]

Wie er die selbst gestellte Aufgabe anging, drückte er in der Verbindung von (aktuellem) Protestantismus und Toleranzgebot aus:

> *Zuvörderst liegt es klar am Tage, daß die vorhin aus der Christenheit gänzlich entwichene Toleranz, oder brüderliche Duldsamkeit und Vertragsamkeit gegen anders denkende und glaubende Menschen, nur durch den Protestantismus wieder zurückgeführt und verbreitet ist. [...] allerlei Secten, auch Juden und Türken, können unter ihnen unangefochten leben; sie streiten gegen Irrthum nur durch Wort und Feder.*[199]

Peter Heinrich Holthaus sah sich von Luther zur Eigenverantwortung verpflichtet. Er argumentierte ausdrücklich gegen Luther, im Jahr 1543 habe er „aus Unmuth und frommem Eifer, gegen die Juden“ gepredigt, und „sie aufs nachdrücklichste, das Christenthum anzunehmen“, ermahnt, „in welcher Absicht er auch ein Buch schrieb.“[200] „Unmuth und frommer Eifer“ – Begriffe, mit denen ein aufgeklärter Intellektueller seine Distanz zu bloßer erkenntnisblinder Emotionalität auszudrücken pflegte. Die Legitimität dieser Kritik holte der Verfasser bei Luther selbst ein, der „noch ein Jahr vor seinem Tode, (in einer Vorrede zu der Wittenberger Ausgabe seiner Schriften) [schrieb]: daß er oftmahls begehrt hätte, es würde aller seiner Bücher ganz und gar vergessen, damit bessere an ihrer Statt bleiben und im Brauch seyn möchten.“[201] Scherr hatte Holthaus’ Lutherschrift allen Ravensberger Gemeinden „mit dem Ersuchen, sie unter die Schullehrer zu vertheilen“, zur Vorbereitung auf die Dreihundertjahrfeier zugeschickt, Gieselers Jubelbüchlein als „wiederholt empfohlen“[202] bezeichnet.

4.7 Die „Freimüthige Erklärung“ der Gemeinde Hörste.

Jürgen Kampmann dokumentiert umfassend die überlieferten Rückmeldungen aus Westfalen[203], ausführlich die unter dem Titel „Freimüthige Erklärung“[204] veröffentlichte Stellungnahme der Gemeinde Hörste. Kampmann beschreibt, wie in der „Freimüthigen Erklärung“ die liturgischen und konfessionellen Themen behandelt wurden und zitiert im Zusammenhang die Schlussbemerkung, in der die Verfasser ihre Beobachtungen und Argumente zusammengefasst haben.[205] Pfarrer Carl Schrader hatte mit Datum vom

7. Mai 1827 die Schrift, „Luther in Beziehung auf die preußische Kirchenagende“, durch den Superintendenten Scherr mit der Weisung erhalten, sie „mit dem Kirchenvorstande“ unbefangen zu prüfen und ihm innerhalb drei Wochen eine Erklärung einzureichen.[206] Es berieten fünf „Ackerbauern“ und der Pfarrer zwischen dem 11. Mai und 6. Juni 1827, Schrader brachte das protokollierte Ergebnis persönlich am 8. Juni dem Superintendenten nach Bielefeld. Hier soll dargelegt werden, wie der Hörster Kirchenvorstand die Freiheit einer kirchlichen Entscheidung dem autoritären Anspruch des Königs entgegengesetzt hat.

Der Text zitierte in der Einleitung den Begleiterlass des Ministeriums zur königlichen Martin-Luther-Schrift. Diese bezeichnete die Gottesdienstordnung für die Hof- und Domkirche in Berlin als eine erneuerte Agende, eine Kritik daran sei nicht begründet, sei verleumderisch und widerlege Beschuldigungen einer Annäherung zum Katholizismus. Der Erlass bezeichnete Einwände als Vorurteil und stellte die Gesinnung des Pfarrers unter den Verdacht der Illoyalität – „hoffe“, „unter Mitwirkung wohlgesinnter Geistlicher richtigere Ansichten“ zu erreichen. Mit der Ablehnung der Hof- und Domagende werde gegen Fug und Recht gehandelt und eine Abkehr von Luther verbunden.

Der Hörster Kirchenvorstand erklärte, er habe sich nicht überzeugen können, dass die preußische Hof- und Domkirchenagende mit den von Martin Luther gewählten Gottesdienstformen übereinstimme. Er widersprach dem Vorwurf, nur weiteren Streit zu suchen, nahm sich die Freiheit zum Bekenntnis, „jedermann und allermeist seiner Obrigkeit Rechenschaft von seinem Glauben zu geben“, „da solche Pflicht weder mit dem schuldigen Gehorsam, noch der Bescheidenheit streitet.“[207] Der Hörster Kirchenvorstand ergänzte das Bekenntnis, indem er der Fürbitte für den König nach der Berliner Agende „Laß, o Herr, Deine Gnade groß werden über den König, unsern Herrn“ die Worte, „den König, deinen Knecht“, gegenüberstellte.[208] „[...] König, unsern Herrn“ war die Huldigungsformel, die auch die Richter des Strafsenats im OLG Paderborn benutzten: „Sr. Majestät unsern König und Herrn“.[209] Der König hatte verlangt, daß ihm auch in der Fürbitte gehuldigt werde. Mit Hinweis auf ältere, d. h. vor 1762 eingeführte Gesangbücher holte der Kirchenvorstand in Hörste den Monarchen in den überlieferten lutherischen Zusammenhang der Liturgie zurück. Sie bekräftigten das Prinzip der Freiheit als Errungenschaft der Reformation:

> Allein deutliche Thatsachen aus der Geschichte der Reformation werden hier nicht lange zweifelhaft lassen: 1. Es ist bekannt, daß Christus, ob er gleich in einem Lande lebte, wo Menschensatzungen alles galten, doch Freiheit von Menschensatzungen lehrte, und daß namentlich der Apostel Paulus diese Freiheit aus allen Kräften verteidigt hat.[210]

Zur Bekräftigung ihrer Eigenverantwortung und Eigenständigkeit gegenüber der Obrigkeit erwähnten die Hörster auch die in der „Vorrede zur [Berliner] Agende“ zitierte Berufung auf die erste Brandenburger Kirchenordnung von 1540 und stellten ihr einen Brief Luthers an „Georgio Buchholzer, Probsten zu Berlin“ gegenüber:

> 4. [...] Wenn euch euer Herr der Markgraf und Churfürst etc etc will lassen das Evangelium Christi lauter, klar und rein predigen ohne menschlichen Zusatz, [...] so gehet in Gottes Namen mit herum, und traget ein silbern oder gülden Kreuz und Chor-Kappe oder Chor-Rock von Sammet, Seiden oder Leinwand. Und hat euer Herr der Churfürst an einer Chor-Kappe oder Chor-Rock nicht genug, die ihr anziehet, so ziehet deren dreie an, wie Aaron der hohe Priester drei Röcke übereinander anzog, die herrlich schön waren; [...] Und hat euer Herr der Markgraf ja Lust dazu, mögen Ihre Churfürstlichen Gnaden vorher springen und tanzen, mit Harfen und Pauken, Cymbeln und Schellen; [...] denn solche Stücke, wenn nur abusus davon bleibt, geben oder nehmen dem Evangelio nichts: doch daß nur nicht eine Noth zur Seligkeit, und das Gewissen damit zu verbinden, daraus gemacht werde. [...] denn es ist ein frei Ding und menschlicher Andacht Ordnung, und nicht Gottes Gebot. Denn Gottes Gebot ist allein nöthig, das andere ist frei. Datum Donnerstag nach Andreä 1539.[211]

In protokollierter Vernehmung teilte Schrader mit, er habe die Tatsachen, „aus Salichs Geschichte der Augsburgischen Confession und Doktor Luthers Schriften entnommen und in diesen Schriften von den Kirchenvorstehern selbst [...] nachlesen lassen.“[212] „Doktor Luthers Schriften“: diese Quellenangabe kann die von Johann Georg Walch besorgte Ausgabe der Lutherschriften einschließen.[213] Martin Luther hatte in einer Predigt über Joh. 19, 10[214] zum Bekenntnis des Glaubens, der Wahrheit und des Rechts ermutigt. Der Evangelist Johannes schränke Pilatus’ Anspruch auf Macht ein; er besitze sie nicht von sich aus, sie sei ihm „von oben herab gegeben.“ Damit werde Pilatus gestraft.

Luther folgert daraus: „Also müssen auch wir thun, unsere Pilatos sollen wir in ihrem Frevel und Trotz auch getrost strafen." Auf den Einwand, indem er Pilatus mit den Fürsten seiner Zeit gleichsetze – „unsere Pilatos" –, lästere und unehre er die Majestät der Fürsten, antwortete er:

> Wir sollen und wollen von ihnen leiden, was sie an uns thun; aber das wir sollten stille schweigen, und sagen: Gnade Junker, du thust recht; das wollen wir nicht thun. Denn es ist ein grosser Unterschied zwischen diesen zweyen, Unrecht und Gewalt leiden und dazu stille schweigen. Leiden soll man Unrecht und Gewalt; aber stille schweigen soll man nicht: denn ein Christe soll der Wahrheit Zeugniß geben, und um der Wahrheit willen sterben. Soll er nun um der Wahrheit willen sterben; so muß er mit dem Munde die Wahrheit bekennen, und die Lügen strafen. Darum sagen wir auch, um der Wahrheit und ums Rechts willen sollen und wollen wir sterben. So wir nun um der Wahrheit und ums Rechts willen sterben sollen, müssen wir die Wahrheit und das Recht frey öffentlich bekennen: und so der andere die Wahrheit und das Recht verdammet, müssen wir solche Lügen strafen. Also leiden wir denn Gewalt und Unrecht, aber doch schweigen wir nicht, billigen auch nicht die Gewalt und das Unrecht.[215]

Der Hörster Kirchenvorstand hatte mit Bekenntnis und Fürbitte für den König wissentlich oder unwissentlich Luthers Predigt über Joh. 19, 10-11 ausgeschöpft. Als stehende Rede ist diese Auslegung nicht überliefert. Friedrich Schleiermacher war reformiert, kein Lutheraner. Seine Predigten sind in 14 Bänden der kritischen Gesamtausgabe herausgegeben. Das Register dazu nennt 12 Stellen[216] aus den Jahren 1815-1833, die sich auf den Abschnitt Joh. 19, 10-12 beziehen und einmal einer Predigt umfassend als Text[217] gesetzt waren. Schleiermacher kommt nicht zu einer durchgängigen Textinterpretation und in keiner dieser Passagen zu einer mit Martin Luthers Sicht vergleichbaren Gegenüberstellung. In der Predigt beschrieb er 1830 mit „Obrigkeit" nur Pilatus' Verhältnis zum Kaiser. 1815 hatte Schleiermacher die Gegenüberstellung bildhaft beschrieben: „Der Erlöser stand hier vor Pilatus in dem Verhältniß des Unterthanen zur Obrigkeit." Dem Untertanen gelte „in den rein menschlichen Verhältnissen", er dürfe sich nur „ergebungsvoll den Leiden unterziehen, wenn wir tapfer gestritten"[218] hätten. Boten des Friedens seien immer davon ausgegangen, „daß sie sich vor allem als solche darstellen müßten, die keinen Anspruch darauf machten in der Gestalt des gemeinsamen Lebens das geringste zu ändern“.

> Darum ist es ein fester Grundsatz gewesen seit den ersten Zeiten des Christenthums her, daß alle Obrigkeit von Gott gesetzt sei, die ihm dafür Antwort schuldig ist, wie sie das Schwert der Gerechtigkeit gebraucht, das ihr anvertraut ist, zum Schutz der Guten gegen die Bösen. Aber eigenmächtig und willkührlich an diesem Verhältniß etwas zu ändern, dazu kann sich die Verkündigung des Evangeliums, wenngleich dieses hier wie überall Verbesserungen allmählich hervorrufen muß, niemals berufen glauben, und muß immer ein eben so gutes Zeugniß hierüber von sich geben können, wie der Erlöser es hier that.[219]

Die „allmählichen Verbesserungen“ der Monarchie zu einem Reformstaat betrachtete Schleiermacher als Ergebnis einer im Evangelium angelegten allgemeinen Norm – alle Aussagen blieben einmalig in einmal gesprochenen/gedruckten Sätzen. Eine Predigt mit Bezug auf die Kommentierung Luthers ist für das 19. Jahrhundert bisher nicht ausgemacht.

Schrader schickte eine Kopie der Erklärung nach Leipzig zu seinem Bruder in der Erwartung, er werde sie in der Zeitschrift „Röhrs kritische Prediger-Bibliothek“ veröffentlichen lassen. Stattdessen erregte sie unter dem Titel „Freimüthige Erklärung“ als Einzelschrift im Verlag Kollmann Aufsehen in der theologischen Öffentlichkeit und wurde bei Hofe als Konfrontation wahrgenommen.

Die AKZ leitete eine Rezension ein mit dem Verhältnis von individuell-gemeindlichem Bekenntnis und Obrigkeit:

> Und wie es nun Christenpflicht ist, – sagen die Vorsteher S. 4 – Jedermann, und allermeist seiner Obrigkeit, Rechenschaft von seinem Glauben zu geben, und solche Pflicht weder mit dem schuldigen Gehorsam, noch der Bescheidenheit streitet, von welchen uns nicht unbekannt ist, daß sie Gott geboten hat; so wollen wir auch hier nicht anstehen, offen, ohne Rückhalt, die Gründe unserer Ueberzeugung auszusprechen.

Sie fügte eine gegliederte Inhaltangabe an, unter C „Die Grundsätze christl. Freiheit, welche wir von den Reformatoren empfangen zu haben glauben“. Die Rezension schließt mit dem Satz:

> Wer ein Muster des Ausdruckes von Bescheidenheit, diesem sicheren Merkmale echter Freimüthigkeit, von Ehrfurcht gegen Gott und Religion, von wahrhaft protestantischem Geiste und Sinne, und von herzlicher Treue und Anhänglichkeit an König und Vaterland sehen will, der übersehe nicht diese kleine, lesenswerthe Schrift, welche sehr gehaltvoll ist.[220]

König Friedrich Wilhelm III. nahm das „Freimüthige Bekenntnis“ der Hörster Gemeinde zur Kenntnis, beantwortete die Bloßstellung seines dogmatischen Zugriffs auf das Werkverständnis Luthers mit dem Befehl zur Beschlagnahme der Schrift, ließ die Oberpräsidenten anweisen, „sofort sämtliche bei den Buchhändlern schon vorhandenen Exemplare der Schrift gegen spätere Vergütung einziehen zu lassen, die weitere Verbreitung der Schrift zu untersagen, einen Nachdruck zu verbieten und darauf zu achten, daß diese Schrift nicht in öffentlichen Blättern angezeigt werde.“[221] Oberpräsident Vincke hatte demnach „den Prediger Schrader zu Hörste wegen dieser Schrift zur Verantwortung zu ziehen“ und „das Ergeben schleunigst anzuzeigen.“[222] Vincke beriet sich mit Natorp. Die inhaltliche Aussprache ist verborgen unter Vinckes Tagebucheintrag, „abends“ mit „Natorp wegen des ärgerlichen Agendenangriffs von Schrader in Hörste“[223], das weitere Vorgehen ergibt sich aus der Aktenfolge. Zur Klärung des Sachverhalts ließ Vincke Pfarrer Schrader, nicht den Kirchenvorstand durch Regierungs- und Oberpräsidialrat Harten in Hörste polizeilich vernehmen. Das Konsistorium stellte danach fest, Schrader habe keinen bösen Willen gehabt und bloß nach innerer Überzeugung gehandelt. Das dürfe man ihm um so mehr glauben, da er nicht allein nach der Versicherung Hartens ein ernster, ruhiger und bescheidener Mann sei, und die Achtung und Zuneigung seiner Gemeinde und Aller, welche ihn sonst kennen, besitze, sondern auch nach dem einstimmigen Urteil des Superintendenten und der Königlichen Regierung zu Minden in den Konduitenlisten sowie auch nach anderweitigen über ihn vernommenen Urteilen, z. B. des Konsistorialraths Sasse[224] zu Minden, wegen seiner „redlichen Berufstreue, ungeheuchelten Frömmigkeit und untadelhaften Aufführung“[225] alle Achtung verdiene. Sasse trennte zwischen Person und Schrift. Im Bericht über die Erklärung an den Mindener Regierungspräsidenten ließ er die Person des Pfarrers außen vor und sprach nur vom ‚Kirchenvorstand‘ als Verfasser. Der Regierungspräsident sah darin Schraders besondere Verfehlung. „*Ist besonders organisirt.* N.“ widersprach

Natorp.[226] Das Konsistorium hatte die Erklärung von Schrader ordnungsgemäß durch Superintendent Scherr erhalten; inhaltliche Vermerke sind nicht überliefert. In disziplinarischer Hinsicht stellte es fest, daß der Prediger Schrader wegen seiner unbesonnenen Einwilligung zur Weitergabe der Erklärung an den Generalsuperintendenten Röhr mit einem ernsten, nachdrücklichen Verweis zu bestrafen sei. Als Polizeibehörde übernahm Vincke die persönliche Wertschätzung Schraders durch das Konsistorium, auch, daß Schrader „keinen bösen Willen gehabt“ habe; die Weitergabe zum Druck an ein „im Auslande erscheinendes Journal“ nannte Vincke in Steigerung der Rüge des Konsistoriums jedoch „höchst *unbesonnen*“, „auch höchst unanständig und unehrerbietig.“[227] Vincke deutete Verständnis für die Hörster Schrift an: „welches auch die Ansicht des Schrader seyn möchte“ und rückte den Machtwillen des Königs ins Absolute: „Die unverkennbaren Absichten des Königs Majestät und Allerhöchstderselben erhabenen Zwecke in Beförderung der Agende [verdienen] die höchste Achtung, und [durften] nicht mit solcher Geringsschätzung behandelt, dem Auslande Preis gegeben werden.“ „Unehrerbietig“ war seit 1819 ein Vorwurf aus dem Bereich der politischen Kriminalität.[228] Er galt als erwiesen, wenn er im Konflikt mit der Staatsraison festgestellt wurde. Die Regierung hatte seit 1819 das Ausland als Ort einer Bedrohung des Staates und des Königs ausgemacht, jetzt unterstellte Vincke, mit der Herausgabe der Schrift in Leipzig habe sich Schrader der staatlichen Kontrolle entziehen wollen. Vincke hielt einen Strafbefehl über bis zu 50 rthl. für angemessen, den er unter Anrechnung des Entschuldigungsschreibens auf 25 rhtl., aber nicht weiter ermäßigte; die Pfarrstelle in Hörste wurde bei ca. „800 Seelen“ jährlich mit 375 rthl. vergütet.[229]

Friedrich Wilhelm III. bemühte sich, mit der Hof- und Domkirchenagende seine autoritäre absolute Monarchie innerhalb der evangelischen Kirche zu institutionalisieren. Die Sicherung der Macht durch eine besondere Eidesformel war 1826 entfallen, jetzt hatte der Hörster Kirchenvorstand angesetzt, auch den absoluten Herrschaftsbezug der Fürbitte in die lutherische Überlieferung einzubinden.

Scherr hatte 1817 erwartet, dass die „zu sehr isolirte und zu amtsbrüderlichen Berathungen und mehrseitigen Mittheilungen über gemeinschaftliche Angelegenheiten“[230] mangelhafte Verfassung durch eine Synodalverfassung ersetzt werde. Friedrich Wilhelm III. hatte die Fortsetzung von Synodalversammlungen dort, wo sie wie in Ravensberg nicht örtlich verankert waren, über 1818 hinaus unterbunden. Pfarrer Carl Schrader hatte in seiner Gemeinde einen Kirchenvorstand, mit dem er die „Freimüthige Erklärung" in kurzer Zeit erarbeitete. Das bedeutende Dokument auch mit Amtsbrüdern zu beraten, sich darüber in der Öffentlichkeit wenigstens mit seiner eigenen Gemeinde auszutauschen – dafür war kein Raum. Kein Anwalt stand ihm bei im Polizeiverhör. Seine Vorgesetzten hatten ihn alleingelassen: Superintendent Scherr nahm die Hörster Erklärung entgegen und gab sie weiter an das Konsistorium, das Konsistorium nahm sie entgegen und legte sie zu den Akten. Friedrich Wilhelm III. hatte alle ihm möglichen Maßnahmen ergriffen, autoritär seinem Machtanspruch uneingeschränkte Anerkennung zu verschaffen.

Schmalz hatte die aktuellen Ziele politischer Reform als Hochverrat, als „Teufeley" die Ziele kirchlicher Reform zu diskreditieren versucht. Er hatte auch mit sprachlichen Mitteln eine neue Wirklichkeit jenseits der realen Welt geschaffen, in der sich die Kritiker der Reformpolitik in der Furcht vor Kontrollverlust in den anstehenden Veränderungen, die sie nur als „revolutionäre" erwarteten, besser zurechtzufinden glaubten. Konkrete Ansätze zu einer wie auch immer gearteten Opposition sind nicht aufgefunden worden. Innenminister Schuckmann hatte im Schreiben an die „evangelische Geistlichkeit der preußischen Monarchie" den Verdacht geäußert, die Bezeichnung „Protestanten" lasse „mancherlei Mißdeutungen" zu, und sei „dazu auch in der neuesten Zeit hin und wieder gemißbraucht worden"[231]. Die Regierung pflegte diesen Verdacht als stehenden Vorwurf der Loyalitätsverweigerung gegenüber selbständig denkenden Untertanen. Auf diesen Verdacht sahen auch die Staatsbeamten und Richter. Wie die Oberpräsidenten von sieben Provinzen damit umgegangen sind, soll aus einer gemeinsamen Erklärung[232] ansatzweise abgeleitet werden.

5. Sieben Oberpräsidenten und der Revolutionsverdacht des Monarchen.

Der Widerspruch zwischen den zentralstaatlichen Vorgaben und den Erwartungen der Provinzen, insbesondere aus Westfalen, wurde 1817 offensichtlich. Am Rande einer Sitzung des Staatsrats in Berlin richteten sieben Oberpräsidenten – so auch Vincke – ein Jahr nach Einrichtung der Provinzialverwaltung eine ebenfalls unter dem 30. Juni 1817 datierte Denkschrift an Staatskanzler Hardenberg. Preußen sei ein *„so bunt, wie neu, und verschiedenartig zusammengesetzter Staat"*, besitze *„vielleicht unter allen Europäischen am wenigsten"*[233] einen inneren überlieferten Zusammenhalt der Einrichtungen und Gewohnheiten. Nach der Feststellung der auffälligen Heterogenität des preußischen Staatsgebietes und seiner Bewohner erklärten sich die Oberpräsidenten zu Sprechern einer Kritik an den Missständen in den Provinzen, im Kirchen- und Schulwesen und an der Zensur, *„für deren Abschaffung die heißen Wünsche aller Eingesessenen unserer Provinzen"*[234] sie nach Berlin geleitet hätten. Auf ihre Beobachtungen zur protestantischen Kirche, die Kritik der Zensur und die Wahrnehmung der Geheimpolizei sei näher eingegangen.

Die Oberpräsidenten hatten im Anschreiben zur Denkschrift den Zustand des Staates und seiner Verwaltung „bekümmernd" genannt und ihr Vorgehen zu einer Gewissensfrage erklärt. Sie nahmen den schon bekannten Gedanken einer Verbindung von Teilhabe und Erfolg auf und betonten, der preußische Staat werde in seiner Vielfalt durch den Geist[235] zusammengehalten.

> Ueberall beweist das Volk die regste Theilnahme an öffentlichen Dingen in der Gemeinde und für die Provinz und den ganzen Staat; und hat auch seine Würdigkeit durch unzählige Opfer und Anstrengungen in der letzten Zeit dargethan. Wo wären alle die großen Erfolge ohne die Macht des öffentlichen Geistes?

Dies hatte Schmalz in Abrede gestellt.[236] Aus der Reihe der Oberpräsidenten hatte sich Vincke besonders in Fragen der kirchlichen Verfassung engagiert, Sack im Rheinland eine lebhafte Presse erlebt.

„Für Kirche und Schule" bleibe *„jede kräftige Maaßregel"*[237] zurück, *„eine Synodalordnung"* sei zwar jüngst im Entwurf erschienen, es lasse sich aber kaum eine Frucht davon erwarten, weil die Teilnahme des Volks daran unterbunden werde, „da sie so gut wie gar nicht *verbreitet und beraten* worden" sei.[238] Vincke hatte in einer Skizze am 25.01.1815 den Wert aktiver Teilnahme an einer Synodalordnung beschrieben[239], Natorp eine Verfassung erwartet, die „die natürliche Würde der Kirche und die natürlichen Rechte der Menschen und Völker anerkennt."[240]

Die Oberpräsidenten stellten den Geist, der in den Freiheitskriegen zum Erfolg geführt habe, als Vorbild für die Zukunft des Staates hin und kritisierten:

> Und diesen Geist sucht man über einzelne Voreiligkeiten ohne deren Geleit auch keine andere lebendige Kraft in der physischen und geistigen Natur sich aufzeigen läßt, verdächtig zu machen; statt ihn zu leiten wird er bekämpft und unterdrückt; statt mit *seiner* Kraft die Kraft der Regierung zu vermehren für die gemeinsame Wohlfahrt, zerarbeiten sich die Staatsbehörden gegen ihn in nutzlosem Kampfe, der nur Mißtrauen und Feindschaft zwischen Volk und Regierung stiftet, die durch innigste Liebe u Vertrauen verbunden seyn sollen.

Pressefreiheit wünsche sich „die Mehrheit im Volke" – die Oberpräsidenten nannten dies „Publicität" –, doch die Strenge der Zensur nehme immer mehr zu. Mitunterzeichner Johann August Sack war als Oberpräsident 1815 für die Zensur des „Rheinischen Merkur" verantwortlich und mit seinem Vorschlag eines Pressegesetzes nach britischem Vorbild gescheitert. Die Staatsregierung hatte ihn danach aus dem Rheinland nach Pommern versetzt. Hardenberg vermerkte hier: „Ein weises Censur Gesetz ist allerdings Bedürfnis und dringend, es zur Berathung des Staatsraths zu bringen."[241]

Die Oberpräsidenten hatten die öffentliche Meinung zitiert, in der das Bewusstsein eines erfolgreichen Einsatzes für den Staat mit dem Anspruch auf politische Teilhabe im Staat verankert war. Bürger und Behörden glaubten sich einig im Selbstverständnis. Hardenberg sollte in dem Hinweis auf „Mißtrauen und Feindschaft zwischen Volk und Regierung" eine Kritik am neuen Wirken der politischen Polizei verstehen. Diese hatte noch vor kurzem die Befreiung des Staates von französischer Besatzung vorbereitet, war bereits 1812, wie Wolfram Siemann nahelegt, aber übergegangen „zur Kontrolle der eigenen Bevölkerung und des ‚inneren Feindes'."[242] Die Instruktionen[243] forderten, die politische Polizei müsse „sowohl Einheimische als Fremde genau beobachten, insonderheit wenn sie Verdacht erregen, sie muß auf die öffentliche Stimmung sehen, auf Machinationen der Unruhe-Stifter, sie mögen von Inländern oder von Ausländern herrühren."[244] Hardenberg unterband die Kritik an der politischen Polizei mit der kontrafaktischen[245] Feststellung: „Bei dem Polizei-Ministerium wird nichts verändert; nur bleibt die sogenannte höhere und geheime Polizei gänzlich aufgehoben, da sie nur in den Zeiten des feindlichen Drucks[246] und während des Krieges, ein nothwendiges Uebel war."[247]

Diese Mitteilung wollte die Tätigkeit der politischen Polizei leugnen, zielte auf deren Abschirmung von Kritik.[248] Die politische Polizei sollte weiterhin, wie Fürst Wilhelm zu Sayn-Wittgenstein, Hofminister und ihr Leiter, auf Anfrage vom König erfuhr, die „Aufmerksamkeit auf Personen und Gegenstände, durch die irgend ein Nachteil für den Staat zu befürchten wäre“, keineswegs aufgeben.

> Diese Aufmerksamkeit muß fortdauernd sorgfältig auf alles gerichtet seyn und bleiben, was den Zweck und das System der Regierung nicht nur sichert, sondern auch, was dem entgegen seyn, und dem Staate schaden, oder ihn in Gefahr setzen, und seinen Zwecken hinderlich seyn könnte. Sie müssen daher in dieser Hinsicht sowohl diejenigen Personen beobachten, die Verdacht erregen, als auch auf die öffentliche Stimmung sehen, und nicht minder auf Machinationen von Unruhestiftern oder solchen Personen, die eine für den Staat gefährliche Tendenz zeigen, desgleichen auf fremde Ausspäher und auf Korrespondenzen, von denen Nachtheil für den Staat zu besorgen ist, Ihre besondere Aufmerksamkeit erstrecken. Uebrigens mache Ich Ihnen bei Beobachtungen dieser Art die höchste Rechtlichkeit und Verschwiegenheit zur unerläßlichen Pflicht.[249]

Wie wenig die Oberpräsidenten mit ihrer Eingabe erreicht hatten, zeigt der Fortgang der Akten: In Anlehnung an die Schmalz’sche Denunziation, an Polizeiberichte und an Beratungen mit Reformgegnern am eigenen Hofe[250] machte der König am 11.01.1819 die Staatsminister mit der Gefahr einer Revolution bekannt.

> Die unverkennbar mehr verbreitete, oft zwar nur halbe Bildung der Völker hat Erschwerungen hervorgebracht, welche die größte Aufmerksamkeit der Regierung nothwendig machen. In den Pr[eußischen] Staaten wirkt insbesondere die Kraft, welche durch lange politische Spannung, durch Unruhen und Kriege angeregt wurde, noch immer fort, und hat den Ruhepunkt noch nicht erreicht, zu welchem sie nach hergestellter Ordnung der Dinge, hätte gelangen sollen. Die öffentliche Meinung und der lebhafte Antheil des Einzelnen an dem Errettungskampfe, die Thätigkeit Vieler, die an demselben Theil nahm, sucht nach dessen Beendigung, neue Gegenstände der Wirksamkeit auf, und richtet sie auf Dinge im Innern.[251]

Es sei daher erforderlich, „kräftige Mittel zu ergreifen, um Nachtheile und Gefahren welche daraus entstehen können, zu verhüten;" „die Wachsamkeit auf alles was den Character der Entartung guter und löblicher Zwecke trägt, muß sich verdoppeln."[252] Unberufener Tadel der Regierung, die „Andeutung höchst verwerflicher, der Regierung gefährlicher Zwecke" in öffentlichen Blättern und Schriften, die Erziehung der Jugend zu einem Geiste, „der sich über alle Schranken der Ordnung wegsetzt": all dies habe sich nicht mit der Wiederherstellung der staatlichen Ordnung nach dem Kriege gegeben. Er sei nunmehr entschlossen, „kräftige Mittel zu ergreifen, um Nachtheile und Gefahren welche daraus entstehen können, zu verhüten". Zur Abwendung einer vermuteten Revolution hatte Friedrich Wilhelm III. entschieden, den Weg zu einer autoritären Radikalisierung[253] der absoluten Monarchie – er hatte das seine „Regenten-Pflicht" genannt – zu beschreiten. Inwieweit er durch Hofprediger Rulemann Friedrich Eylert[254] bestärkt oder sogar angeregt wurde, kann aus einer Predigt dieser Tage ersehen werden.

Eylert hatte auch „Diener, selbst der evangelischen Kirche", bezichtigt, die „Verirrungen und Thorheiten, Mißhelligkeiten und Widersprüche, Forderungen und Spannungen" der Zeit zu betreiben, im Ton der „Rechthaberei dem Zeitgeist zu folgen und die Auflösung der geschichtlichen Ordnung zu betreiben."[255] Eylert stammte aus dem märkischen Hamm, war bis 1806 dort auch Pfarrer gewesen. Er nannte seine gottesdienstliche Ansprache am 24.01.1819 bei der Feier des Krönungs- und Ordensfestes in der Domkirche zu Berlin eine „Ermunterung zum Kampfe wider den nachtheiligen Einfluß unseres Zeitgeistes". Den Geist der Zeit hatte er bei den Publizisten und Kämpfern der Befreiungskriege ausgemacht, bei „der Kraft", die nach Friedrich Wilhelms Ansicht „den Ruhepunkt noch nicht erreicht" habe: Zu keiner Zeit hätten die Kräfte des Volkes „so schnell, so rührend groß und heilbringend sich entwickelt, und in so kurzer Zeit so viel geleistet – als in der Epoche, die, wie ein Wunder, unsern erstaunten Blicken vorüber ging"; jedoch – um das königliche Wort von der unruhigen „Kraft" in die bildhafte Darstellung der Dynamik einer Naturkatastrophe auszuweiten – „nachdem sie gleich einem reißenden Strome, aus ihren Ufern getreten sind, und sich mit siegreicher Gewalt nach allen Richtungen ergossen, bei Unzähligen, sich jetzt wie in einem fieberhaften Zustande befinden, so daß sie das rechte Geleis nicht wiederfinden können [...]."[256]

Schleiermacher unterrichtete seinen Schwager Ernst Moritz Arndt von dem Ereignis. Eine Bemerkung über die Reaktion des Königs geriet nach der Beschlagnahme des Briefes in Bonn bei Arndt in staatspolizeiliche Akten und in eine zentrale Stelle des Berichts an den Monarchen 1822[257]:

> Der gute Mann [scil.: Friedrich Wilhelm III.] hat sich so wieder vor einigen Tagen sehr prostituirt. Da hat am Krönungstage der Eylert ein erbärmliches Geschreie in der Domkirche von der Kanzel gemacht über den schreklichen Zeitgeist, wie alle Kräfte über die Ufer getreten wären, wie überall Freiheit und Gleichheit gefordert würde, aller Respekt vor den höhern Ständen verschwunden wäre, und wie sich nun die Ritter alle verbinden sollten dem Unwesen ein Ende zu machen. So daß sich auch die Ritter alle vornahmen, wenn Montag die Revolution ausbräche wollten sie sie tüchtig auf die Finger klopfen, sollte sie aber auch Dienstag noch nicht kommen: so wollten sie sie Abends mit der Laterne suchen. Da ist der gute Mann hernach auf der Cour herumgegangen und hat ausgerufen ‚Schöne Rede gehört, sehr zwekmäßig, kann sich Mancher ins Gewissen greifen.' – Doch was soll man über den albernen Schnack noch ein Wort verlieren.

Wie Eylerts Worten staatspolizeiliche Maßregeln folgten und neue Formen politischen Strafrechts eingeführt wurden, zeigte an, dass Friedrich Wilhelm III. bereits 1817 eine neue Epoche preußischer Innenpolitik[258] eingeleitet hatte.

5.1 Die erste Verhaftungswelle am 14.07.1819[259].

Nach dem Wartburgfest hatte die preußische politische Polizei bereits seit Oktober 1817 in großem Umfang Material gesammelt, das zu belegen schien, dass auf den Universitäten in „Berlin, Jena, Gießen, Freiburg, und Heidelberg" „zwischen Studenten, Beamten und Offizieren ein engerer Verein existiere, der die Änderung der Verfassung in den Einzelstaaten und im ganzen Bund anstrebe."[260] Sie glaubte, Jakobinerclubs in neuer Gestalt zeigen zu können. Die erste Verhaftungswelle erfasste am 14. Juli 1819 zehn Personen, unter ihnen Friedrich Ludwig Jahn. Jakob Nolte hat darauf hingewiesen, dass sich aus dem Urteil des Oberlandesgerichts Breslau[261] gegen

Friedrich Ludwig Jahn ergebe, dass die polizeilichen Ermittlungen durch die von Schmalz verfasste 1. Flugschrift ausgelöst wurden".[262] Die offiziöse „Allgemeine Preußische Staats-Zeitung" vom 20.07.1819 veröffentlichte eine Mitteilung der Regierung, die Staatskanzler Fürst Hardenberg redigiert und Friedrich Wilhelm III. gebilligt hatte[263]:

> Die für die Ruhe in allen Ländern und für alle rechtlichen Staatsbürger so wichtige Untersuchung der bisher in Teutschland stattgehabten demagogischen Umtriebe hat bereits sehr erhebliche Resultate geliefert. Sie bestätigt die von den Regierungen bereits ermittelte Existenz einer durch mehrere teutsche Länder verzweigte Vereinigung übelgesinnter Menschen und verleiteter Jünglinge, die den Zweck hat, die gegenwärtige Verfassung Teutschlands und der einzelnen teutschen Staaten umzustürzen und Teutschland in eine auf Einheit, Freiheit und sogenannte Volksthümlichkeit gegründete Republik umzuschaffen.

Im Weiteren handelt der Text von „Vereinen", von „Aposteln", sich selbst für „Rechts- und Freiheits-Prediger" haltend; die „demagogischen Umtriebe" mündeten in „offene Gewalt und Fürsten- und Bürger-Mord." Die Akten enthielten „Beweise" für die Vorbereitung von „Revolutionen"; „Staats-Konstitutionen" seien eine „große schöne Idee", die „mit Blut ins Leben gerufen" werden müssen. Diese „ächt jakobinischen Lehren" werden Autoren zugeschrieben, die sie mißbräuchlich den „Grundsätzen der Religion und der Moral" zuordneten. Mit diesem Bericht der Staatszeitung wird aus dem Anspruch der aufgeklärten preußischen Öffentlichkeit auf Mitwirkung an den politischen Entscheidungen ein Zerrbild. Die Öffentlichkeit hatte ihre staatlichen Verhältnisse moralisch ‚kritisch' diskutiert[264] forderte auch eine Verfassung, die vom König ja zugesagt war. Für die Staatszeitung war das allein der Anlass für eine polizeiliche Reaktion. Sie erklärte die Verhafteten mit dem Hinweis auf ihren Status als „Ausländer" zu Fremden. Diese hätten als Person im preußischen Staat keinen Platz, ebenso wie die von ihnen vertretenen politischen Positionen. Heinrich Heine sah von 1853/54 auf diese Zeit zurück:

Ausländer, Fremde, sind es meist,
die unter uns gesät den Geist
der Rebellion. Dergleichen Sünder,
gottlob! sind selten Landeskinder.[265]

Nach Sichtung aller beschlagnahmten Papiere werde es auf dem „völlig gesetzlichen und gerichtlichen Wege eine förmliche und unpartheiische Untersuchung" geben. „Jeder wohlgesinnte Staatsbürger" könne sich „völlig beruhigen."

5.2 Schmalz im Verhör: Faktenkontrolle.

E.T.A. Hoffmann, der Schriftsteller und Komponist, seit 1816 Kammergerichtsrat, hatte seit dem 1. Oktober 1819 auch als Mitglied der „Immediatkommission zur Ermittlung hochverräterischer Verbindungen und anderer gefährlicher Umtriebe" die gegen Jahn gesammelten polizeilichen Ermittlungen auf Strafbarkeit hin zu untersuchen. Obwohl die Änderung der Gerichtsverfassung auf eine Bestätigung der polizeilichen Erkenntnisse abgezielt hatte, legte Hoffmann Wert auf eine korrekte Untersuchung, wurde darin auch von seinen Vorgesetzten bestärkt und unterstützt. Er stellte fest, „daß bloße Gesinnungen, sind sie nicht als That ins Leben getreten, nicht der Gegenstand einer Kriminal-Untersuchung seyn können."[266] Wenn ein Verein die Frage, „welche Verfassung für ganz Deutschland die beste sey, und wie dieselbe zu bewirken seyn würde", diskutiere, so könne dieser Verein „noch nicht als ein aufrührerischer gegen die Verfassungen von Deutschland gerichteter Bund angesehen und mit der KriminalUntersuchung wider die Mitglieder verfahren werden." Ebenso sei „der Wille etwas zu thun, nicht als conat zu einem Vergehen, sondern nur als Drohung zu betrachten."[267] Hoffmann hatte auch „den Geheimen Rath Schmalz, der bekanntlich jene Broschüre über Geheime staatsgefährliche Verbindungen, die die gehässigsten Reibungen veranlaßte", geschrieben hatte, vernommen.

> Es war vorauszusetzen, daß ihm [Schmalz] eine ganz besondere genaue Kenntniß der inneren Verhältnisse und Zwecke geheimer Verbindungen beiwohnen müsse und auch er wurde daher vernommen um wo möglich Stoff zur weiteren

> Nachforschung und Aufklärung des eigentlichen Zusammenhangs der Sache Rücksichts des teutschen Bundes zu erhalten. Bey seiner gerichtlichen Vernehmung, die am 26ᵗ Dez. v.J. [1819] erfolgte, erklärte jedoch der p Schmalz: Von diesem (teutschen) Bunde und insbesondere von der Theilnahme des Jahn an selbigem oder andern geheimen Verbindungen sey ihm speziell nichts bekannt, überhaupt gründe sich seine Wissenschafft über die Existenz von dergleichen Verbindungen nicht auf eigene Wissenschafft, sondern auf Mittheilung anderer. In dem schriftlichen Aufsatz[268] den er dem Inquirenten noch besonders überreichte, sich zu dessen Inhalt ausdrücklich bekennend, fügte er noch hinzu: daß er den Verdacht, daß p Jahn Theilnehmer eines geheimen Bundes sey blos aus der von ihm (dem Jahn) selbst verfaßten Schrift: Runen (Runensteine) und aus dem was er drinn über Waltschöpfung gesagt, geschöpft habe.[269]

Das Ergebnis der Faktenkontrolle verblieb in den Gerichtsakten und ohne öffentliche, auch ohne interne Wirkung. Schmalz' Behauptung von der Existenz staatsgefährdender geheimer Bünde war mit dem Erlass vom 06.01.1816 außer Diskussion gestellt und so zu einer Tatsache erklärt worden. Am Ende wurde Jahn freigesprochen. Er einigte sich mit dem Monarchen auf eine Pension von 1000 Talern und die Einwilligung in einen Pass, begrenzt auf Freyburg a. d. Unstrut.

Aus heutiger Sicht war Jahn politisch ein „Analphabet, zugleich der geistige Vater einer „Mischung aus antikonservativem Protest, Germanenkult, Frankophobie und Judenhaß“[270]. Hoffmann hatte nur die Verfassungsdiskussionen, nicht die Redensarten und das Auftreten Jahns als Person und Autor strafrechtlich bewertet. Karl v. Kamptz, ein die Untersuchungen eifrigst betreibendes Mitglied der im Sommer 1819 eingerichteten, staatspolizeilich ausgerichteten Ministerialkommission, sah sich veranlasst, für die polizeilichen Verfolgungen weitere Grundlagen zu schaffen.[271] Er kriminalisierte in einem Beitrag Verfassungsdiskussionen, die nicht die Verherrlichung der absoluten Monarchie zum Gegenstand hatten, als Versuch des Hochverrats, wenn sie unter zwei oder mehr Personen geführt wurden, indem er ausführte, sie seien

> besonders höchst schädlich und unerlaubt, wenn I. sie andern mitgetheilt und verbreitet oder II. öffentlich oder im Geheimen in's Leben gerufen werden.[272]

Das Schulwesen geriet insgesamt in den Verdacht. Kamptz trat 1822 als Direktor ins Ministerium für geistliche, Schul- und Medizinal-Angelegenheiten ein.

5.3 Ausnahmerecht.

Die Vorstellungen von der Gefährdung der autoritären absoluten Monarchie gingen in Absprachen und Beschlüsse des preußischen Königs und österreichischen Kaisers in Karlsbad[273] ein, mündeten in eine Reihe von Einzelverboten und Kontrollen, von denen das Verbot der Burschenschaften[274] eine besondere studentische Verbindung zum Ziel polizeilicher Ermittlungen machte. Nach verschiedenen Anläufen wurden alle Studentenverbindungen verboten, „ohne Unterschied der dabei gebrauchten Benennungen (als Orden, Landsmannschaften, Burschenschaft u. s. w.)" (§ 1) mit der Strafandrohung für Studenten, „über Veränderungen in der Verfassung oder Verwaltung eines bestimmten Staats, oder auch der Staaten überhaupt, Berathschlagungen, in welcher Absicht es sey, anzustellen [...]" (§ 6). Verurteilte könnten zu keinem „öffentlichen Amte, oder zur ärztlichen oder chirurgischen Praxis, oder zu einer akademischen Würde, oder als Privatdozent auf einer Universität zugelassen, oder mit einer Konzession zur Ertheilung von Privatunterricht versehen werden" (§ 9).[275] Die Publizistik wurde bei einem kleineren Umfang einer Vorzensur, bei größerem Umfang einer Nachzensur unterworfen, „außerdem verloren die Universitäten und selbst die Akademie der Wissenschaften ihre Zensurfreiheit"[276], Leihbibliotheken wurden verdächtigt, „schädliche Schriften" auszugeben, „welche die Ehrerbietung gegen den Regenten und die Achtung vor der Staatsverfassung verletzen, oder gar auf Erregung der Unzufriedenheit mit der Regierung abzwecken, und frechen unehrerbietigen Tadel ihrer Anordnungen und Handlungen enthalten."[277] „Organisatorisch wurde die Aufsicht über die Zensur ‚ausschließlich' den Oberpräsidenten übertragen, die dafür zu sorgen hatten, daß wissenschaftlich gebildete und ‚aufgeklärte' Zensoren für die einzelnen Sachgebiete eingesetzt würden."[278] Koselleck beschreibt den Widerspruch mit den Worten eines Zeitgenossen, „daß einerseits die freie Wissenschaftlichkeit und die freie Intelligenz für das Prinzip des Staates selbst, andererseits der wissenschaftliche Geist und die Intelligenz für verdächtig gilt."[279]

Im großen Umfang wurden diese neu gesetzten Normen in Strafverfahren aufgerufen, als die Behörden glaubten, einer umfassenden staatsfeindlichen Gruppe auf die Spur gekommen zu sein.

5.4 Die 2. Verhaftungswelle nach einem Auflauf in Halle am 16.12.1823.

Am 16.12.1823 hatte es einen Auflauf in Halle gegeben, den Polizei und Militär nicht mehr kontrollieren konnten. Zeitgleich waren in Preußen und bundesweit zahlreiche junge Akademiker und Studenten verhaftet oder zur Fahndung ausgeschrieben, die der Teilnahme an einer Verschwörung verdächtigt waren. In Halle ging es bei stud. theol. Ludwig Volrath Jüngst um Hochschulrecht. Die preußischen Universitäten hatten 1810 eine Eigengerichtsbarkeit erhalten, diese aber 1819 im Zuge der Karlsbader Beschlüsse verloren. Als Jüngst gehört habe, so heißt es im Urteil vom 26.05.1824, dass der stud. iur. Moritz Grosser von der Polizei verhaftet worden sei, habe er wie viele der Studenten in Halle geglaubt, dass die Verhaftungen gegen das Hochschulrecht verstießen.[280] Er hatte sich zusammen mit anderen am Morgen der Verhaftung Grossers zu einer Demonstration – das Gericht nannte es einen Tumult – verabredet. Die Bestimmung der Uhrzeit und die Art des öffentlichen Auftretens lassen erkennen, dass polizeiliche Überwachung und Kontrolle erwartet wurden: In der Woche der Wintersonnenwende am 16. Dezember nach Ende der Dämmerung abends 5 Uhr hatte man sich „durch Färbung der Gesichter, Umbindung von Tüchern und sonstige Vermummung unkenntlich gemacht". Jüngst hatte zum Prorektor Gesenius[281] gehen sollen, um mit dessen Hilfe den Verhafteten aus dem Polizeigewahrsam in den Karzer der Universität zu überführen. Der Tumult war nach dem Urteil ein „bedeutender Auflauf" einer großen „Anzahl Studenten, unter die sich auch andere Einwohner gemischt hatten, theilweise mit Stöcken und Rapieren versehen". Die Menge habe sich zum Markt eingefunden, gegen das Rathaus angedrängt und „im Allgemeinen durch das Rufen: ‚Grosser heraus'! ihren Zweck"[282] angekündigt. „Nach Verlauf von etwa 10 Minuten erschien der Prorector in Begleitung des p.[erge] Giese und Jüngst auf dem Markte"[283]; der Prorektor nahm für eine Nacht den Verhafteten in sein Haus auf.

Jüngst wurde am 24.05.1824 „wegen Aufruhr" zu 15 Monaten Festungshaft, ebenso in 2. Instanz am 14.09.1825 verurteilt; nach der Universität hatte er die „Stelle eines Hilfslehrers an der Privatschule des Herrn Soebeck in Hamburg", trat nach Eintritt der Rechtswirksamkeit des Urteils die „Strafzeit in Wesel an".[284] Diese beschrieb Jüngst zwanzig Jahre später wie einen Abschnitt seiner beruflichen Laufbahn: „Hier wurde ich jedoch vom Commandanten, dem Herrn General von Perbandt, zum Unterricht seiner Kinder ins Haus genommen und gab außerdem Stunden in der Privat-Töchterschule der Fräulein Behr. Im Herbst 1825 bestand ich die Prüfung als Candidat des höheren Schulamts in der Commission in Münster und trat gleich darauf mein gesetzliches Probejahr im Gymnasium zu Wesel an. Bereits im Neujahr 1826 wurde ich aber als Rector an die lateinische Schule in Tecklenburg versetzt, wo ich zugleich die Töchter der Beamten in Privat-Stunden unterrichtete". Sein Mitgefangener Herrmann Eduard Ledebur aus Brackwede, jetzt Bielefeld, nahm den gesamten Aufenthalt Jüngsts in Wesel als Festungshaft wahr. Er schrieb am 28.03.1827 an Moritz Rothert: „Jüngst hat jetzt vier Jahre (auch für den Rathaussturm) ‚ausgesessen' und wird in diesen Tagen abreisen zu seiner Familie, welche hier in der Nähe wohnt."[285] Festungshäftling Huhold nannte Rothert auch die Bezüge und Unterrichtsverpflichtungen „als Hülfslehrer mit 150 Reichstaler Gehalt (wöchentlich sechs Stunden über acht) und als Hauslehrer beim Kommandanten."[286] Bürgermeister Ernst Friedrich Delius gewann Jüngst 1830 für das Gymnasium, damit auch für ein später hoch geehrtes lang andauerndes bürgerschaftliches Wirken in Bielefeld. Während Jüngst die Festungshaft wie eine pädagogische Idylle erleben konnte, waren seine Mithäftlinge mit langen Freiheitsstrafen bis zu 15 Jahren konfrontiert. Hier gilt es zu zeigen, wie sich diese Männer während ihrer Vernehmungen zu Elementen einer demokratischen Verfassung und der staatlichen deutschen Einheit geäußert haben.

5.5 Demokratische Entwicklung oder Hochverrat?

Die Central Untersuchungskommission des deutschen Bundes in Mainz hatte Ende 1823 eine Denunziation erhalten, „wonach ein durch ganz Deutschland verbreiteter geheimer Bund bestehen sollte, dessen Zweck auf Herbeiführung der politischen Einheit und Freiheit Deutschlands gerichtet sei"[287]. Zur Verhütung einer solchen Veränderung hatte Friedrich Wilhelm III. bereits am 20.10.1798 bestimmt:

> Wir erklären [...] für unzulässig und verbieten hierdurch Gesellschaften und Verbindungen, deren Zweck, Haupt- oder Nebengeschäft darin besteht, über gewünschte oder zu bewirkende Veränderungen in der Verfassung oder in der Verwaltung des Staates, oder über die Mittel, wie solche Veränderungen bewirkt werden könnten, oder über die zu diesem Zweck zu ergreifenden Maasregeln, Berathschlagungen, in welcher Absicht es sey, anzustellen [...].[288]

Der Wortlaut des Edikts war 1798 aus den Vorstellungen über die Jakobiner und die Bedrohung durch Napoleon und die Streitkräfte der französischen Revolutionsarmeen entstanden; das Ziel einer staatlichen Einheit Deutschlands war 1798 unbekannt; am 06.01.1816 hatte Friedrich Wilhelm III. das 18 Jahre alte Edikt nach dem Sieg über Napoleon zum Abbruch der durch Schmalz angestoßenen Diskussion über eine Verfassung und politische Verbindungen in Erinnerung bringen lassen.

Der Criminal-Senat des Oberlandesgerichts Breslau schloss in 1. Instanz am 25.03.1826 die „Untersuchungssache wider den Königlichen Lieutenant Carl Friedrich von der Lanken und Complicen" mit 28 Urteilen „den verhandelten Acten"[289] gemäß ab. Diese waren bei der in der Festung Köpenick geführten Untersuchung entstanden und enthielten Aussagen und Geständnisse, die „vor gehörig besetzten Criminal-Gericht" abgelegt, auch „vor freien Stücken zu Protocoll, oder in eigenen, händigen protocollarisch genehmigten Aufsätzen, theils auf rechtmäßige Fragen des Inquirenten"[290] abgegeben waren. Damit dokumentierte das Gericht, es habe nach der „Criminal-Ordnung"[291] gehandelt. Das schriftliche Plädoyer eines vom Gericht bestellten Verteidigers ergänzte in 26 Fällen die Untersuchungsakten. Allen Angeklagten wurde die Beteiligung an der „Jünglingsbund-Verschwörung" zur Last gelegt, sieben[292] der in diesem Verfahren 28 Verurteilten waren aus Ravensberg oder aus der näheren Umgebung, gemeinsame Aktionen dieser Teilgruppe und der 28er Gruppe hat das Gericht nicht ermittelt. Es verhängte insgesamt 332 Jahre Festungshaft, zwölfmal 15 Jahre als höchste Strafe. Die Gerichts- und Verteidigungskosten wurden mit ca. 700 rthl. den Verurteilten nach dem Maß ihrer Strafe auferlegt. Auf individuelle Gnadengesuche hin wurden die Strafen in der Regel später auf ein Drittel verkürzt, waren immerhin wie mit dem Aufwand eines zweiten Studiums und dem Verlust eines eigenen Einkommens verknüpft. Der Breslauer Criminal-Senat umfasste sieben Richter; er kannte insgesamt Verfahren gegen 91 Mitglieder des „Jünglingsbundes".[293] Zwölf Richter des Appellations-Senats am Oberlandesgericht Naumburg entschieden in 2. Instanz ohne Abweichungen vom Urteil der Vorinstanz.

Das Gericht wertete die Akten nach juristischen Gesichtspunkten aus. Hier sind die politischen Ziele darzustellen. Deutsche Einheit und demokratische Verfassung lauteten die Hauptanklagen, waren zugleich Gesprächsinhalt unter jungen Männern geblieben. Das Gericht unterstellte den Angeklagten eine feindselige Gesinnung als Ausdruck ihrer politischen Ansichten gegen die bestehende Ordnung der Dinge[294] und fragte bei den 28 Angeklagten jeweils ab, welche Zwecke sie verfolgt und an welche Mittel zur Durchsetzung sie gedacht hätten.

Das Gericht hatte die Aussage eines Beschuldigten ermittelt, „daß unser deutsches Volk willens sei, sich eine solche Verfassung durch Gewalt zu verschaffen und daß es nur eines Anstoßes bedürfe, um den Willen zur That werden zu lassen."[295] „Einen Aufruhr des ganzen Volkes glaubte man so allgemein vorbereitet, daß man ihn nicht erst zu erregen, sondern sich desselben nur leitend zu bemeistern haben werde."[296] Das Gericht sah, dass ein Beschuldigter die „burschenschaftlichen Ideen der Einheit, Freiheit und Gleichheit durch Herbeiführung der politischen Einheit Deutschlands und Einführung freier Verfassungen" mit der Überzeugung „von der Nothwendigkeit einer Revolution als Mittel zur politischen Einheit, Freiheit und Gleichheit des deutschen Volks"[297] verbunden und ein anderer erklärt hatte, „Einheit und Freiheit" seien „als Grundbedingung eines Volkslebens nothwendige Zwecke" und „daß Gewalt als das einzige Mittel, diese Grundbedingnisse herbeizuführen, ebenfalls nothwendig und geheiliget sei und die Kraft diese Ueberzeugung ins Leben zu führen."[298] Die Vielfalt zeigt, dass kein fertiger durch Beschluss zum Programm gewordener Politikentwurf vorhanden war.

Das Gericht stellte auch fest, dass alle Beschuldigten den Anstoß zu einer Revolution nur aus dem Volk heraus oder von außen erwarteten.[299] Zwischen Reform durch die Regierungen[300] und einer „durch das Volk gewünschten Revolution"[301] wollten alle Beschuldigten „in geistiger Wirksamkeit"[302] „das

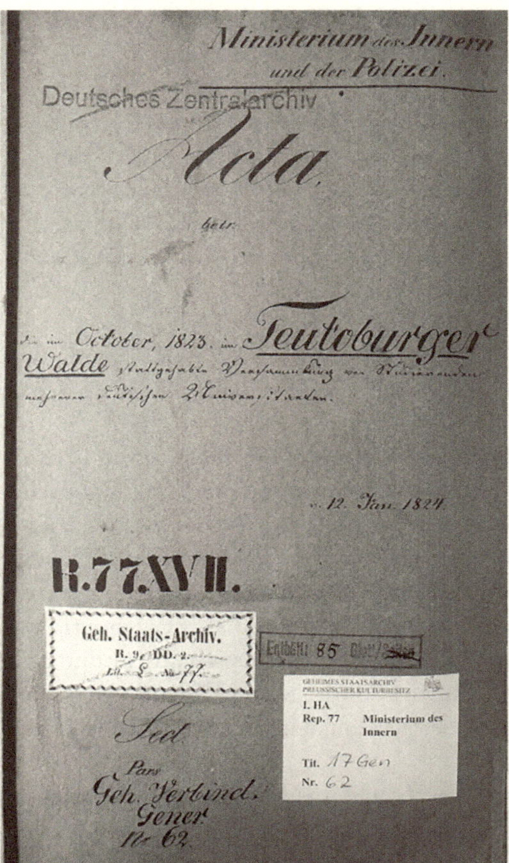

Ministerium des Innern und der Polizei.

Deutsches Zentralarchiv

Acta

betr.

October, 1823. im Teutoburger Walde

12. Jan. 1824

R.77.XVII.

Geh. Staats-Archiv.

Enthält 85 Blatt

GEHEIMES STAATSARCHIV PREUSSISCHER KULTURBESITZ

I. HA

Rep. 77 Ministerium des Innern

Tit. 17 Gen

Nr. 62

Sect.

Pars

Geh. Verbind.

Gener.

Nr 62

Eine zweite „Wartburgfeier" im Teutoburger Wald? Deckel für eine Akte mit vergeblicher Suche auf 85 Blatt. GStA PK I. HA Rep. 77 Tit. 17 Gen. Nr. 62, Bl. 1.

Acta betr. die im October, 1823. im *Teutoburger Walde* stattgehabte Versammlung von Studierenden mehrerer deutschen Universitaeten.

Der Student Moritz Grosser hatte am 12.01.1824 ausgesagt, „es habe im Teutoburger-Walde bei Detmold und Paderborn im vorigen Herbste [also 1823], eine zweite Wartburg Feier Statt haben sollen, er wisse jedoch nicht, ob sie zu Stande gekommen sei." In das Urteil des Oberlandesgerichts Breslau ist diese Aussage nicht gelangt. Das Wartburgfest war der Erinnerung an Martin Luther und an die Freiheitskriege gewidmet gewesen, die Ortsbezeichnung „Teutoburger Wald bei Detmold und Paderborn" verwies auf die romantische Erinnerung an Arminius' erfolgreichen Widerstand gegen die Römer, Arminia war auch die Bezeichnung einer burschenschaftlichen Richtung. Die Akte umfasst 85 Blatt, sogar eine Rasterfahndung hatte der Polizeiminister eingeleitet und die Reisedaten aller Studenten untersucht, die in Richtung Teutoburger Wald gewiesen hätten. Eine Bestätigung der Nachricht ermittelte Kamptz nicht.

Volk für die Sache“[303] gewinnen; gegen die Fürstenherrschaft gerichtetes Denken ziele auf die „Aufregung und Aufwiegelung des Volks“[304]:

> Man beabsichtigte durch Schrift und Rede die öffentliche Meinung für die Ideen des Bundes zu gewinnen und dadurch vielleicht im Wege der Reform das zu erreichen, wonach wir strebten, sollte indessen dies nicht gelingen oder sollten die Fürsten die dem Bunde zum Grunde liegenden Ideen zu unterdrücken versuchen, so lag es allerdings im Zwecke des Bundes, durch die Gewalt der Waffen demselben Eingang zu verschaffen[305],

es sei denn, „wenn durch die ganze Masse des Volks ohne allen Kampf und Blutvergießen die Fürsten genöthigt würden, dem Willen des Volks nachzugeben“[306].

Einen Zugang zur öffentlichen Meinung biete die Bildung von „Gesellschaften zur Lesung politischer Schriften und Besprechung politischer Gegenstände“. „1. Jeder sollte an seinem künftigen Wohnorte einen Kreis oder eine Gesellschaft bilden, und mit den Mitgliedern Zeitungen und andere politische Schriften lesen und besprechen, 2. dergleichen Gesellschaften sollten unter einander in Verbindung treten, und sich gegenseitig von ihrem Treiben Nachricht geben“. Hier sei über burschenschaftliche und politische Gegenstände disputiert, „Ludens Politik gelesen“[307] und andere dergleichen der geistigen Stimmung der Versammelten entsprechende Unterhaltungen geführt worden.[308]

In den Gerichtsakten tritt eine Vielfalt demokratischer Forderungen und politischer Verfahrensweisen hervor, die Studenten oder gerade nach dem Studium ausgeschiedene Berufsanfänger gemeinsam mit anderen beraten hatten. Die Bezeichnung des Zusammenhalts der Angeklagten als „Jünglingsbund“ blieb ein verschwörungserzählerischer Begriff, indem das Gericht nach Betrachtung aller Zusammenhänge feststellte: „[E]s leuchtet ein, daß man unter solchen Umständen von einer eigentlichen Organisation des Bundes nicht sprechen kann, und daß es auch ein vergebliches Bemühen sein würde die einzelnen Entwicklungen desselben, in ihrem oft ganz zufälligen Entstehen nachweisen zu wollen.“[309] „Mittel, den vorgestreckten Zweck zu erreichen, sind vom Bunde aus [...] nie zur Sprache gekommen.“[310]

Wohl um einer Verunsicherung der eigenen Beamten vorzubeugen, erhielt die Regierung Minden einen Ausdruck der Urteile unter voller Namensnennung der Verurteilten in 15 Exemplaren für die Landräte, „da die pflichtmäßigen Einschreitungen des Ministerii vielfältig verkannt und als polizeiliche Willkühr verläumdet worden."[311] Zur weiteren Überwachung wurden der Regierung Minden Akten der Verurteilten übersandt. Das Gericht hatte den Nachweis der Strafbarkeit zu liefern. Hier soll versucht werden, aus den Urteilen zu rekonstruieren, wie die Beschuldigten sich einen deutschen Staat mit einer demokratischen Verfassung vorgestellt haben.

5.6 Eine deutsche Verfassung, zusammengestellt aus Gerichtsakten.

Das Breslauer Oberlandesgericht dokumentierte, dass die Beschuldigten den Parolen „Volks-Souveränität" und „politische Einheit"[312] folgten. Es hatte ermittelt, welche Erwartungen an eine Verfassung gerichtet wurden, differenzierte die Motive der Beschuldigten, die sich im Negativen in einer Kritik am Fehlen von Empathie und aufgeklärtem sittlichen Handeln, in „Herzlosigkeit und Sittenlosigkeit" ausdrückten und so den Wunsch nach Achtung menschlicher Würde und sozialer Geborgenheit äußerten.[313] Im Positiven wollten „die einzelnen Menschen" „eine freie Verfassung" zur freien Entfaltung ihrer Persönlichkeit,

> durch welche ein allgemeines Interesse rege würde, und welche dazu beitrüge, daß das Große und Schöne, was in einzelnen Menschen lebte, vor Augen und Ohren des Volks gebracht würde, und bei diesem leicht Eingang gewinne; daß nur auf diesem Wege sich ein freies und reges Volksleben gestalten werde.[314]

Die Förderung des Interesses am allgemeinen Wohl in Staat und protestantischer Kirche war schon ein zentrales Anliegen der Reformer gewesen. Die Notwendigkeit staatlicher Einheit wurde soziologisch, außen- und innenpolitisch begründet:

> [D]aß, da die Bestimmung des Menschen fortgesetzte Entwickelung aller seiner Anlagen sei, diese aber bei allen Menschen ursprünglich gleich seien, mithin durch gleichförmige Entwicklung derselben das endliche Ziel der Gesellschaft, Einheit und Gleichheit ihrer Glieder erreicht werden könne, diese Entwickelung jedoch durch die Souveraine Verfassung der meisten deutschen Staaten

> gehindert werde, es Pflicht jedes Deutschen sei, dahin zu wirken, daß statt dieser Souverainen Verfassungen, constitutionelle eingeführt würden, und ferner, weil die Getheiltheit der deutschen Staaten nicht nur Unterdrückung derselben durch fremde Völker erleichtern, sondern auch die Bekriegung unter sich bewirken könne, daß Deutschland politisch Eins werde.[315]

Das Gericht förderte unterschiedliche Ansätze zu Tage, „das deutsche Volk oder die deutsche Nation als Abstammungsgemeinschaft zu begreifen“[316]; das geeinte Deutschland sei durch das „Teutschthum“[317] bestimmt, an anderer Stelle mit dem Sprachraum – „so weit die deutsche Sprache geredet wird“[318] – definiert. Das staatlich geeinte Deutschland wird wiederholt als „Reich“[319], auch als „besseres Reich“[320], bezeichnet und solle auch die „dem Preußischen Scepter unterworfenen zu Deutschland gehörenden Provinzen“[321] einschließen. Es sei ein „Bundesstaat im Gegensatz des Staatenbundes, den Deutschland derzeit“[322] bilde, beabsichtigt.

Die freiere Verfassung ist gedacht als eine konstitutionelle Monarchie[323], beschränkt durch eine „Volksvertretung durch von allen Ständen gleichmäßig gewählte Repraesentanten“[324], die „an der Gesetzgebung Theil nehmen“[325] „unter einem Oberhaupt“[326] – „unter *einem* Könige“, dem auch „dem Volke verantwortliche Minister zur Seite stehen.“[327]

Das Gericht prüfte keinen Verfassungsentwurf, sah insgesamt in den zu verhandelnden Aktivitäten „eine entschiedene Form zu den seit Jahren auf allen Universitäten gehegten Theorien und politischen Bestrebungen“[328], ein Ergebnis des „damals auf den Universitäten herrschenden Geistes politischer Reformations-Sucht.“[329]

Auf den Zusammenhang der politischen Diskussion mit philosophischen Denkansätzen verweisen zwei Stellen. Heinrich Clemen hatte eingeräumt, daß sich in Jena in einem formlosen Verein mehrerer Studenten

> ihre politischen Einsichten dahin ausgebildet hätten, daß Staat und Volk eins sein, also auch das deutsche Volk nur e i n e Staats-Verfassung haben müsse, daß eine Constituition nothwendig sei, und sie in ihren künftigen bürgerlichen Verhältnissen dahin zu wirken hätten, daß jene Grundsätze ins Leben treten und die bestehenden Staats Verhältnisse in Deutschland im Wege der Reform nach ihren Ansichten gestaltet werden möchten.[330]

Carl v. Willer berichtete dem Gericht, es habe sich der Gegenstand der Gespräche

> [...] bald von Studenten-Verhältnissen auf Staats-Verhältnisse ausgedehnt und zu dem Raisonnement geführt [...], daß, da die Bestimmung des Menschen fortgesetzte Entwickelung aller seiner Anlagen sei, diese aber bei allen Menschen ursprünglich gleich seien, mithin durch gleichförmige Entwicklung derselben das endliche Ziel der Gesellschaft, Einheit und Gleichheit ihrer Glieder erreicht werden könne, diese Entwickelung jedoch durch die Souveraine Verfassung der meisten deutschen Staaten gehindert werde [...].[331]

Die Elemente eines deutschen Staates mit demokratischer Verfassung blieben Fragmente. Die Polizei verhinderte, dass die Studenten, jungen Lehrer und Juristen aus ihnen den konkreten Entwurf eines gemeinschaftlichen Verfassungsstaates zusammenfügten. Das Gericht hatte Urteilsgründe gesucht, dabei eine Verfassungsdiskussion sichtbar gemacht und Gesinnungen festgestellt. Handlungen, die eine Revolution vorbereiteten, hat es nicht ermittelt. Kammergerichtsrat E. T. A. Hoffmann hätte an dieser Stelle feststellen können, „daß bloße Gesinnungen, sind sie nicht als That ins Leben getreten, nicht der Gegenstand einer Kriminal-Untersuchung seyn können."[332] Wilhelm Schulte zitiert für die Haltung der Öffentlichkeit G. H. Pertz:

> Die in Westfalen erfolgenden Verhaftungen von Verdächtigen, die nach Berlin abgeführt wurden, verbreiten eine düstere Stimmung, die sich in den Briefen der ehrenwertesten Männer ausspricht. Niemand kannte eine Grenze gegen Willkür; unabhängige Charaktere waren durch ihre Unabhängigkeit verdächtig.[333]

5.7 Das Echo der Verhaftung des Bielefelder Lehrers Dr. Heinrich Clemen.

Die „Trauerpost von Clemen und Ledebur" überbrachte Scherr am 11.01.1824 nach Münster zu Vincke.[334] Vincke hatte bereits am 9. Januar, dem Tag der Verhaftung Ledeburs und Clemens, ausführlich an Schuckmann berichtet, ohne einen anderen Anlass zu kennen als den „Befehl" zum Bericht. Er fasste die vielfachen Zeugnisse herausragender dienstlicher und persönlicher Eigenschaften in dem Satz zusammen: „Der p[erge] Clemen scheint zu den ausgezeichnetsten jungen Lehrern der Provinz zu gehören, und zu den besten Hoffnungen zu berechtigen."[335] Wohl unter diesem Eindruck ging am 15. Januar ein Brief „An Kampz [!] für den unglücklichen Clemen in Voraussetzung seiner Schuldlosigkeit" – das Tagebuch fährt fort:

> Lange Session und in derselben mir der höchst unangenehme höhere Befehl, den Kand.[idat] Kerlen wegen Theilnahme an einer hochverrätherischen Verbindung arretiren und nach Berlin transportiren zu lassen, gleichzeitig mit der Pensionsbewilligung für die Mutter. Ich mußte es vollziehen und konnte nur die möglichste Schonung berücksichtigen – aber es that mir doch recht wehe in der Ueberzeugung seiner Unschuld! Er reiste abends ab –.[336]

Carl Johann Abraham Kerlen war Hauslehrer seiner Kinder und wurde in Köpenick wie Brandes, Clemen und Ledebur „zur Untersuchung gezogen".

August Krönig, Direktor des Bielefelder Gymnasiums, bat Schuckmann, Clemen bald der Anstalt wieder zuzuschicken, „damit sie nicht zu großen Schaden erleide."[337] Dieser beschränkte sich darauf zu antworten, dass die gegen Clemen ergriffenen Maßregeln „sehr bestimmt aus den Gesetzen folgen" und dass „die Untersuchung nach Möglichkeit werde beschleunigt" werden.[338]

Die Stadt Bielefeld, insbesondere das Gymnasium und das Konsistorium in Münster wurden ein Jahr lang noch an Clemen erinnert. Im Einvernehmen mit dem Konsistorium sah die Schule Clemen als „ex officio suspendirt" an und zahlte das Gehalt zur Hälfte weiter. Dafür musste die Schule Vertretungsunterricht organisieren und stellte die Kosten dem Konsistorium in Rechnung; „darum wird der Staat, welcher die Verhaftung das Dr. Clemen angeordnet hat, sich der Entschädigung der Schulkasse nicht entziehen können", stellte Stadtdirektor Delius als Vorsitzender des Scholarchats fest und schrieb die Rechnung: „Einem p[erge] Consistorium legen wir hierneben die in der hochgeehrten Verf. vom 24. April d.J. Nr. 432 vorgeschriebene Liquidation der der Schulcasse ausfallende Gehaltshälfte des Dr. Clemen für den Zeitraum vom 10. Januar bis Ostern [1824] und im Betrage von 68 rthl. ¾ sgr. ehrerbietigst vor. Bielefeld, den 28. Jun. 1824 Delius"[339]. Am 15. Juli ließ sich die Rückkehr des Verhafteten „mit irgend einiger Wahrscheinlichkeit nicht erwarten", so inzwischen die Einschätzung in der Schule, erst mit der Anstellung des Friedrich Wilhelm Hinzpeter im November 1824 verschwand Clemen aus dem Schulalltag.

In 1. Instanz entschied das OLG Breslau, Clemen und Ledebur wegen Teilnahme an einer verbotenen, „das Verbrechen des Hochverrats vorbereitenden geheimen Verbindung und deren Verbreitung“ mit einem fünfzehnjährigen Festungsarrest zu bestrafen.[340] Ihnen wurde das Recht zum Tragen der Preußischen National Cocarde genommen, Clemen aus dem Schuldienst entlassen und mit dem Verbot, öffentliche Ämter zu bekleiden und sich auf preußischem Staatsgebiet aufzuhalten, bestraft.[341] Das Gericht befand, Brandes aus Bad Salzuflen „wegen absichtlich unterlassener Anzeige der Wissenschaft von dem Bestehen einer verbotenen, das Verbrechen des Hochverraths vorbereitenden Verbindung mit einem sechsjährigen Festungs Arrest zu bestrafen, von dem Verdacht der Mitgliedschaft einer solchen Verbindung aber vorläufig freizusprechen“, Kerlen kam unter Anrechnung der Untersuchungshaft frei, die übrigen 24 Verurteilten wurden nach vier bis sieben Jahren begnadigt, Ledebur als Letzter 1830 aus der Haft entlassen. Clemens Mutter hatte 1827 vergeblich ein Gnadengesuch eingereicht, 1829 sich an die „Hochfürstliche Regierung“ in Detmold gewandt; zum Jahresende wurde Clemen die Entlassung aus der Festungshaft verkündet.[342]

„In Köpenick sind die Qualen der Einsamkeit fürchterlich gewesen“, äußerte sich Clemen in Lemgo nach seiner Rückkehr.[343] Die Gruppenhaft in den Festungen wurde zu gemeinsamer oder Einzellektüre genutzt, konnte auch Ort heftiger Konflikte sein[344] und wurde von den Kommandanten mit unterschiedlichen Freiheiten verbunden. In Magdeburg schloss der Kommandant dies grundsätzlich aus[345], in Wesel war es möglich, in die Stadt zu gehen, Einladungen von Familien anzunehmen, mit ihnen Ausflüge zu machen oder sogar Unterricht zu erteilen, um den Unterhalt während der Haft zu finanzieren.

Die Regierung Düsseldorf berechnete den Inhaftierten fünf Silbergroschen als Tagessatz für die Verpflegung in der Festung, im Nachhinein verlangte sie vom unterhaltspflichtigen „hoffnungslos daniederliegenden kranken Vater“ Ledeburs 56 rthl. 20 sgr. für die Zeit vom 22.02.-31.12.1825. Landrat v. Borries, der den Betrag einziehen sollte, hatte gleich nach der Verhaftung unter Hinweis auf Ledeburs „geistige Fähigkeiten und Kenntniße“ „sich sehr vortheilhaft“ über den Inhaftierten ausgesprochen[346], kannte die beschränkten Vermögensverhältnisse im Pfarrhaus – die Summe machte ein Zehntel des Jahreseinkommens von 554 rthl. aus – und bat um Aufschub, weil er mit Hilfe „dessen langjährigem Freunde, dem Herrn Superintendent Scherr“ sehen wolle, „auf welche Weise ich meinen Antrag mit möglichster Schonung gegen den bedauernswürdigem Vater ausführen könnte. Herr p Scherr bat mich ihm einige Fristen zu gestatten.“[347] In den örtlichen Dokumenten kommen die Begriffe Demokraten und Demagogen nicht vor. In überörtlichen Quellen wurden die erklärten Demokraten zu Demagogen erklärt.

5.8 „Demagogen“ statt Demokraten: Die Steckbriefsprache der politischen Polizei und die Stigmatisierung des Demokratischen.

Die verfolgten Demokraten hatten Recht und Freiheit mit dem Prinzip der Volkssouveränität und einer verfassungsmäßigen Ordnung verknüpft; Demokratie als Begriff kam in der 408 Seiten umfassenden Urteilssakte in keiner sprachlichen Form vor. Das Gericht benutzte lediglich das negative literarische Gegenbild einer Entartung zur Demagogie, sprach nur allgemein, nicht in Bezug auf die Angeklagten von „demagogischen Umtrieben“[348], nannte eine „Revolutionstheorie älterer deutscher Demagogen“[349] und erwähnte Urteile aus „frühern wider demagogische Umtriebe geführten Untersuchungen.“[350]

Von den „älteren Demagogen“ seien der norddeutsche Jakobiner Heinrich Christoph Albrecht (1762-1800) und Heinrich Würzer (1751-1835) genannt. Albrecht setzte Demokratie und Revolution gleich, so im Titel „Rettung der Ehre Adolphs, Freiherrn von Knigge, welchen der Herr Hofrat und Ritter von Zimmermann als deutschen Revolutionsprediger und Demokraten darzustellen versucht hat.“[351] In der Erörterung des englischen Parlamentarismus bezeichnete Albrecht 1797 Demokratie als Grundlage aller Repräsentation und bemerkte „daß es nirgend Demokratie“ geben könne „als unter einem Volke, das die Fähigkeit“ habe, „sich selbst zu regieren.“[352] Heinrich Würzer argumentierte in Dialogform; eine Verfassung sei eine Demokratie, sofern sich „das ganze Volk die gesezgebende, die richterliche und die ausübende Gewalt“ vorbehalte, „nennen wir eine solche Verfassung eine Democratie. Sind alle diese Gewalten in den Händen mehrerer ausgewählter Personen, der Vornehmsten im Volke oder der angesehensten

Familien, so ist es eine Aristocratie."[353] Nach der Verfassung von 1793 und dem Schreckenssystem seien in Deutschland „die Benennungen Jakobiner und Demokraten zu gleichbedeutenden Wörtern und zu Schimpfnamen geworden, womit alle diejenigen belegt werden, die den Ursprung aller Souveränität vom Volk herleiten."[354]

Heinrich Luden hatte „Constitutionen und bürgerliches Recht" mit dem Prinzip der Volkssouveränität verknüpft:

> [Die Regierung] muß den Gesammtwillen und die Gesammtkraft aller Bürger in so fern in sich vereinigen, daß sie, nach dem erkannten Stande der Verhältnisse, solche Einrichtungen zu treffen und auszuführen vermöge, welche für die Erhaltung der Unabhängigkeit und für die Möglichkeit der freien Auslebung aller Glieder des Staats nothwendig zu sein scheinen. [...] Der Staat aber ist [...] in der Einheit der Regierung und der Unterthanen.[355]

Verfassungen „sind überhaupt aus demselben Grunde nothwendig, aus welchem Recht und Staat nothwendig sind. Freiheit findet ohne sie nicht statt." „Wo eine Constitution und ein bürgerliches Gesetz statt findet, da ist Freiheit, Republicanismus, ein Gemeinwesen. Dämokratie [sic!] und Monarchie sind nicht der Art, sondern nur dem Grad nach verschieden, beide sind republicanisch."[356]

Demokratie ist bei einem Zitat aus der Preußischen Staatszeitung für gebildete Leser" mitgedacht in der Abwehr vermeintlicher „Angriffe wüthiger Demagogen und Ochlokraten". In einer Besprechung des Buches von David Hansemann, „Preußen und Frankreich", erscheint der Begriff unter positivem Vorzeichen in Preußens „Beamtenwelt", die „demokratischer Natur" sei, „und demokratisch sind auch meistens die politischen Ansichten der preußischen Beamten."[357] Beamte waren in ihren Entscheidungen im Allgemeinen an das ALR, im Besonderen an Kabinettsordres oder Verfügungen gebunden. Eine von demokratischen Ideen geleitete Opposition der Beamtenschaft gegenüber dem Monarchen und seiner Staatsregierung ist auch im Ansatz nicht erkennbar. Im Falle der Androhung ihrer Entlassung hatten sie Anspruch auf ein öffentliches gerichtliches Verfahren nach ALR Teil 2, Tit. 11, § 533. Diese Vorschrift hob die KO v. 12.04.1822 auf.[358]

Die Steckbriefsprache der preußischen politischen Polizei mit der Stigmatisierung des „Demokratischen" als „Demagogie" dauerte nach der Urteilsvollstreckung bis in die Gegenwart an. Sie machte das demokratische Fundament der Burschenschaften unkenntlich und öffnete für die zweite Hälfte des 19. Jahrhunderts den Weg zur Abkehr und Verachtung der Demokratie.

Schleiermacher hatte in seiner Sommervorlesung über Politik 1817 einen Zusammenhang von Demokratie und Demagogie festgestellt, ohne diese Begriffe zu bewerten: „Eine Demokratie kann nicht lange bestehen, ohne daß nicht, was natürlich immer geschehen muß einige bei den Volksversammlungen das Uebergewicht als Dämagogen erhalten, [...] Kurz die Dämagogie ist unnachläßlich mit der Dämokatie verbunden."[359] Soweit in der griechischen Literatur „Demagogie" als Missbrauch der Demokratie auch skandalisiert wurde, erleichterte diese Beschreibung der Demagogen den Gegnern der Demokratie, die eigene Furcht vor einer Revolution in scheinbar durch geschichtliche Erfahrung gestützter Gewissheit inhaltlich mit der Vorstellung vom Terror der Jacobiner auszustatten. Das Wort wirkte schon durch den Verdacht, und der Verdacht galt als Beweis. Inhaltlich unklar bedrohte es den, der zu nahe kam. August Krönig nahm den Grund der Verhaftung des Heinrich Clemen als etwas Geheimes wahr, er könne und dürfe „über das, dessen er von seinem Universitäts-Leben her beschuldigt wird, keine Meinung haben, und noch weniger sie äußern."[360]

Die Autoren des klassischen Altertums galten als Vorbilder[361]; sie gerieten in die Widersprüche der zeitgeschichtlichen Strömungen der Gegenwart. Für den Verfassungsdiskurs des 19. Jahrhunderts führt J. Chr. Bähr den Historiker Herodot (ca. 490/480-430/420 v. Chr.) in einer Übersetzung mit den Worten ein, „seine politische Gesinnung" sei

> der Haß gegen alles Tyrannenthum, gegen unumschränkte, durch Gewalt errungene Einzelherrschaft und die unauslöschliche Liebe für eine freie Verfassung, wie sie in den weiteren Formen der Demokratie unter den Griechen seiner Zeit zur Geltung gelangt war. So verließ der für die Freiheit glühende, strebsame Jüngling frühe seine Heimat.[362]

Herodot verband in der Erzählung die Kritik der Alleinherrschaft, selbst wenn sie von dem Besten unter allen Männern ausgeübt werde, mit einer

Rede für die Demokratie. Diese gestaltete er mit den rhetorischen Mitteln der Zeit, er reflektierte seine Sprache in lyrischer Erhebung des Begriffs:

> Wenn aber das *Volk* herrscht, so hat dieß zuvörderst den schönsten Namen von Allen, die Gleichheit vor dem Gesetz; zum andern thut es nichts von dem, was der *Alleinherrscher* thut: es besetzt die Ämter durch's Loos, und *jedes Amt ist zur Rechenschaft verpflichtet*; alle Entschließungen aber überläßt es der *Gemeinde*. Darum gebe ich nun meine Meinung dahin ab, wir wollen die Alleinherrschaft aufgeben und dem *Volk* alle Macht überlassen: denn in dem *Volke* ist Alles enthalten.[363]

In den herausgehobenen Stellen ließ Bähr die politischen Schlüsselworte seiner Zeit anklingen. In der parlamentarischen Demokratie schreibt Joseph Feix 2001 statt Volk „Menge", die „Verwalter der Ämter" treten an die Stelle der Rechenschaftsverpflichtung der „Ämter", und die konkreten Worte „Gemeinde" und „Alleinherrscher" als Organe politischer Entscheidungen werden durch die Abstrakta „Alleinherrschaft" und „Gesamtheit" ersetzt.[364] Herodots Schluss, „denn in dem *Volke* ist Alles enthalten" reichte bis zu Aristoteles.[365] In Wahrheit habe die Demokratie den Vorzug gegenüber der Aristokratie, bemerkt Aristoteles.

> Denn die Masse, in der jeder einzelne kein edler Mensch ist, kann doch zusammengenommen besser sein als jene, [...] wie auch Mahlzeiten aus allgemeinen Beiträgen denen überlegen sind, die nur einer bezahlt. [...] Daher beurteilt auch die Masse Kunst- und Dichterwerke besser. Der eine nämlich trägt dies bei, der andere jenes.[366]

„In der Masse steckt alles drin", so leitete Alfred Heuß über von Herodot zu Aristoteles, der „für die Demokratie[367] nun wahrlich nicht engagiert" gewesen sei, doch „ihren Grundgedanken, daß in den Vielen mehr an intellektuellen und moralischen Werten zum Vorschein kommen müsse als im noch so tüchtigen Einzelnen, doch immerhin für recht bemerkenswert"[368] halte. Nach dem Staat begann auch ein Teil des Protestantismus, öffentlich Demokratie verächtlich zu machen und anzugreifen.

6. Ernst Wilhelm Hengstenberg: Neupietismus gegen Demokratie und Rechtsstaat.

Ernst Wilhelm Hengstenberg[369] (1802-1869), gab seit 1827 die „Evangelische Kirchenzeitung“ heraus, die sich gegen politische, wirtschaftliche und kirchliche Veränderungen positionierte. Die Ablehnung kirchlicher Veränderungen war ein Kampf um die Besetzung der Lehrstühle an den theologischen Fakultäten und die Besetzung von Pfarrstellen, auch gegen die Entwicklung einer presbyterial-synodalen Ordnung der protestantischen Kirchengemeinden in Preußen gerichtet. Schon zehn Jahre zuvor war bei der Entlassung des Berliner Alttestamentlers Wilhelm Martin Leberecht de Wette bekannt geworden, dass in einer dogmatischen Kontroverse die öffentliche Meinung einen „vorbereitenden Grund der Amtsenthebung gesehen“[370] habe. Die theologische Fakultät der Berliner Universität hatte mit einem Brief an Kultusminister Altenstein zu Gunsten de Wettes interveniert, plädierte für die Erhaltung der akademischen Lehrfreiheit, gerade der theologischen Fakultät – das Evangelium könne „von solchen auf die rechte Weise und mit Segen gepredigt werden [...] welche von der Wahrheit desselben durch eigene Forschung überzeugt worden“ –, kritisierte die Entlassung de Wettes und nannte die dogmatischen Gegner de Wettes „wahrhaft fromme Männer“, die „mit einer dem menschlichen Eifer natürlichen Heftigkeit“ durch „Zuvieltun“[371] leicht einen Schaden anrichteten. Die Fakultät sehe sich einig mit diesen Männern darin, „daß nur durch Rückkehr zu dem Glauben an das einfache reine Evangelium die innern Übel der Zeit“ geheilt werden könnten; zugleich sei sie „überzeugt, daß die protestantische Kirche in diesem Zeitalter der Gärung und Krisis am wenigsten durch gewaltsame Unterdrückung einer in diesem Gärungszustande hervorgetretenen und auf den Universitäten miteinander streitenden theologischen Geistesrichtungen jenem Ziele näher geführt werden könne.“ Wer diese Unterdrückung betreibe, erzeuge „nicht Wahrheit, sondern Heuchelei, nicht den echten evangelischen Glauben, sondern eine Verschmelzung des Aberglaubens oder eines trüben Mystizismus.“[372] 1819 hießen die von der theologischen Fakultät so bezeichneten „wahrhaft frommen Männer“ in anderen Texten dieser Zeit auch „Pietisten“. Der Begriff hatte bei Philipp Jakob Spener (1635-1705) und August Hermann Francke (1663-1727) die Verknüpfung persönlich erlebter Frömmigkeit und gesellschaftlich aktives Eintreten für

Schulbildung, Armen- und Krankenpflege bezeichnet. Die Agitation bei der Amtsenthebung de Wettes und die Verknüpfung mit politischen Forderungen auf sozialem, verfassungspolitischem Gebiet und kirchlichen Forderungen legt den Begriff „Neupietisten" zur begrifflichen Unterscheidung vom traditionellen Pietismus nahe.

Grundlage war für Hengstenberg das Postulat einer Dreistufengesellschaft innerhalb der Christenheit:

> Die niedrigste Stufe ist die, wo der Mensch sicher und sorglos in seinen Sünden dahin wandelt, und statt das Elende seines Zustandes zu kennen, ihn für den normalen hält.
> Die zweite, wo die Hand Gottes ihn aus seinem geistlichen Schlafe aufweckt, und ihn sich mehr oder weniger in seiner wahren Beschaffenheit erblicken läßt.
> Ob er von dieser Stufe wieder zur ersten herabsinkt, oder ob er zur dritten, der Kindschaft Gottes und der Theilhabe an seinem Erbe erhebe, und wenn das letztere geschieht, wie lange er auf der Mittelstufe verweile, das hängt von der Treu ab, mit der er die ertheilte Gnade bewahrt, von dem Eifer, mit dem er nach Mehrung derselben ringt, von dem Verlangen, mit dem er die ihm angebotenen Gnadenmittel annimmt.[373]

Im gesellschaftlichen Verkehr wurde das Modell der drei Stufen von Christlichkeit zu äußeren Merkmalen von Klassen und innerkirchlicher Polemik:

> Ein junger Prediger zum Beispiele, der vor einer aus Gläubigen und Ungläubigen gemischten Gemeinde predigte, und seine Rede mit den Worten: „Geliebte Christen" anhob, ward verketzert, da er doch hätte wissen müssen, daß der größere Theil seiner Zuhörer – Heiden wären. [...] Die Leichenpredigten werden benutzt, eine Art Gericht zu halten, wo dann natürlich der Glaube den Ausschlag gibt, ob der Todte selig gesprochen werden dürfe oder nicht.

Diese Sätze sind einem Bericht über die kirchlichen Verhältnisse in der Grafschaft Ravensberg in Westfalen aus der politisch liberalen „Allgemeinen Kirchenzeitung" entnommen. Es wird auch vermerkt, „selbst Hr. Prof. Hengstenberg hat jetzt einen Gesandten hierhergeschickt [...]"[374]. Im weiteren ist zu zeigen, wie Hengstenberg Anhänger aus dieser Region „zur

‚hochkirchlichen und reaktionären Partei', die in Berlin das Sagen hatte"[375], hingeführt und mit ihnen gewirkt hat.

Die „Evangelische Kirchenzeitung" begann das Jahr 1832 mit einer Kampagne gegen eine Synodalverfassung, wie sie in Rheinland und Westfalen angestrebt wurde. Sie unterstellte, „eins der ersten Geschäfte der Synoden würde gewiß das seyn, die Bekenntnißschriften abzuschaffen"[376] und rückte sie in einen engen Zusammenhang

> mit den parallelen Ansichten und Bestrebungen auf dem politischen Gebiete, wie sie sich schon seit Jahren geltend gemacht haben; sie sind ein so nothwendiges Erzeugniß eines sich schon seit geraumer Zeit durch die Völker hindurchziehendes Sehnens nach einer unbestimmten Freiheit [... und erklärte,] daß das parallele Streben auf dem politischen Gebiete, hier durch Maasregeln der Regierungen seines freien Spielraumes beraubt, einen andern Ausweg suchte und wirklich auf dem kirchlichen Gebiete einen weit gefahrloseren Schauplatz seiner Thätigkeit fand.[377]

> In Folge der Julitage [27.-29.07.1830] in Frankreich hat in Deutschland das Streben nach kirchlicher, nicht weniger wie nach politischer Freiheit, nicht nur an Stärke und Ausdehnung gewonnen; es hat sich sogar in mehreren Ländern schon den Weg zu einem glücklichen äußeren Erfolge gebahnt und wenn es auch bis jetzt noch nirgends sein Ziel vollkommen erreicht hat, so rückt es doch demselben an manchen Orten immer näher, besonders dadurch, daß es sich in den Ländern, wo das Streben nach politischer Freiheit freien Spielraum hat, als den Bruder desselben ankündigt und empfiehlt, [...].[378]

Im 2. Heft des Jahres ging die EKZ unmittelbar zur Kritik der presbyterial-synodalen Kirchenverfassung in der Grafschaft Mark vor. Dort war die freie Wahl der Pfarrer ein zentrales Verfassungsmerkmal. Die EKZ sprach der Gemeinde die Legitimität dieser Wahl ab und stellte sie als eine „Heerde" hin, die als eine „aus Wiedergeborenen und Nichtwiedergeborenen gemischte Gemeinschaft", nichts anderes sei, „als einen neuen Lappen auf ein altes Kleid flicken; [...] wie kann diese unheilige Heerde Anspruch machen auf das Privilegium der heiligen, sich ihre Hirten selbst zu wählen?"[379]

Zur gleichen Zeit radikalisiert die EKZ auch das Verhältnis des Einzelnen zum Staat und zum bürgerlichen Recht, insbesondere zum Recht auf

Eigentum. Den Begriff der Freiheit reduziert die EKZ auf die Freiheit der Obrigkeit politisch, rechtlich und sozial:

> Obrigkeiten, wie Väter, können aus ungerechter Willkür, aus Verblendung und Irrthum, aus unreinen Gründen aller Art Gebote erlassen und Aussprüche thun, durch welche sie sich gegen Gott versündigen, denen aber die Unterthanen und Hausgenossen dennoch zu gehorchen schuldig sind, um ihrerseits das obrigkeitliche und hausväterliche Amt und Gottes Einsetzung desselben zu ehren und anzuerkennen. Denn erst, wo ihnen etwas sündliches zu thun (nicht zu leiden) zugemuthet wird, fängt die Pflicht an, Gott mehr zu gehorchen als den Menschen.[380]

Parallel zur Ausstattung der Obrigkeit betrachtete die EKZ das Recht, im menschlich-juristisch-politischen Sinne, „als die Anwendung des göttlichen Gesetzes auf die Mannichfaltigkeit der menschlichen Verhältnisse." Werde diese Anwendung durch das der Obrigkeit anvertraute Schwert gehandhabt,

> so wird es keine Schwierigkeit weiter machen, die Natur des Besitzes als eines werdenden Rechtszustandes und dessen allmählichen Übergang in einen vollkommenen Rechtszustand aufzufassen, und diesen Begriff auf Obrigkeiten de facto, auf unrechtmäßig entstandene Obrigkeiten, anzuwenden. [...] So nimmt also der unrechtmäßige Besitz, der vor Gott ein Gräuel ist, den sein Fluch und seine Gerichte bedrohen, andern Menschen gegenüber, die kein besonderes dem Besitze entgegenstehendes Recht haben, sofort eine rechtliche Natur an, das heißt: Gottes Gebot schützt einen solchen Besitz und untersagt dessen Störung, und demgemäß schützen ihn auch Gottes Diener, die Obrigkeiten [...].[381]

So unterstützte die EKZ den autoritären Machtstaat und lieferte die Machtlosen den Übergriffen des autoritären Machtstaates, die Ärmeren den Übergriffen der wirtschaftlich Stärkeren aus. Prominentester Beobachter war Kronprinz Friedrich Wilhelm, der sich vorbehaltslos der neupietistischen Bewegung angeschlossen hatte.

> Für Prinz Wilhelm [...] stand schon 1838 fest, dass der Thronfolger einer ‚Frömmler-Sekte' in die Hände gefallen war, [...]. Das Ethos der christlichen

> Erweckungsbewegung habe so vollständig vom Kronprinzen Besitz ergriffen, warnte Prinz Wilhelm, dass ehrgeizige Höflinge, die Einfluss auf den künftigen Souverän gewinnen wollten, lediglich die Verhaltensmuster der pietistischen Hingabe vorexerzieren müssten, um ihr Vorankommen zu befördern.[382]

Wie Hengstenberg auf die Prediger in Ravensberg, auch auf die Besetzung einer Pfarrstelle in Jöllenbeck eingewirkt hat, kann nach den Akten erschlossen werden.

6.1 Hengstenberg in Ravensberg.

In Pyrmont, dem bevorzugten Sommeraufenthalt der gehobenen Ravensberger Gesellschaft aus Stadt und Land, geriet im Jahre 1834 ein christlicher gottesdienstlicher Vortrag zu einem Ereignis, das den Weg ins Mindener Sonntagsblatt[383] gefunden und Reaktionen der staatlichen und kirchlichen Behörden ausgelöst hat.

> Ein preußischer Prediger trat am 13. d[ieses Monats] in der Versammlung der Quäker auf, und predigte mit einer Heftigkeit, die an Wuth gränzte, wie er sagte, Jesum den Gekreuzigten, sprach von fast nichts, als von Blut und Wunden, von Buße, von Hölle und Teufel, der die Menschen, die nicht, wie er, *erweckt* und zur Gnade erlangt wären, wie Kalksteine im Pfuhl der Verdammniß ewig brennen würde, ohne daß sie je mürbe werden würden; nannte Moralien Lappalien etc. etc. [...] Es ist nach Ansicht des Referenten unverantwortlich und himmelschreiend, die Lehren des Christenthums so zu verdrehen, und dem Menschen die Erde zur Hölle zu machen, die nach der Güte des Schöpfers für ihn ein Paradies sein sollte, und es auch noch fortwährend sein könnte, wenn er vernünftig dächte und handelte. Nur ein blinder Fanatismus, verkehrte Ansichten, oder sonst ein unlauterer Zweck kann solche *Erweckte*, wie sie sich nennen, (denn alle andere Menschen sind todt, und stecken bis an den Hals im Schlamm der Sünde) leiten, und die Folgen ihrer Lehren möchten zu etwas Argem führen, wenn ihnen nicht bald das Handwerk gelegt wird, denn sie sind intolleranter [sic], als je die heilige Inquisition es war. Die Quäker haben sich solche Irrlehre für die Zukunft verbeten, und die Conventikeln [sic] am Berge sollen von der Polizei untersagt sein.[384]

Johann Henrich Volkening (1796-1877).
„Der bedeutendste Vertreter des Neupietismus in Minden-Ravensberg"383.
400,3/Fotosammlung Stadtarchiv und Landesgeschichtliche Bibliothek Bielefeld.

Das Sonntagsblatt hatte Namen nicht genannt, Rückfragen innerhalb der Behörden zu Minden und Münster ergaben schnell durch Kurgäste aus den eigenen Häusern Hinweise auf den Gütersloher Pfarrer Johann Henrich Volkening (1796-1877) und den Steinhagener Hilfsprediger Ernst Friedrich Christoph Hartog (1805-1871). Superintendent Scherr, zu einem Bericht aufgefordert, bat darum, die anzustellende Untersuchung auf eine „kürzlich in Gütersloh stattgehabten Conferenz“ auszudehnen, „zu welcher sich gegen 20 Prediger[385] aus verschiedenen Gegenden eingefunden haben sollen“, um den Verbindungen zwischen Ravensberger Neupietisten und Hengstenberg nachgehen zu können. Mit den Worten „weil sich aus solchen Vereinigungen größere Folgen und Störungen der kirchlichen Einigkeit wenigstens entwickeln könnten, so scheinen sie Beachtung zu verdienen“[386], schloss Scherr den Bericht. Damit „den seltsamen Umtrieben baldigst gesteuert werden“ könne, erweiterte Konsistorialrat Möller postwendend den Auftrag. Nach dem Protokoll umgingen beide Prediger die Verbindung der Gütersloher Zusammenkunft mit Hengstenberg. Hilfsprediger Lohmeyer, Teilnehmer der Konferenz am zweiten Tag, bekundete, „wie er sich recht erinnere sey der Professor Hengstenberg als Leiter des Vereins genannt, dessen Mitglied“ der in Gütersloh anwesende „Studiosus Wolf sey.“[387]

Scherr begleitete die Zusendung der Protokolle an das Konsistorium mit einigen „unmaßgeblichen Bemerkungen“, in denen er auf Einzelheiten der Berichterstattung eingegangen war und seine Einschätzung „der neueren Pietisten“ ausgedrückt hatte. Das Konsistorium beauftragte Scherr, Volkening auszurichten, „er werde vor solchen Verbindungen ernstlich gewarnt, welche Partheisucht u. Separatismus unterhalten, deren Wirkungen und Folgen, [...] als höchst verderblich erscheinen können.“[388] Es trug ihm auf, die Volkening und Hartog bereits erteilten treffenden Zurechtweisungen nun auch noch „in ihrem Namen“ vorzuhalten.[389] Scherr hatte bemerkt, er habe Volkening aufgefordert zu erkennen, „wie falsch jene Maxime sey und zu welchen Mißverständnissen und Irthümern es führe, wenn man so geneigt und eifrig sei, „subjective Meinungen und Ansichten zur Sache Gottes zu machen.“[390] Selbst wenn die Volkening im Sonntagsblatt zugewiesenen Zitate aus dem Zusammenhang gerissen oder mehr oder weniger entstellt sein möchten, so müsse „man sie geeignet finden, den Geist des einseitigen und unduldsamen Eifers seiner Rede zu bezeichnen, in welchem sie ihm nur entfahren konnten.“ „Kein besonnener christlicher Prediger würde in einem Kanzelvortrage den schlechten Gemeinplatz oder das elende Wortspiel: ‚Moralien sind Lappalien', über die Lippe bringen, oder so hinkender und unwürdiger Vergleichungen, wie der vom Kalkstein hergenommenen sich bedienen können;" „diese unpassenden Redensarten" hätten Gelegenheit dazu gegeben, „auch das, was in den bezüglichen Stellen seiner Vorträge Christlich Wahres oder der Kirchenlehre entsprechendes sich finden mochte, ins Lächerliche zu ziehen und dem Gespötte preis zu geben [...]."[391] Zur Gütersloher Konferenz bemerkte Scherr, sie habe einen achtungswerten erbaulichen Zweck gehabt, auch löblicherweise „das Wissenschaftliche wenigstens nicht ganz ausgeschlossen;" jedoch den „nicht löbliche[n] Geist der Absonderung und Ausschließung der neueren Pietistenschule" erkennen lassen, der verbunden sei mit der Tendenz, „diese Schule für das allein wahre Christenthum" zu halten. Scherr schloss mit dem Satz: „Daß aber diese Conferenzen auch die Tendenz haben, die religiösen Ansichten ihrer Mitglieder recht eigentlich zu einer Partheisache zu machen, darf man aus den angedeutenden Verhandlungen derselben um so mehr mit Recht schließen, weil die eifrigsten unter ihnen es unumwunden genug als ihren Grundsatz ausgeben, daß dies geschehen und man dahin wirken müsse."

Das Konsistorium richtete seine Kritikpunkte auf die Außenwirkung, betonte, Volkening habe „sich und sein Amt unwürdig compromittirt", Unwillen, Klagen und Ärgernis erzeugt und fasste sie in der Nachricht an die Regierung Minden in dem Satz zusammen:

> Einer [Königl. Hochlöb. Regierung zu Minden] beehren wir uns auf die gefällige Mitteilung vom 3 Oct. v. J. zu erwidern, daß wir den Predigern Volkening und Hartog ihr höchst tadelhaftes, auch von ihnen selbst zugestandenes Benehmen in Pyrmont so stark vorgehalten und verwiesen, auch mit Ankündigung unausbleiblicher Ordnungsstrafe sie vor öffentlicher Selbstvergessenheit abgemahnt haben, das wir uns versichert halten mögen, sie würden sich weiterhin vor solchen Verbohrtheiten und Verletzung der Würde ihres Standes zu verwahren wissen.[392]

Als kurz darauf Volkenings Name bei der Besetzung der Pfarrstelle in Jöllenbeck, jetzt Bielefeld, auftauchte, war von dieser Abmahnung keine Rede mehr.

6.2 Manipulation einer Entscheidung des Monarchen im Zivilkabinett zur Besetzung einer Ravensberger Pfarrstelle.

In Jöllenbeck, einer Gemeinde mit ca. 3000 Seelen, war seit Anfang 1837 die Pfarrstelle, ausgestattet mit 872 rthl.[393], zu besetzen. Die Pfarrstelle gehörte im Kirchenkreis Bielefeld zu den bestvergüteten, die Gemeinde war eine der kleinsten, wirtschaftlich ragten große Bauernhöfe heraus. Nach der Kirchenordnung von 1835 waren inzwischen Presbyterien und „Repräsentanten" für die Gemeinde gewählt worden. Das Recht zur Stellenbesetzung lag beim König von Preußen als Patron, der es über die Regierung in Minden wahrzunehmen pflegte. In den Akten zur Besetzung dieser Stelle tauchen die Namen Hengstenberg und Kronprinz Friedrich Wilhelm nicht auf, ohne Hengstenberg und Kronprinz ist der Eingriff in eine Akte des Zivilkabinetts nicht zu erklären. Immediatgesuche aus Jöllenbeck hatten dem König die Entscheidung unmittelbar angetragen, die Regierung in Minden legte den Sachverhalt dem Minister dar. Das erste Gesuch hatte dieser auf königliche Weisung entschieden und es abgelehnt, Prediger Karl Ludwig Kunsemüller (1804-1879) zu bestimmen. Das neue Immediatgesuch aus Jöllenbeck vom 14.07.1837, das mit dem unbestimmten Hinweis auf Presbyterium und den Namen der großbäuerlichen Familien Wöhrmann, Trebbe, Oldenhöner, Bargholz, Dreckmann, Meier zu Jöllenbeck schloss, enthielt eine erneute Vorstellung zugunsten Kunsemüllers und einen Dreiervorschlag mit den Namen Volkening, Hermann Moritz Banning (1799-1866) aus Lotte und Friedrich Gottlieb Schröder (1804-1871) zu Bünde. Friedrich Wilhelm III. wurde dahin unterrichtet,

> zwei achtbare Mitglieder des Presbyterii und sechs Repräsentanten hätten dem Superintendenten angezeigt, daß sie ihre Unterschriften verweigert hätten, nicht nur, weil sie für ihre Person keinen Prediger zu erhalten wünschten, bei welchem die Besorgniß obwalte, daß durch ihn Religion *und Christenthum zu einer, ihre friedliche Gemeine entzweienden Partei*-Sache[394] werden dürfte, und weil sie überhaupt ein solches von der Gemeine überall nicht veranlaßtes Auftreten für eine unzuläßige Anmaßung und Ueberschreitung ihrer gesetzlichen Befugniß hielten, sondern auch, weil es nach ihrer Ansicht unredlich und pflichtwidrig sey, eine Vorstellung zu unterschreiben, worin etwas als Wunsch der Gemeine dargelegt werde, was sich als solcher auf keinerlei Weise auch nur von Seiten mehrerer einzelnen Gemeineglieder zu erkennen gegeben habe.[395]

Die Regierung in Minden nahm nicht die 1834 ausgesprochenen Zurechtweisungen wieder auf, hatte aber von der Mitwirkung Volkenings bei der Eingabe für Kunsemüller erfahren und sah ihn dadurch als kompromittiert an, sie verwies auf die geringe Berufserfahrung Kunsemüllers, Bannings und Schröders und rate davon ab, wegen der „einseitigen theologischen und geistigen[!] Richtung", einem derselben die Stelle zu verleihen „da zu besorgen sey, daß sie mit ihrem nicht immer weisen, einseitigen, partheinehmenden Eifer in der jetzt ruhigen Gemeine Jöllenbeck und deren nächster Umgegend Zwietracht und Unfrieden anrichten werden."[396] Die Regierung schlage unter dem „Vorbehalt des unbeschränkten Patronatrechts" vor, dass „dem Presbyterium und den Gemeine-Repräsentanten gestattet werde, aus dreien, von der Regierung namhaft zu machenden Geistlichen Einen zum Pfarrer für die evangelische Gemeine zu Jöllenbeck zu wählen."[397] Die Akte schließt mit den Konzepten für Verfügungen; diese wurden durch Streichungen und Ergänzungen in ihr Gegenteil verkehrt.

Berlin den 13ten Januar 1838. an das Presbyterium der Gemeine zu Jöllenbeck R.B. Minden
Ich habe Mir über das vom Presbyterio der Gemeine zu Jöllenbeck am 14ten July v.J. erneuerte Gesuch Bericht erstatten lassen, kann aber das Presbyterium wegen des erbetenen Predigers Kunsemüller nur auf den abschlägigen Ministerial Bescheid verweisen. Ich will ~~indessen~~ *hingegen* für dieses mal, ~~mit Vorbehalt des unbeschränkten Patronatsrechts dem Presbyterio und den Gemeine Repräsentanten gestatten, aus dreyen von der Regierung namhaft zu machenden Geistlichen einen zum Pfarrer der dortigen Gemeine zu wählen.~~[398] und ausnahmsweise [weiter am Rand ausgeführt] *gestatten, daß die Regierung von den drei* ~~*vorgeschlagenen*~~ *von der Gemeine vorgeschlagenen dem Pastor Volkening zu Gütersloh dem Pastor Banning zu Lotte und dem Pastor Schroeder zu Bünde einen zum Pfarrer der Gemeine zu Joellenbeck wähle.*
„an den Stm. Excll. von Altenstein" Ich habe auf Ihren Bericht vom 14ten v. M. das Presbyterium zu Jöllenbeck ~~wegen des daselbst anzustellenden Pfarrers Ihrem Antrage gemäß beschieden.~~
FW.
wie die Anlage ergiebt beschieden u haben Sie hernach das Weitere zu erlaßen
M.

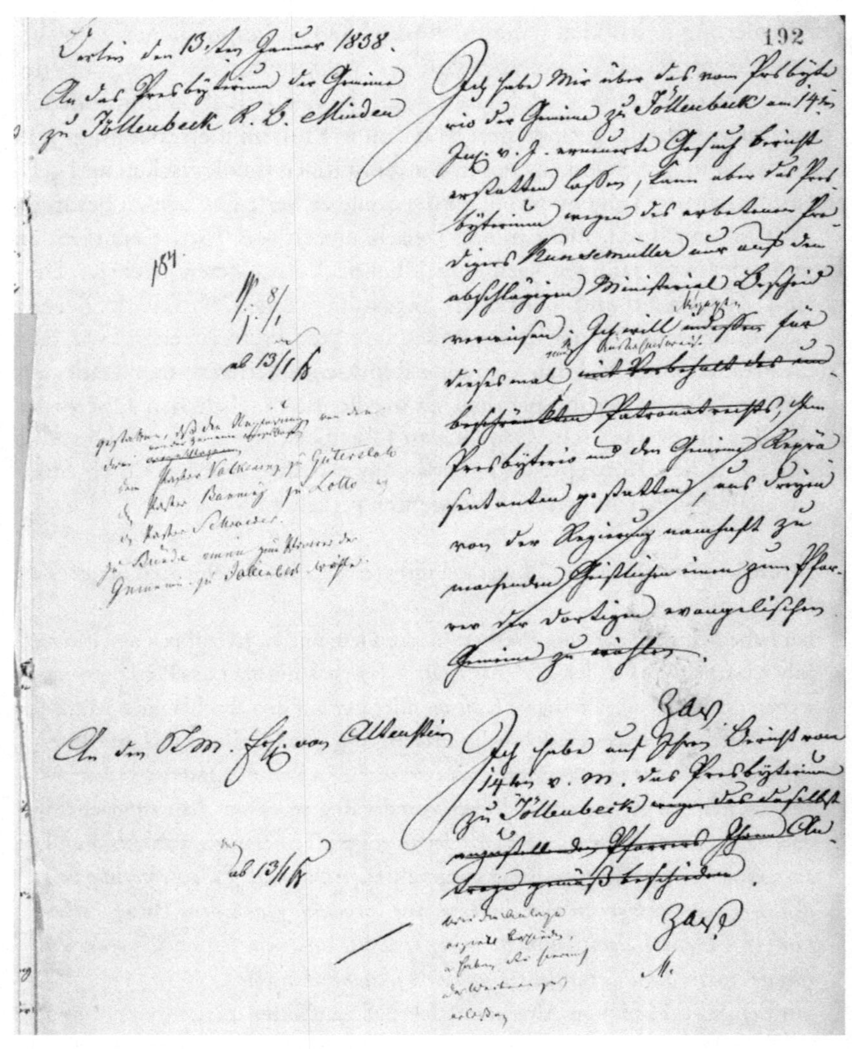

192

Berlin den 13ten Januar 1838.

An das Presbyterium der Gemeinde zu Jöllenbeck R. B. Minden

Ich habe Mir über das vom Presbyterium der Gemeinde zu Jöllenbeck am 14ten Juli v. J. erneuerte Gesuch Bericht erstatten lassen, kann aber das Presbyterium wegen des erbetenen Predigers Kunsemüller nur auf den abschläglichen Ministerial Bescheid verweisen. Ich will indessen für diesesmal mit Vorbehalt des uneingeschränkten Patronatrechts, dem Presbyterio und den Gemeinde Repräsentanten gestatten, aus denjenigen von der Regierung namhaft zu machenden Geistlichen einen zum Pfarrer der dortigen evangelischen Gemeinde zu wählen.

gestatten, daß die Repräsentanten der Gemeinde den Pastor Volkening zu Gütersloh den Pastor Banning zu Lotte und Pastor Schrader zu Bünde einen zum Pfarrer der Gemeinde zu Jöllenbeck wählen.

An den StM. Frh. von Altenstein

Ich habe auf Ihren Bericht vom 14ten v. M. das Presbyterium zu Jöllenbeck wegen des daselbst anzustellenden Pfarrers Ihrem Antrage gemäß beschieden.

Eigenhändige Verfügung Friedrich Wilhelms III. und deren Abänderung. GStAPK I.HA Rep. 89 Geheimes Zivilkabinett, jüngere Periode Nr. 23140 Bl. 192.

Die Petenten aus Jöllenbeck waren bestrebt gewesen, „sich im pietistischen Dialect auszudrücken", wie sich Scherr über Hartog geäußert hatte.[399] Sie beschrieben einen Pfarrer, „der das lautere Evangelium verkündigt", „daß er mit ganzem Herzen dem Glauben der Kirche anhängt"; dass sie die Pfarrer vorgeschlagen haben „von denen sie mit Gewißheit wissen, daß ihre ganze Seele der evangelischen Wahrheit gehört". Was sie dachten und sagten, das glaubten sie auch. Die asketische Konferenz in Gütersloh hatte 1834 den Raum zwischen dem Bergischen Land und der Insel Rügen im Blick gehabt; einige Nichtgeistliche, einen Studenten, Pfarramtskandidaten, einen Referendar, Pfarrer, Superintendenten und Professor als Teilnehmer oder mit ihnen Verbundene gezeigt; sie waren „Erweckte" oder strebten nach Erweckung. Sie bildeten den Teil einer „gesellschaftlich vielschichtige[n] Bewegung der religiösen Erneuerung"[400]. Die besondere Sprechweise teilte die Gesinnung der Sprecher mit, sie wirkte in der Sache. Gewissermaßen als Erkennungscode verwiesen sie auf die Kontroverse um eine Pfarrstellenbesetzung, von der sie den bereits gewählten Bewerber[401] ausgeschlossen wissen wollten. Welches Bild über die Wirkung der Petition aus Jöllenbeck in der Öffentlichkeit entstanden ist, überliefert August Dietrich Rische, Volkenings Schwiegersohn. Er berichtet von einer Reise dreier Personen – Oldenhöner, Dreckmann und der blinde Heermann – aus Jöllenbeck nach Berlin zu Hengstenberg; dieser habe die Gruppe zum Hofprediger Strauß gewiesen, der als Seelsorger dem Kronprinzen nahestand.[402] Andere Mitreisende werden nicht erwähnt; den Aufwand bestritten sie aus eigenen Mitteln.[403] Die von Rische verzeichneten Namen, Orte, Institutionen und Daten sind real, die geschilderten Begebenheiten, Beziehungen und Aktionen beruhen auf Gesprächen, geführt zwischen den Reisenden, berichtet gemeinsam und einzeln an Volkening, der sie als Familienerzählung seinem Schwiegersohn überlieferte. Die schließliche Ernennung Volkenings zum Pfarrer in Jöllenbeck dürfte das alles zu neuer Form gebracht haben.

Das Zivilkabinett war das persönliche „Büro" Friedrich Wilhelms III. mit Chef und Schreiber. Dort entschied er überwiegend persönliche, auch familiäre Angelegenheiten und in Einzelfällen auch über Petitionen. Über die zweite Petition aus Jöllenbeck hatte er Sonnabend, den 13.01.1838 entschieden und mit seinem Namenszeichen die Entwürfe für die Antwort an die Petenten und die Anweisung an den Minister paraphiert, wohl auch selbst geschrieben. Allein Kronprinz Friedrich Wilhelm konnte den Chef des Zivilkabinetts zu den Änderungen veranlassen. Friedrich Ehrenberg, Referent im Kultusministerium, notierte nach dem 13.01.1838 „Antrag genehmigt."[404] In einer Huldigungsadresse wandte sich das Presbyterium am 01.01.1839 an Friedrich Wilhelm III., „Ew. *Königlichen Majestät haben in* väterli*cher Huld uns einen gläubigen Prediger gegeben*."[405] Diese Worte hat König Friedrich Wilhelm III. teilweise mit Bleistift unterstrichen und „ad acta" vermerkt. Somit ist ihm die geänderte Akte vom 13.01.1838 nicht mehr zu Gesicht gekommen.

7. Die Selbständigkeit der Evangelischen Kirche Ravensbergs gemäß Kirchenordnung im autoritären Staat – Presbyterium und Kreissynode als Institutionen seit 1835.

Vincke hatte einen Kompromiss in der Agendenfrage moderiert, in dem der König die Einführung der Agende durchsetzte und die Provinz ihre Wünsche, Ravensberg den Wunsch nach Einführung der Synodalverfassung, beisteuern konnte. Vincke hatte 1815 in dieser Regelung „günstigere Resultate für Religiosität im Allgemeinen", im Besonderen bessere theologische und pädagogische Kompetenz in Kirche und Schule gesehenen, weil „die mit der Synodalverfassung in der Regel sich vereinigt findende Predigerwahl durch die Gemeinden"[406] deren Teilnahme fördere. Die Teilnehmer aus der Provinz beschrieben ihr Selbstverständnis als eine „in jeder Hinsicht" „große Gemeinschaft und fortdauernde Verbindung," die „unter den Bewohnern dieser Provinzen unseres Staates" stattfinde, „wozu noch kömmt, daß die evangelischen Gemeinden der Mark mit denen von Jülich, Cleve und Berg früherhin in der genauesten Kirchlichen Verbindung gestanden haben und es würde einen üblen Eindruck auf Viele machen, wenn die Bewohner des einen Landes glaubten in verschiedenen Ausgaben derselben Agende seyen der andern Provinz Concessionen bewilligt und genehmigt worden, die ihnen versagt seyen". Daraus folge der Wunsch, „daß demnächst die Presbyterial- und Synodalverfassung, deren sich die evangelischen Gemeinden der Grafschaft Mark seit der Reformation zu erfreuen haben, auch den Gemeinden in den übrigen nicht zum märkischen Synodalverbande gehörenden Diöcesen der Provinz Westfalen zu Theil werden möge."[407] Der König ließ die Einführung der Synodalverfassung auch in Ravensberg zu, die presbyteriale Kernkompetenz der freien Pfarrerwahl löste er aus dem synodalen Zusammenhang und fasste sie in eine Sonderregelung, die seine Verfügung als Patronatsrecht erklären sollte. Es blieb den Gemeinden das Recht, Presbyter und Gemeindevertreter – Repräsentanten – frei zu wählen. Die Synoden berieten eigenständig, die Beschlüsse waren den Konsistorien zur Genehmigung vorzulegen. Ein Generalsuperintendent repräsentierte die Staatsregierung. Zur Eröffnung der Kreissynode Bielefeld 1835 hatte Ferdinand Gessert (1772-1866) aus Heepen über Galater 5, 13 gepredigt und Aussagen zu evangelischer Freiheit und Ordnung gemacht. Zur Kirchenordnung führte er aus: „Wie dankenswerth ist daher die Gabe, womit unser theurer Landesvater nicht bloß einzelnen Theilen des Lebens aufhelfen, sondern demselben in allen Beziehungen Selbständigkeit verleihen will. Gegeben ist es von ihm, der die bürgerliche Freiheit seines Volkes liebt [...].“[408] Dieser Dank an den Monarchen konnte auch als eine an ihn gerichtete Forderung nach Respekt vor Eigenständigkeit der Gemeinde und bürgerlicher Freiheit des Volkes verstanden werden, namentlich von Carl Schrader aus Hörste, der für den selbständigen Umgang seiner Gemeinde mit der Agende 25 rthl. Strafe gezahlt hatte, oder von Johann Friedrich Lüning, inzwischen Pfarrer in Schildesche, dessen ältester Sohn August sein Studium in Greifswald abgebrochen hatte, per Steckbrief im Vorjahr zur Fahndung ausgeschrieben[409] und kurz darauf öffentlich zum Verhör in die Stadtvogtei geladen war.[410] Das Urteil des Kammergerichts auf 25jährige Festungshaft stand noch aus.[411] Er hatte in der Schweiz Asyl gefunden, sein Status als Flüchtling war in der Synode und in Westfalen insgesamt bekannt. Der jüngere Sohn Hermann war nach einer Haftstrafe der Universität verwiesen und in den Tagen der Synode gerade in Schildesche.[412] Das Protokoll der Synode stellte klar, „daß die evangelische Freiheit Gesetz und Ordnung nicht verschmähe, sondern ehre und begehre“[413].

Zwischen Predigt und Protokoll stand die Begrüßungsansprache Scherrs. Dieser machte die Begriffe zum Thema, indem er mit Bedacht – das zeigt die Sperrung im Druck – den „Titel kirchliche Verfassung“ dem der „Kirchenordnung“ gegenüberstellte. Damit erinnerte er an die durch die Kirchenordnung zunächst beendete Kontroverse um die Freiheit der Kirche, „die das Prinzip unserer Kirche ist“[414], an den „wieder erwachte[n] christlich fromme[n] Volkssinn“ und an die „Begeisterung“ für die Idee, daß das Heil und Leben der Kirche hauptsächlich von ihrer Selbständigkeit und von einer sie „in die möglichste Unabhängigkeit vom Staate stellende

Verfassung zu erwarten sei."[415] Scherr betrachtete die Kirchenordnung als das Ergebnis der politischen und kirchlichen Entwicklung der zurückliegenden zwanzig Jahre, in der „nicht bloß so vieles tief Betrübende auf dem Felde des bürgerlichen Lebens in der Nähe und Ferne, im Kleinen wie im Großen, auch im Kirchlichen die goldenen Erwartungen herabgestimmt"[416] worden seien. Er wählte eine sprachliche Form, die ihm keine offene Auseinandersetzung mit der Regierung abverlangte. Der Vergleich war situationsadäquat, er war eine Kritik an der autoritären Verhinderung einer freien Entfaltung der bürgerlichen und kirchlichen Verhältnisse. Scherr verschärfte die Kritik mit anerkennenden Aussagen zur Rolle des Staates in der Provinz Westfalen, insbesondere Vinckes in der Bildungspolitik. Durch die neuhumanistische Gymnasial- und Studienreform sei die wissenschaftliche Bildung des geistlichen Standes verbessert und die Volkserziehung durch die Volksschule zur Sache des Staates gemacht worden, ohne den Einfluss der Kirche zu verkleinern. Dies sei das Verdienst der geistlichen und weltlichen Staatsbehörden in der Provinz Westfalen und das ihres hochverdienten und verehrten Chefs.[417]

Scherr zeigte, dass er noch immer an dem ursprünglichen Ziel einer vom Staate unabhängigen kirchlichen Verfassung festhielt. Er hatte seine Ansprache protestantisch kirchlich, nicht explizit politisch abgefasst; allerdings wollte er sie auch politisch verstanden wissen, indem er an die „herabgestimmten bürgerlichen Erwartungen", das heißt, an das Ausbleiben einer politischen Verfassung erinnert hatte. Er war königstreu, huldigte in seinem Vortrag, opponierte nicht dem Monarchen. Er erfüllte seine Pflichten als Untertan, bediente sich aber weiterhin seines eigenen Verstandes. Die Kritik an den Verhältnissen stützte er auf allgemeine naturrechtliche Prinzipien; sie war keine offene Regelverletzung. Der „erheblichste und wesentlichste" Vorzug der neuen Kirchenordnung liege in der Rückkehr der Presbyterien und Gemeinden zur ursprünglichen Bestimmung,

> zur gemeinsamen Erreichung und Beförderung der Zwecke des heiligen Stifters unserer Religion, – und zwar nicht bloß durch die öffentlichen Anstalten des Unterrichts und der Erbauung allein, – sondern als einen Verein, worin jeder nach dem Maße der ihm verliehenen Gabe auch zu geben und zum Wohle des Ganzen und seiner Mitglieder das Seine beizutragen hat.[418]

Johann Heinrich Scherr (1779-1844).
Eigenhändiger Bericht zur Vorlage des ersten Bielefelder Schulentwicklungsplans.
Es ist kein Bild Scherrs überliefert.
Scherr starb an einer Typhusinfektion nach einem Krankenbesuch am 25.12.1844.
LAV NRW Abt. OWL M 1 II B 841, Bl.12.

Das Elementar schulwesen
zu Bielefeld betreffend.

Weil das hiesige Schulwesen einer zeitgemäßen Verbesserung bedürftig ist, zu deren Realisierung die von Hochlöblicher Regierung geforderte Constituirung eines allgemeinen städtischen Schulvorstandes wohlthätig wirksam werden kann, so habe ich zunächst um die Berathungen und Verhandlungen des zu ernennenden Schulvorstandes auf die nach meiner Ansicht ins Auge zu fassenden Punkte hinzuleiten, den anliegenden Entwurf für denselben abgefaßt, den ich jetzt hochlöblicher Regierung zur Prüfung jener gehorsamst und mit der Anmerkung vorzulegen habe, daß die Personalvorschläge zur Ernennung der städtischen Schulkommission an den nächsten Tagen Seitens der landräthlichen Behörde werden eingereicht werden.

Bielefeld, den 12ten Juli 1826

Scherr
Superintendent

An Königliche Hochlöbliche
Regierung
Abtheilung des Inneren
Minden

In dieser abgewandelten Form hatte Scherr die Presbyterien als Institutionen der Selbstverwirklichung des Einzelnen und der Gemeinde herausgehoben.

Die Einschränkung in der Realität stellte er den Bielefelder Synodalen in einer Statistik dar. Das Recht der Gemeinden, ihre Prediger zu wählen, gestatte die neue Kirchenordnung nur den Gemeinden, die keinen Patron hatten. Diese Bedingung versetzte Ravensberg in eine Sonderstellung. Scherr trug vor, das Wahlrecht liege nur für vier Stellen bei drei Gemeinden[419], für eine Stelle beim Magistrat, in vier Gemeinden bei Privatpatronen, für die übrigen 28 beim Landesherrn, auf den nach der Säkularisation der Klöster und geistlichen Stifter 1803 das Patronat übergegangen war.[420] Zwei Jahre später machte ein anonymer Verfasser das Problem öffentlich.[421] Die freie Wahl der Geistlichen bilde den eigentlichen Nerv der neuen Kirchenordnung, sie den Gemeinden vorzuenthalten ermangele einer vernünftigen Begründung. In der Provinzialsynode sei eine Immediateingabe beschlossen, leider aber abgeschlagen und höheren Ortes festgesetzt worden, daß in den Gemeinden, wo bisher der Landesherr das Besetzungsrecht ausgeübt habe, solches auch verbleiben solle. Den Gemeinden sei nur ein eingeschränktes negatives Wahlrecht, die von der Regierung vorgesehene Stellenbesetzung abzulehnen, eingeräumt worden. 1838 stellte Scherr der Bielefelder Kreissynode einen Zusammenhang zwischen dem Status der Pfarrstelle und der Beteiligung an den Vertreterwahlen dar. Wo eine Gemeinde wie Höxter ihre Prediger selbst wähle, sei bei 1800 Seelen die höchste Stimmenzahl für einen Repräsentanten mit 192 und die geringste mit 111 ausgewiesen; in der ungefähr ebenso großen „übrigens sehr kirchlichen Gemeine Steinhagen" sei derjenige Repräsentant, der die meisten Stimmen gehabt habe, mit acht gewählt; zu Dornberg sei bei einer Seelenzahl von 3000 im Jahre 1836 die größte Stimmzahl von 21, über 15 in 1837, auf zehn im Jahre 1838 gesunken, in der Gemeine Versmold seien bei einer Seelenzahl von 6000 nur 17 Stimmen abgegeben, in einigen Gemeinen die Stimmenzahl überhaupt nicht ins Wahlprotokoll aufgenommen worden.[422] Die Wahlenthaltungen bei Vertreterwahlen kamen der Staatsregierung nicht ungelegen. Sie lehnte regelmäßig die wiederholten Anträge auf Änderung der Kirchenordnung ab.[423]

Auch Scherrs Versuche, den Gemeindevertretungen Selbständigkeit auf geringerem Niveau zu sichern, indem das Wahlrecht auf eine behördliche Vorauswahl dreier Bewerber beschränkt sein sollte, schlugen fehl. Es gelang ihm nur, im Einvernehmen mit Konsistorialrat Sasse in Minden von Fall zu Fall einen Dreiervorschlag zur Stellenbesetzung zu präsentieren. Die Beteiligung der Gemeinde bei der Predigerwahl sah Scherr bei der in Presbyterium und Repräsentantenversammlung verfassten Gemeinde. Sie seien dadurch legitimiert, daß sich immer eine verhältnismäßig große Anzahl von Gemeindegliedern finde, welche wohl zu beurteilen wüssten, welchen Männern sie die Vertretung in die Hände legen dürften. Statt des Wahlrechts blieb den Gemeinden das Recht, einen Vorschlag der Regierung zur Stellenbesetzung mit qualifizierter Mehrheit abzulehnen. Sonst mochten sie auf dem Wege der Petition bloße Wünsche äußern. Die informelle Einwirkung auf die Wiederbesetzung der Pfarrstelle in Werther, einer Pfarrstelle königlichen Patronats, außerhalb von Presbyterium und Repräsentanten hatte Scherr als „Umtriebe" ausgemacht, die sich „reichlich und zum Theil auf sehr gehässige Weise hervorgethan" hätten. „Die Wünsche der Gemeinen möglichst" zu berücksichtigen, sei das Anliegen der Regierung, jedoch gebe es „keine der Kirchenordnung entsprechende Norm" „nach welcher die Gemeinen ihre Wünsche auszusprechen haben". Dem Antrag auf Beschluss einer verbindlichen Regelung dieser letzt verbliebenen Entscheidungsfreiheit folgte die Synode mehrheitlich. Sechs Synodale widersprachen. Banning, inzwischen Pfarrer in Gütersloh, gab eine Erklärung zu Protokoll[424], in der er auf Scherrs Votum für eine Stärkung der Gemeindeinstanzen in Presbyterium und Repräsentantenkollegium nicht einging und sich auf das individuelle Petitionsrecht zurückzog. Banning zielte dabei auf Kunsemüllers erfolgreiche Initiative zugunsten von Georg Karl Eggerling (1805-1887) bei König Friedrich Wilhelm IV.[425] Das Sondervotum wurde von fünf weiteren Synodalen aus Jöllenbeck (2), Gütersloh, Henke, Colon aus Brackwede und von Gustav Delius, Bielefeld Altstadt unterstützt, die als neupietistisch orientierte Gruppe anzusehen sind. Am 11.12.1839 hatte in Werther das Presbyterium unter Scherrs Vorsitz die Abstimmung über den Wunsch zur Wiederbesetzung der Pfarrstelle mit zehn Stimmen für Eggerling, 33 Stimmen für drei andere Bewerber protokolliert.[426]

Seit 1844 sind derartige Kontroversen um Pfarrstellenbesetzungen nicht mehr überliefert. Reinhold Ferdinand Winzer (1797-1865), seit 1830 Superintendent in Minden, verwaltete ab 1844 als Regierungs- und Schulrat der Regierung in Minden, 1846 definitiv mit dem Titel Konsistorialrat die kirchlichen Angelegenheiten im Regierungsbezirk. Er war der neupietistischen Bewegung zugetan und präsentierte den 100 Gemeinden landesherrlichen Patronats im Regierungsbezirk Minden[427] nur noch Kandidaten, deren Zeugnisse sie als Neupietisten auswiesen. Damit entwickelte sich eine Homogenität unter den Pfarrern, jedoch noch nicht in den Gemeinden. Martin Tabaczek zeigt, wie sich eine Kontroverse um den Geltungsanspruch der neupietistischen Gruppen 1854 entzündete, die zur Spaltung innerhalb der verfassten Gemeinde zwischen Presbyterien und Repräsentanten und der Gemeinde überhaupt führte.[428] Es ging um ein „Christliches Gesangbuch für die evangelischen Gemeinden des Fürstenthums Minden und der Grafschaft Ravensberg" genanntes Werk, das „deutlich in der lutherischen und auch pietistischen Tradition stand"[429] und auf einen Entwurf von Friedrich August Weihe (1806-1849) zurückging. Über Gesangbücher entschied nach Kirchenordnung die Gemeinde, nicht die Regierung, nicht das Presbyterium, auch nicht der Pfarrer. Tabaczek zeichnet quellennah, wie sich in einzelnen Gemeinden des Regierungsbezirks Meinungsbilder entwickelten und den sozialen und Bekenntniskonflikten innerhalb der evangelischen Gemeinden zuzuordnen waren, auch gelegentlich institutionalisiert zwischen Presbyterium und Repräsentanten wie in Hüllhorst, wo sich 18 von 21 Repräsentanten „entschieden" gegen die Einführung des neuen Gesangbuchs ausgesprochen hätten, „da das (bisherige) Mindener Gesangbuch ihrem religiösen Bedürfnisse genüge und durch dessen Abschaffung wahrscheinlich Unordnung und Unfrieden hervorgerufen würde."[430] Tabaczek schließt mit dem Bemerken, es sei beachtlich, „ wie häufig sich die Gemeindemitglieder selbstbewußt und selbständig zur Wehr setzten."[431]

7.1 Scherrs Verzicht auf die Wiederwahl als Superintendent.

Distanz zur verstümmelten Synodalverfassung zeigte Scherr, indem er entgegen der Kirchenordnung in den Jahren 1839 und 1840 davon absah, eine Kreissynode einzuberufen. Seine Resignation drückte er im Entschluss zum Verzicht auf die Fortführung seines Amtes als Superintendent aus: „Die abzuhaltenden Wahlen" habe er „mit der Erklärung einzuleiten", so schloss er den Synodalbericht am 11.08.1841, dass er veranlaßt sei, „nach reiflicher Prüfung die dreißig Jahre mit vieler Mühe und Arbeit verbunden gewesene Superintendentur nicht wieder anzunehmen, auch wenn die verehrliche Versammlung mir dieselbe vielleicht wieder zu übertragen sich vereinigen möchte. Pflichtmäßige Rücksichten auf meine nicht kleine Gemeine nicht weniger als auch mein eigenes inneres Leben und auch manche äußere Verhältnisse, auch darauf, daß nach dem System unserer Kirchenordnung die Superintendentur nicht zu lange in einer Hand liegen soll, haben diese Erklärung zur festen Entscheidung gebracht." Die Synode erwiderte, wie das Protokoll vermerkt, „daß sie sich nicht für competent ansehe, weder diese Erklärung anzunehmen, noch zu einer neuen Wahl zu schreiten. Dagegen wurde die allgemeine Bitte an ihn gerichtet, daß er in seinen bisherigen Verhältnissen zur Synode bleiben möge."[432]

In der Einladung zur Kreissynode am 14.12.1842 machte Scherr darauf aufmerksam, „daß die von der Majorität der vorigjährigen Synode" gegen seinen Antrag „erklärte Meinung, als sei die Synode incompetent, die Wahl eines anderweitigen Moderamen vorzunehmen, vom Hochlöblichen Consistorium für unrichtig erklärt und daß diese Wahl daher, bei unserer anstehenden Versammlung abzuhalten ist." Der Bericht des Superintendenten 1842 ist nicht überliefert. Heinrich Ludwig Wilhelm Heidsieck (1804-1889), der neu gewählte Superintendent, beantragte bei der Synode, „daß dem abgehenden Vorsteher derselben der innigste Dank wegen seiner langjährigen treuen und einsichtsvollen Leitung der Geschäfte im heutigen Protokolle ausgesprochen werden möge. Die Synode bewilligte von ganzem Herzen den zuletzt gestellten Antrag"; mit 17 von 24 Stimmen wurde Scherr zum Synodalassessor, mit demselben Stimmenverhältnis war Heidsieck gewählt worden; die Zahl derer, die nicht für Heidsieck bzw. für Scherr gestimmt hatten, lag um eins höher als die Anzahl der Unterzeichner des Sondervotums vom 12.08.1841. Oberkonsistorialrat Natorp hatte als Gast an der Synode teilgenommen. Die Kreissynode Bielefeld umfasste protestantisch geprägte Gebiete und Städte, auch Gemeinden im ehemaligen Hochstift Paderborn, die oft nur aus wenigen evangelischen Familien bestanden. Die Synode beriet in den Jahren 1838 bis 1845, wie sie mit der konfessionellen Vielfalt von evangelischen und katholischen Christen umzugehen hatte, wie sie sich gegenüber Juden verhalten sollte und suchte einen Weg zur Linderung der Armutsentwicklung.

7.2 Eigenständige Positionen der Kreissynode Bielefeld.

7.2.1 Zur konfessionellen Vielfalt im Kölner Kirchenstreit 1838.

Durch die Einrichtung der Provinz Westfalen waren 1816 die konfessionell getrennten Protestanten und Katholiken politisch im Staat vereinigt worden. „Charakeristisch war das Nebeneinander von fürstbischöflichen Gebieten wie den Bistümern Münster, Osnabrück und Paderborn sowie Gebieten unter preußisch-protestantischer Herrschaft wie den Grafschaften Mark, Lingen, Tecklenburg, Ravensberg und dem Fürstentum Minden."[433] Landschaftliche Homogenität bei konfessioneller und historischer Vielfalt machten die regionale Besonderheit Westfalens aus, die Errichtung der Provinz ließ diese Unterschiede „gerade innerhalb der Verwaltung selbst zu Worte kommen"[434]. Vincke ging mit der konfessionellen Verschiedenheit konstruktiv um: Er forderte von der Staatsregierung „Rücksichtnahme auf die katholische Bevölkerung"[435], in Bielefeld war das Nebeneinander zweier protestantischer Konfessionen, einer kleinen katholischen Gemeinde und wenigen Juden Alltag. Das Bielefelder „lutherische Gymnasium" hatte, wie Johann Wilhelm Süvern 1815 in einem Reisebericht vermerkte, „auch einen katholischen Geistlichen, den Vikarius Rhode, als ordentlichen Lehrer".[436] Die wirtschaftlich führenden Familien der Stadt schätzten den ehemaligen Kanoniker vor der Gründung der höheren Mädchenschule auch als Privatlehrer im Französischen.

1835 wurde Clemens August Droste zu Vischering entgegen den Voten der westfälischen und rheinischen Oberpräsidenten zum Erzbischof von Köln als Kandidat des preußischen Königs präsentiert und vom Domkapitel gewählt. Das Nebeneinander der christlichen Konfessionen geriet in einen Streit der preußischen Regierung mit dem Erzbischof um die kirchliche Einsegnung konfessionsverschiedener Ehen. Dieser eskalierte bis zur Verhaftung und Inhaftierung des Erzbischofs auf der Festung Minden am 20.11.1837. Das Echo ließ die konfessionellen Unterschiede zu einer scharfen oft verletzenden Grenze werden. Scherr lenkte den Blick der Kreissynode 1838 auf die Reaktion, „welche sich von dem Cölner Ereignisse[437] und der dadurch in den katholischen Landestheilen erzeugten Mißstimmung in den kirchlichen Angelegenheiten unserer Diözese und namentlich in den evangelischen Gemeinden im Paderbornischen und Corveyischen zu erkennen gegeben hat," wo der Anteil der Protestanten an der Bevölkerung kaum 10 % ausmache. Scherr dämpfte Nachrichten über „unfreundliche[] Begegnungen und persönliche[] Kränkungen der dortigen Herren Amtsbrüder" als „Gerüchte aber keine authentischen Mittheilungen". Er warnte ausdrücklich

> etwa gleich der diesjährigen Elberfelder Kreissynode eine geharnischte Erklärung zur Verwahrung der evangelischen Kirche in ihr Protocoll niederzulegen und durch Druck öffentlich werden zu lassen, in welcher man dort im Sinne des 16ten Jahrhunderts den Genossen der andern Confession auch nicht mehr den Namen Katholiken, sondern nur den Namen ‚Römisch Katholische' zugestehen will. Wir wollen diesen Ausdruck, der in der Sprache des gemeinen Lebens seine dogmatische Bedeutung verloren hat, lieber nach wie vor gebrauchen, weil dies zum Beweise dient, daß wir in milderen und toleranteren Zeiten leben und daß wir uns um das Urtheil des andern Theiles über unsern Glauben eben nicht mehr zu bekümmern haben und wegen der Folgen desselben zumal in unserm Preussischen Vaterlande ganz ruhig sein können. Wir wollen lieber, anstatt in der noch glimmenden Asche unberufener Weise zu rühren oder wohl gar hineinzublasen, etwas von derselben mit Vorsicht bei Seite schaffen helfen, so weit uns dazu in unserm kleinen Kreise Gelegenheit gegeben sein möchte.

Er wünschte den Amtsbrüdern, „die mit katholischen Glaubensgenossen und ihren Geistlichen häufiger in amtliche Berührung kommen, und zumal den jüngern unter ihnen neben der allerdings nöthigen Wachsamkeit Consequenz und Festigkeit des Benehmens den Geist der friedsamen Weisheit der Besonnenheit und Milde" und bat sie „behutsam in ihren öffentlichen Aeußerungen zu sein und alles kontrovers Predigen denen zu überlassen, die sich dessen im Innern unserer Kirche nicht enthalten können". Es gelte „die auf Beseitigung und Verhütung hierher einschlagenden Irrungen und Conflicte abzweckende Vorkehrungen und Anordnungen so weit sie uns betreffen, nicht unbeachtet sondern ihnen entgegen zu kommen uns angelegen sein lassen."[438]

1843 enthält das Protokoll Ratschläge des Superintendenten Heidsieck zum Umgang mit dem konfessionellen Unterschied, der zu einem latenten Konfliktgegenstand geworden war:

> Es dürfte daher wohl an der Zeit sein, daß die Synoden sich und ihren Gemeinden zum Bewußtsein ihrer wahren Stellung zur katholischen Kirche, die nun einmal eine unversöhnliche Feindin der evangelischen ist, verhülfen, und sich über die Mittel beriethen, wie dasselbe allgemein und kräftig angeregt werden könnte. Als solche dürften zu empfehlen sein: Unterricht der Confirmanden in den wichtigsten Unterscheidungslehren beider Kirchen, Verbreitung von Büchern desselben Inhalts, z. B. Predigten von Marheinecke, Sieg der Wahrheit, Berlin 1838; Helferich's christliches Glaubensbekanntniß, u. s. w. und eine jährliche Reformationsfeier. Es braucht nicht erwähnt zu werden, daß die Bekanntschaft mit der Bibel die beste Waffe gegen den Katholizismus ist.[439]

7.2.2 Toleranz, das Verhältnis zu den Juden und der Pauperismus 1844.

„Hochwürdige Synode wird mit mir wünschen und hoffen", so Heidsieck am 03.07.44, dass der Frieden mit den Katholiken „auch ferner, wo es ohne Nachtheil für unsere Kirche geschehen kann, bewahrt werde, und daß Keiner von uns Geistlichen durch intolerante Aeußerungen und Handlungen, sein Amt und seine Kirche entehre."[440]

Er kam auch auf die Gründung des protestantischen Bistums Jerusalem und die Lage der orientalischen Christen im osmanischen Reich zu sprechen. Er bemerkte zu den Juden[441]:

> Wenn wir aber auf der einen Seite unser Mitgefühl laut werden lassen über die Noth, in welcher die armen Christen des Orients aufzeufzen zu Gott und Menschen um Hülfe und Erbarmen, wenn wir unsere Abscheu aussprechen über religiöse Unduldsamkeit und Fantismus, so lassen Sie uns aber auf der andern Seite nicht vergessen, welche große Schmach wir dem christlichen Namen bereiten würden, wenn von uns Unduldsamkeit und Glaubenshaß gegen Nichtchristen ausginge, und lassen Sie uns Gott bitten, dass unsere evangelische Kirche keine Mitglieder in ihrem Schooße bergen möge, welche, durch Glaubenshaß aufgestachelt, uneingedenk der Würde und Ehre des Christentums, in blinder Wut gegen Juden verführe [...].

Ähnliche Worte lassen sich bis in die Mitte des 20. Jahrhunderts nicht wieder in Synodalprotokollen auffinden.

1819 hatte die Revolutionsfurcht den Entwurf eines allgemeinen Schulgesetzes scheitern lassen. Die Überlegungen zur Wiederaufnahme dieses Plans ließen konservative Einwände wieder laut werden, dieses Mal durch antijüdische Affekte gestützt. Heidsieck grenzte sich davon ab:

> Was die Emancipation der Juden, von welcher in jüngster Zeit viel gesprochen ist, betrifft, so glaube ich, dass unsere Synode diese für die christliche Kirche allerdings sehr bedeutsame Angelegenheit vertrauensvoll der Weisheit Sr. Majästät überlassen und sich nicht dem Antrage einiger andern Kreis-Synoden gegen die Emancipation der Juden anschließen wird, weil ein solcher nicht erforderlich scheint. Ein christlicher Staat wird auch nach christlichen Grundsätzen verfahren.[442]

Zur Aussprache vermerkt das Protokoll, es sei der Synode „bekannt, wie im Volke eine sehr allgemeine Stimmung gegen die Emancipation der Juden statt finde, und zwar aus dem Grunde, weil man befürchte, dieselben würden sich Einfluß auf christliche Kirchen und Schulen zu verschaffen wissen." Diese Formulierung deutet hin auf Pfarrer als Synodale, die sich dem „Volke" gegenüberstellten und fiktive antijüdische Ressentiments zu „allgemeinen" Sorgen des Volkes um die Kirchen- und Schulverfassung erklärt hatten; ob die antijüdischen Ressentiments bereits in eine rassistische Sprechweise eingetreten sind, lässt sich aus dieser einen Stelle nicht entscheiden.

Die soziale Frage war durch Nachrichten über den „Pauperismus"[443] im „Anzeiger für die Grafschaft Ravensberg" am 13.03.1844 thematisiert worden; konkret waren es „höchst betrübliche[] Nachrichten, die [...] die Zeitungen über den Nothstand der armen schlesischen Weber fast mit jedem Posttage bringen". Der anonyme Einsender sprach „das Mitgefühl eines jeden Menschenfreundes" an, forderte „dringend zu schleuniger und wirksamer Hilfe auf" und appellierte an den „Wohlthätigkeitssinn" der „Mitbürger" „bei der eigenen Noth im Lande" „für die armen schlesischen Weber noch eine Gabe zu spenden und die Noth unter ihnen nach Kräften lindern".

Der Begriff des Pauperismus stellt den Einzelnen vom Vorwurf persönlichen Versagens in wirtschaftlichen Dingen frei; er bezeichnet ein strukturell bedingtes, nicht individuell zurechenbares Massenphänomen. Pauperismus traf in der Landbevölkerung die Heuerlinge, „die kleinen Leute", die als Spinner, andere als Weber auf Einnahmen an Bargeld angewiesen waren. Mit dem Gewerbe hatten sie bis in den Anfang des 19. Jahrhunderts Erfolg gehabt. Den immer geringeren Ertrag suchten die Leinenhändler durch Druck auf die Weber, diese auf die Spinner auszugleichen. Für die Kaufleute ging es ums Geld, für die Weber und Spinner ums Überleben. Am untersten Ende waren die Spinner. Diese suchten durch stärkere Einbeziehung ihrer Kinder, die Ausdehnung der Arbeitszeit in die Nacht hinein und auf Sonntage die sinkenden Garnpreise zu kompensieren. Am 28.04.1844 hatte Karl Grün in Bielefeld „eine Vorlesung gehalten [...] zum Besten der armen Spinner im Ravensbergischen", so das Titelblatt der Veröffentlichung dieser Rede.

Die „Vossische Zeitung" und die „Kölnische Zeitung" hatten am 13.06.44 über den Weberaufstand vom 4.-6. Juni in Peterswaldau und Langenbielau berichtet. Der Superintendent sah sich einem Wunsch aus der Synode gegenüber, die schlechte wirtschaftliche Situation der heimischen Armen näher zu betrachten.

> Der Pauperismus, wie ihn unsere Zeit hervorgebracht hat, wird in seinem weiteren Umsichgreifen immer mehr eine Quelle von Sünden und Lastern; denn die Noth, die Bettelarmut, sind Erzeugerinnen von Verbrechen. Ein Amtsbruder unsers Kreises ist der Ansicht, daß, da die Armuth auch auf den religiös sittlichen Zustand der Gemeinden nachhaltig einwirke, und da das Armenwesen, wenn auch nicht mehr wie früher ausschließlich, so doch in Gemeinschaft mit den weltlichen Behörden von der Kirche verwaltet werde, es zeitgemäß und nothwendig erscheine, daß auch die Synode sich mit dem Pauperismus beschäftige. Das Gegentheil könne als Gleichgültigkeit gegen die Noth unserer armen Brüder ausgelegt werden und würde einer gerade jetzt in unserer Gegend sich kund gebenden Partei[444] eine gefährliche Waffe in die Hände liefern. Auch würde es gewiß einen wohlthuenden Eindruck auf die Bevölkerung machen, wenn die Synode auch diesen Gegenstand, der sich immer mehr in den Vordergrund öffentlicher und privater Verhandlungen drängt, mit lebhaftem Interesse in ihre Hände nähme.

Die Synode kam überein, es solle „vom Superintendenten eine Commission[445] ernannt werden, um über Ursachen der Verarmung und Mittel zur Abhülfe an die Synode zu berichten."[446]

Die Begründung des Antrags bezog die öffentliche Meinung ein: „überall spricht man von dem regen Wohlthätigkeitssinne der Bielefelder", nahm so den Ton einer Einladung zu einer „Vorlesung" auf, „deren Ertrag den armen Spinnern und Webern in der Grafschaft Ravensberg bestimmt"[447] gewesen war. Referent Carl Grün[448] wurde als politisch Verfolgter ausgewiesen, zeigte Empathie mit der Zielgruppe, denn er habe auch erfahren „was es heißt, im Elend zu sein"; „über wahre Bildung" hieß das Thema. Die Zuhörer gruppierten sich um eine Lesegesellschaft, die Grün am Ende aufforderte, „aufs Genaueste" bestimmte „literarische Erscheinungen" zu verfolgen.

> Die Literatur ist die Heroldin des neuen Geistes, sie trägt die Fahne vorauf. Vielleicht ist es mir vergönnt, im Bunde mit Gleichgesinnten Ihnen bei Ihren Bildungsbestrebungen nachhaltig unter die Arme zu greifen. Ich bin ein Westphale und werde das nicht vergessen; das westphälische Volk kommt langsam; aber wenn es da ist, so bleibt es; was es gefaßt hat, das hält es fest.[449]

Auf der Grundlage des erkenntnistheoretischen Materialismus hatte Grün einen dialektischen Streifzug unternommen durch die europäische Kultur- und Geistesgeschichte von der archaischen Zeit in Griechenland bis zur Philosophie der Gegenwart; die Geschichte sei bisher nur „ein einziger, unausgesetzter Krieg" „der Glücklichen, der Habenden, der Sieger wider die Unglücklichen, Nichthabenden, Unterdrückten" gewesen. Das großartige Hegel'sche System „habe den Schlüssel zur Betrachtung aller Vergangenheit geliefert". Darüber hinaus sei darauf hin zu arbeiten, daß die „Cultur dieser Erde, die Arbeit ihrer Verwaltung, der Gewinnst ihrer Produkte" „die Sache der Menschheit" werde. „Alle arbeiten und Alle genießen". „Die Neigungen und Fähigkeiten des Menschen" entsprächen „der Masse der zu verrichtenden Arbeit"; „die Kunst, diese Gleichung im Einzelnen zu Wege und in Bewegung zu setzen", heiße „eben die Organisation der Arbeit."[450] Wenn „die Religion mit ihrem jenseitigen Himmel hienieden in tastbarer Wirklichkeit angekommen" sei, dann habe „alle Sehnsucht ihr Ende erreicht"; dies sei „das Ziel des Socialismus"[451].

Der Bielefelder Superintendent Heidsieck ordnete diese Aussagen einer „gerade jetzt in unserer Gegend sich kund gebenden Partei" zu, von der er glaubte, im weiteren Bericht sagen zu können „so wissen wir Alle nur zu gut, was für eine damit gemeint ist". Er widersprach dem dialektischen

Bildungsbegriff mit dem darin enthaltenen Materialismus- und Religionsverständnis, deutlich auch den angestrebten gesellschaftlichen Veränderungen.

> Es ist die [Partei], welche offen darauf ausgeht, allen positiven Glauben zu untergraben, welche den Materialismus, die Gottesläugnung predigt. Die das Heiligste schonungslos angreift, und alles Bestehende umzustürzen sucht; die Ewigkeit und Vergeltung in das Gebiet der Fabel verweist und den Glauben an ein Jenseits für ein Hirngespinst erklärt, die, um das Volk zu gewinnen, ihnen Freiheit und Gleichheit, und ein Leben des Genusses in Aussicht stellt. Wenn gleich wir nicht zu erbangen brauchen, bei solchem thörichten Vornehmen, so dürfen wir es als ein Zeichen der Zeit doch nicht unbeachtet lassen. Denn viele schwache Gemüther lassen sich täuschen und sind feige und leichtsinnig genug, das Kleinod ihres religiösen Glaubens dahin zu geben. Jene Partei treibt ihr Wesen nicht allein bei den Gebildeten, denn wahre Bildung wird es verachten, sondern namentlich bei der geringeren Volksklasse, und sucht Anhänger an allen Orten.[452]

„Die Synode erklärte sich einverstanden mit d i e s e n[453] Aeußerungen des Superintendenten", vermerkte das Protokoll.

Der Bielefelder Landrat Wilhelm von Ditfurth urteilte über die Aufnahme der Schrift Grüns in Bielefeld, sie habe „die bei weitem größere Zahl der Gemäßigten" veranlasst, „sich gänzlich" von den Häuptern der „Partei der s.g. Liberalen" zurückzuziehen. Die Schrift habe „namentlich auch im Lippischen bedeutenden Absatz gefunden" und werde „noch jetzt viel begehrt." Dazu hätten auch Pfarrer beigetragen; es habe mehrere Beispiele „zum Theil auch gedruckter anti-Grünscher Kanzelreden" gegeben. Die Schrift hielt er für „nicht sehr gefährlich, da sie nicht volksthümlich gefaßt" sei und dem gebildeten Leser ihre schwachen Stellen gleich auffallen" würden. Bedenklich sei die Erlaubnis zum Druck von Schriften „mit offenbar communistischer Tendenz". Einige Stellen, wie die „einer Noth leidenden Menge schwärmerisch vorgetragen", seien bedenkliches Gift, welches die Köpfe leicht verdrehen und bei geeigneter Zeit Scenen hervorrufen" könne, „wie sie kürzlich in Schlesien erlebt worden".[454] – Die Zensurstelle Minden wurde zur Rechenschaft gezogen, sie hatte die Druckerlaubnis für diese Schrift der Druckerei Helmich in Bielefeld gegeben.[455]

Nach Abschluss der Synode erreichte Heidsiecks Bericht, datiert am 14.09.1844, über das Konsistorium in Münster den Minister in Berlin. Eichhorn sah das Grundsätzliche, verfasste einen Erlass, der als „circulare" an die übrigen Konsistorien in Preußen erging. Heidsieck hatte – soweit der Bericht sich rekonstruieren lässt – die wesentlichen Aussagen Grüns dargestellt, den Charakter der Veranstaltung und das ausgelöste Echo, auch die Art und Weise der Behandlung auf der Synode und den Beschluss zur Bildung einer Kommission, die „über Ursachen der Verarmung und Mittel zur Abhülfe an die Synode" berichten sollte, erwähnt. Der Minister bewertete die ihm berichteten „Umtriebe einiger Lehrer des Communismus" als „wichtige Sache", der das Konsistorium „besondere Aufmerksamkeit" zuwenden solle. Er unterschied zwischen der für die „Gemüther der arbeitenden Volksklassen" wenig wirksamen „sogenannten wissenschaftlichen Kritik" der „darin befangenen Literaten" und der Gefahr, die der Kommunismus auslöse, wenn er „seine destruktiven Tendenzen unter einem System der Organisation der Arbeit" verhülle.

> Indem er seinen Ausgang von einem Punkte nimmt, der das Mitgefühl aller Besseren in Anspruch nimmt, von den Leiden der ärmeren Volksklassen, gelingt ihm leicht, jede Reaction als egoistische Bestrebungen der Reichen gehässig erscheinen zu lassen und den ärgsten Uebertreibungen jenes Elends, gehässigsten Insinuationen gegen Staat und Kirche durch Anregung des Mitleids Glauben zu verschaffen. Hat sich aber das übertriebene Gefühl eines krankhaften Zustandes der bürgerlichen Gesellschaft und die Meinung, daß diese Krankhaftigkeit ganz in den bestehenden Einrichtungen liege, festgesetzt, so folgt daraus leicht eine feindselige Stimmung gegen Staat und Kirche, die auch ohne weitere äußere Einwirkung in der Regel zur Ertödtung des Sinnes für Gesetz und Ordnung und aller Pietät gegen die Obrigkeit führt.[456]

Der Minister hatte die Veränderung der sozialen und wirtschaftlichen Verhältnisse als die Wahrnehmung von einem „übertriebenen Gefühl" von „Krankheit" bezeichnet, entsprechend empfahl er:

> Eine wirksame Hülfe dagegen ist hauptsächlich in der Kräftigung des religiösen Lebens und der, alle Seiten des menschlichen Geistes umfassenden gleichmäßigen gesunden Entwickelung des Volkes zu suchen.

In dieser biologisierenden Sprache wies Eichhorn der Analyse wie der Handlungsempfehlung den normativen Anspruch des Naturbegriffs zu und blockte eine differenzierende Diskussion ab, die sich Staat, Kirche und der Gesellschaft zugewandt hätte. Das aber lag außerhalb seiner Kompetenz; derartige offene Diskussionen in staatlichen und kirchlichen Institutionen über eine Verfassung hatte der Staat zwei Jahrzehnte lang durch Polizei und Gerichte unterbunden, die Entwicklung einer eigenständigen protestantischen Kirche durch die Kirchenordnung ausgeschlossen. Eichhorn empfahl in der Behandlung der „Umtriebe" „größte Vorsicht". Die Einzelheiten stellte er in das Ermessen des Konsistoriums; es sei „jedenfalls der Weg mündlicher Besprechung, dem einer schriftlichen Anweisung vorzuziehen". Der Versuch der Bielefelder Kreissynode, in einer Kommission die Ursachen der Verarmung zu klären und Mittel zur Abhülfe zu ermitteln, war damit von Anfang an belastet. Oberkonsistorialrat Ludwig Natorp verfügte Eichhorns Erlass „Vorerst zu den Akten, da von derartigen Umtrieben im hiesigen Bezirke bis jetzt nichts bemerkbar geworden, auch – nach hiesigen örtlichen Verhältnissen – so leicht nicht zu besorgen ist."[457]

1844 hatte Superintendent Heidsieck eine „Partei" ausgemacht, mit der die Synode sich auseinandersetzen müsse. 1845 äußerte sich Otto Lüning als Sprecher der sogenannten Liberalen zur sozialen und ökonomischen Entwicklung. Er bezeichnete den Pauperismus als „Krebsschaden der Gegenwart", verband „Vorschläge zur Verbesserung der Lage der arbeitenden Klassen" mit dem Aufstand der Weber; ein „Nothstand" wie in Schlesien herrsche – „wenn auch in nicht so hohem Grade" – in den Gegenden Westfalens, welche „hauptsächlich vom Weben und Spinnen lebten."[458] Er empfahl einen „Vorschlag zur Organisation der Arbeit", den der französische Sozialist Louis Blanc entwickelt hatte.[459]

1845 rief Heidsieck der Synode in Erinnerung, sie habe im Vorjahr beschlossen, dass sie sich „mit dem Pauperismus" beschäftigen wolle und einen Kommissionsbericht erwarte. Das Protokoll vermerkt, der Bericht sei nicht erstattet worden; das Konzept habe den Superintendenten erst am Sitzungstage erreicht.[460] Es ist verschollen.

Die Kreissynode Bielefeld hatte von 1835 bis 1845 durchaus eigenständige Positionen entwickelt zum Umgang mit der katholischen Kirche, sich zu den Juden respektvoll geäußert. Weil es zeitgemäß und notwendig erscheine, hatte sie sich auch „mit dem Pauperismus" beschäftigen wollen.

Über die Absichtserklärung kam sie nicht hinaus. Sie hatte stillschweigend in Kauf genommen, dieses „könne als Gleichgültigkeit gegen die Noth unserer armen Brüder ausgelegt“ werden.

8. Außerhalb der Kreissynode – mitten aus der Stadt: Scherr, Ueber Kleinkinderschulen 1839.

Scherr hatte versucht, das Interesse an öffentlichen Angelegenheiten im Kirchenkreis Bielefeld durch kompetente Beteiligung der Gemeindeglieder zu stärken. Das hatte Friedrich Wilhelm III. blockieren lassen. In der Stadt gelang eine Mobilisierung der gesamten Bürgerschaft. Im Herbst 1839 hatte Scherr seinen Blick den Kindern aus prekären Verhältnissen in Bielefeld zugewandt. Die Öffentlichkeit reagierte schon beim ersten Lesen in den „Anzeigen für die Grafschaft Ravensberg“. Nach einzelnen Fortsetzungen[461] erschien am 01.02.1840 im vollen Umfang von 16 Seiten seine Schrift „Ueber Kleinkinderschulen“[462]. Er schilderte der bürgerlichen Gesellschaft in drastischen Worten die Not und Hilfsbedürftigkeit, suchte Unterstützung für soziale, wirtschaftliche und pädagogische Ziele:

> Auch möchten wir wohl auf die Schaaren größtentheils armer und noch nicht schulfähiger Kinder hinweisen, wie wir sie z. B. in der Gegend der Nothpforte, vor der Burgstraße und in andern von den Armen vorzugsweise bewohnten Straßen täglich, und fast in allen Tagesstunden zu sehen gewohnt sind, unbeaufsichtiget, sich selbst oder der Wartung nur wenig älterer Geschwister überlassen, Säuglinge auf den Armen fünf- oder sechsjähriger Kinder [...].[463]

Er regte „für die Arbeitsstunden des Tages“ als Aufenthalt von Kindern bis zum schulpflichtigen Alter die Errichtung einer Klein-Kinderschule an, stellte dieses Vorhaben in den Zusammenhang mit anderen sozialpolitischen Bedarfen der Stadt, schlug vor, die Stiftung der Erben des Kaufmanns Wörmann von 800 rthl. zu verwenden. Dieser Vorstoß ging über die verfasste Kirche hinaus und erreichte die Stadtgesellschaft mit ca. 9000 Einwohnern. Die Bürgerschaft gründete einen Verein, 226 Christen und Juden, darunter die evangelischen Pfarrer und der Vorsitzende der Synagogengemeinde, zeichneten fast 700 rthl. als Beiträge, acht Frauen und fünf Männer[464], darunter Scherr, bildeten einen Vorstand: Dieser bestellte als Leiterin auf Empfehlung von Theodor Fliedner aus Kaiserswerth[465] Friederike Schultze aus Orsoy, eine Hauswirtschafterin, und 45 noch nicht verheiratete Frauen boten sich als „Gehülfinnen“ an. Aschoff, Bozi, Crüwell, Delius, Eisenstädter, [...] so das Alphabet der führenden Familien der Stadt, unterschiedlicher Konfession – lutherisch, reformiert, neupietistisch und die Tochter des Vorstehers der Synagogengemeinde –, machten sich am 13.11.1843 für zunächst zehn Kinder, danach aufsteigend für ca. 80 erfolgreich an die Aufgabe. Bei Schulanfängern hatten sich in der 1836 gegründeten öffentlichen Bürgerschule über den städtischen Augenschein hinaus soziale Fehlentwicklungen gezeigt. Es galt, die Eltern zu unterstützen, die „in der Nothwendigkeit, für die Stillung des Hungers in oder außer dem Hause zu arbeiten, sich um die Beaufsichtigung der Kinder, die ihrer noch am meisten bedürfen, oft leider wirklich am wenigsten bekümmern können.“[466] Nach einem Jahr hatten „Frohsinn und ihre jugendliche Heiterkeit [...] sichtbar zugenommen.“[467] „Mit der Beförderung des körperlichen Wohlbefindens der Kinder ist auch bei den Meisten unter ihnen der natürliche, fröhliche, kindliche Sinn“ „mehr und mehr wieder hervorgetreten“[468], es sei Aussicht auf bessere Chancen in der Schule – „ihre geistigen und sittlichen Anlagen [sind] auf eine ihrem Alter angemessene Weise zu einer Zeit geweckt, in welcher um diese sonst noch eben Niemand sich bekümmert hätte, bei den Meisten wohl eher nachtheilig und ertötend eingewirkt worden wäre.“ Verkehrssprache in den Familien und auf der Straße war das Plattdeutsche, die Klein-Kinderschule übte das Hochdeutsche ein „in den Anfangsgründen des Lesens“ im „Erzählen kleiner Geschichten, im Singen kindlicher Lieder, im Sprechen kurzer passender Gebete“. Regelmäßige, gesunde Ernährung und Sport „durch die Sorge für angemessene Bewegung“ hätten den „körperliche[n] Zustand“ der Kinder verbessert, „welche bei der Aufnahme bleich, verkümmert und verfüttert waren.“[469] Verbesserung im Sozialverhalten – „Anständigkeit der Sitten, [...] Verträglichkeit“ – gehe mit positiver Rückwirkung auf die „häusliche Erziehung“ einher. Dies wirke sich auch auf die soziale Integration der Eltern aus, da „viele der unordentlichsten und schmutzigsten Eltern durch ihre längere Zeit in der Anstalt (so in Braunschweig) verweilten Kinder zu der Vernunft gelangt sind.“[470] In Bielefeld anerkannten „auch immer Mehrere, welch' eine große Wohlthat die Pflegeanstalt für ihre Kinder und sie selbst“[471] sei. Der öffentlichen Fürsorge für Kinder wurde mit einem sozial entleerten Ordnungsanspruch widersprochen, die öffentliche Betreuung mache den Eltern die Erziehung ihrer Kinder zu leicht und löse das Band, „welches Eltern und Kinder verbinden soll": dem begegnete Scherr mit der Aufklärung über den funktionalen Zusammenhang zwischen Berufstätigkeit und selbständiger Lebensführung in der Bemerkung,

> die Mutter ist darum nicht leichtsinnig, die ihr Kind am Morgen der Aufsicht der Bewahranstalt übergiebt und erst am späten Abend zurücknimmt, um während des Tages desto ungestörter erwerben zu können, wovon sie ihre Kinder nähren und kleiden soll.[472]

Die neue sozialpädagogische Einrichtung stellt sich als ein souveräner kommunaler Akt dar. Die preußische Landesregierung war in diesen Jahren mit Überlegungen befasst, die polizeiliche Kontrolle auch auf den häuslichen Bereich auszudehnen. Dabei wurden Differenzen über die Legitimierung solcher Schritte innerhalb der Regierung sichtbar.

9. Kontroverse im Staatsministerium (1834-1839) um Verschärfung der staatlichen Kontrolle.

1833 war nach dem Frankfurter Wachensturm[473] die „Ministerialkommission zur Unterhaltung der Verbindung mit der durch Bundesbeschluß vom 20. Juni 1833 errichteten Bundes-Zentralbehörde zu Frankfurt a. M. und zur sonstigen Förderung der Zwecke dieses Bundes" geschaffen worden. Der Minister des Innern von Rochow und die beiden Justizminister von Kamptz und von Mühler waren in diese Kommission berufen worden[474]; sie hatten Privatlehrer als eine neue verdächtige Gruppe ausgemacht, unter ihnen solche mit besonderen Verbindungen nach Frankreich[475]:

> Bei den Wiener Konferenzen wird sich dem Vernehmen nach Preußens Theilnahme hauptsächlich auf die, in Hinsicht der innern Polizei Deutschlands zu treffenden Maaßregeln beschränken. Auch wird, wie man hört, dort über das Schiksal mehrerer Gefangenen entschieden werden, welche mit Pariser Klubs, zum Theil auch mit frühern französischen Ministerien, Verbindungen unterhalten haben sollen.

Der Bericht vom 15.05.1834[476] zielte auf die Zustimmung des Königs und des inneren Kreises der Staatsführung. Er begann im Sensationsstil zur gefühlsmäßigen Aufregung unterhalb der Gürtellinie, skandalisierte die 1811 im Zuge der Reformen verfügte Gewerbefreiheit auch für Privatlehrer; es seien „verschiedentlich, selbst in der hiesigen Residenz betrübende Wahrnehmungen über hiesige Privat-Lehrer gemacht worden. „Mehrere[] Fälle" seien vorgekommen, in denen solche Lehrer die „ihrem Unterrichte anvertrauten Schülerinnen zur Unzucht" verführt, in einem besonderen Falle sei ein wegen Unzucht bereits zu 5-jähriger Zuchthausstrafe Verurteilter „auf den Grund des Gesetzes vom 7. Sept. 1811 zum Privat-Unterrichte wieder zugelassen" worden und habe „dasselbe Verbrechen von Neuem" begangen. Man habe 1828 „der Sache keine weitere Folge" gegeben. Vom konkreten Delikt eines Einzelnen leitete der Bericht über zum Generalverdacht gegen Lehrer überhaupt, besonders gegen zwei Gruppen: Strengste Aufsicht auf den Unterricht der Jugend sei „im Allgemeinen" geboten; „gerade Studenten der Theologie und Philologie" seien „dem politischen Treiben auf Universitäten am meisten ergeben". Es habe sich gezeigt, „daß Studirende, welche durch ihr ungesetzliches Treiben den Zweck ihres akademischen Lebens verfehlt und die nöthigen Kenntnisse zu irgend einer Prüfung sich nicht erworben haben, doch als Hauslehrer ein Unterkommen finden, und in diesem Verhältnisse, welche sie von der Welt oft scheidet, um so günstigere Gelegenheit erhalten, ihre verschrobenen Ansichten und gefährlichen Grundsätze unbemerkt zu verbreiten." Einer habe sich durch Flucht nach Bremen, um von dort nach Amerika zu gehen, der Untersuchung und Verhaftung entzogen, und auf die Familie der verwitweten Hauptmann von Wangelin in Naumburg und deren Verwandte die verwitwete von Massow so bedeutenden Einfluß geäußert, daß auch diese beiden Familien nach Amerika auszuwandern beschlossen haben.

So ergebe sich, dass „es sowohl in sittlicher, als auch in politischer Beziehung höchst bedenklich" sei, das Unterrichten als ein freies Gewerbe zu behandeln. Der Geheime Staats-Minister von Altenstein stimme mit den Ansichten der Kommission darin überein, dass die Bestimmungen zur Gewerbefreiheit aufzuheben und die Bestimmungen des Allgemeinen Landrechts wieder herzustellen seien. Zur Vorbeugung vor derlei Kriminalitätsgefahr könne ein behördliches Zeugnis dienen, das Privatlehrer in Zukunft nach den Bestimmungen des ALR beizubringen hätten,

> welches sich nicht auf die Tüchtigkeit zur Unterrichts-Ertheilung in Beziehung auf Kenntnisse beschränken, sondern sich auf Sittlichkeit und Lauterkeit der Gesinnungen in religiöser und politischer Hinsicht erstrecken und namentlich über etwaige Theilnahme an unerlaubten Verbindungen sich verbreiten [solle].

Für Ausländer scheine eine besondere Maasregel nöthig. Es unterliege

> keinem Zweifel, daß namentlich von der französischen Propaganda Emissarien nach Deutschland geschickt werden, um Kunde von den hiesigen Verhältnissen zu geben und bereits mehreremal sind Individuen verdächtig geworden, welche als französische Sprachlehrer hier, in Magdeburg, im Posenschen pp auftraten.[477]

Ausländer müssten eine Genehmigung des Innenministers einholen.

Die Verfasser stützten sich hier wohl auf einen selbst konstruierten Beweis. Ein zeitgenössischer Autor bemerkte in einem Preußen und Frankreich gewidmeten Vergleich,

> häufig wird – ich will nicht sagen, von Organen der preußischen Staatsregierung – die Besorgniß ausgesprochen: Frankreich sei der Heerd der Revolutionen, es sei, wie in der frühern Revolution, abermals Anarchie, Eroberungssucht und eine Umkehrung der sozialen Verhältnisse in Frankreich zu befürchten. Diese Besorgnisse sind wenigstens das Lieblings-Thema der raisonnirenden Artikel in mehreren preußischen und andern deutschen Zeitungen, und sie scheinen auch sogar von Staatsmännern gefaßt zu werden.[478]

Die Erzählung einer historischen Feindschaft Frankreichs zu deutschen Staaten zeigt ihren reaktionären Ursprung. Staatsminister Friedrich August v. Stägemann[479] hatte im Auftrag des vortragenden Kabinettsministers v. Lottum die Anträge der Ministerialkommission zu prüfen. Dabei verwahrte er sich gegen alle vorgetragenen sexuellen Anspielungen, den Hinweis auf Frankreich als ein bedrohliches Ausland überging er. Er bemerkte, der Antrag wolle die Kontrollen für Privatlehrer nach dem ALR wiederherstellen, gehe aber inhaltlich weit darüber hinaus. Er schränke die nach dem ALR garantierte Freiheit der Eltern ein, „den Unterricht und die Erziehung ihrer Kinder auch in ihren Häusern zu besorgen."

> Diese Einwirkung in die Familien-Erziehung dürfte wohl zu weit gehen und zu odios erscheinen, zumal doch vorausgesetzt werden muß, daß keine Familie einen Lehrer oder Erzieher für ihre Kinder in das Haus nehmen wird, von dessen Sittlichkeit sie sich nicht zuvor durch Zeugnisse bekannter, ihr Vertrauen besitzender Personen überzeugt haben werde.

Die Teilnahme an „strafbaren Verbindungen“ werde ohnehin bekannt, noch weniger sei es erforderlich, „einen solchen Familien-Lehrer oder Erzieher rücksichtlich seiner Kenntnisse einer öffentlichen Prüfung zu unterwerfen; wie solle überhaupt nun der Erzieher geprüft werden?“[480] Das Maß und die Einschätzung der erforderlichen Kenntnisse werde wesentlich bestimmt von den Erwartungen der Familie, die einen Hauslehrer oder Erzieher suche.

Das Zeugnis „über die Sittlichkeit und Lauterkeit der Gesinnungen in religiöser und politischer Hinsicht“ einzufordern, sei bedenklich. „Musik-Gesang-Zeichenlehrer zu prüfen“ habe gar keinen Wert. „Die strengsten Vorschriften und Maasregeln der Staatsbehörde werden hierin unwirksam seyn. Eine Umgehung solcher Gesetze läßt sich auch nicht verhüten, und will die Verwaltung sie mit aller Strenge durchführen, kann sie sich selbst nur gehäßig machen.“ Er fasste seine Empfehlung in die Worte:

> Ich glaube daher, daß die jetzt zu treffende Anordnung sich auf Herstellen des Landrechts hinsichtlich der Privatschullehrer, und auf die Kontrolle der Ausländer zu beschränken habe, und daß jedenfalls von der Einwirkung in die Familien Erziehung, die niemals, auch während der Anwendung des Landrechts, statt gefunden hat, abgesehen werde.[481]

Die Ministerialkommission war einem Feindbild von protestantischer Theologie gefolgt und hatte politische Verdachtsgründe bei protestantischen Studenten und Kandidaten der Theologie gesehen, die nach Universitätsstudien die Wartezeit zur Übernahme einer Pfarr- oder Lehrerstelle, die auch unerreichbar bleiben konnte, mit Privatunterricht überbrückten. Stägemann hatte die soziale Wirklichkeit vor Augen; er sah die Vorstellung der Ministerialkommission im Widerspruch zur öffentlichen Meinung[482] als unangemessen, odios, unmotiviert, ohne wesentlichen Nutzen, mit unangenehmen Sensationen verbunden, wertlos, unwirksam, sie bringe der Verwaltung nur Ablehnung, ja Hass ein.

Auf diese Beratung folgte die „Allerhöchste Kabinetsorder vom 10. Juni 1834“[483], in der Friedrich Wilhelm III. ungeachtet der Einwände Stägemanns Zeugnisse fordert, „die sich nicht nur auf die Tüchtigkeit zur Unterrichtsertheilung in Bezug auf Kenntnisse beschränken, sondern sich auf Sittlichkeit und Lauterkeit der Gesinnungen in religiöser und politischer Hinsicht erstrecken“ sollen. Eine Sonderregelung für Ausländer machte die Erteilung einer Genehmigung von der Zustimmung der politischen Polizei in Gestalt des Ministeriums des Innern und der Polizei abhängig.

Allerdings blieben Stägemanns Einwendungen nicht ohne Wirkung. Friedrich Wilhelm III. forderte das Staatsministerium auf, ihm anzuzeigen, in welcher Art die landrechtliche Vorschrift, die „Erlaubnis der Behörde“ für die „gewerbsmäßige Erteilung von Lehrstunden in den Häusern“ bis 1811 ausgeführt worden sei. „Die Anwendung des Gesetzes auf Hauslehrer, Erzieher, Lehrerinnen u Erzieherinnen in den Familien [3v] erscheint weder angemessen noch ausführbar.“[484]

Diesen Vorbehalt hatte er mit der KO vom 10. Juni 1834 wieder aufgegeben. Er schwächte den Übergriff in Familienangelegenheiten zu einem bloßen Anschein ab, der durch eine geeignete Form der Festsetzung von Prüfungen und Zeugnisauflagen zu vermeiden sei. Der autoritäre Kontrollanspruch kam nun als großzügige Hilfe daher:

> [Friedrich Wilhelm III. habe] selbst im eigenen Interesse der Familien und Angehörigen keinen Zweifel, da es ihnen nur erwünscht seyn kann, wenn ihnen die Regierung in der Auswahl tüchtiger Lehrer für ihre Kinder und Pfleglinge die Hand bietet. Es bedarf daher nur der Ermittelung einer Form, in deren Anwendung der Anschein einer verletzenden Einmischung in die Privat-Verhältnisse der Familien vermieden werde.[485]

Die Frage, ob oder wie Personalakten zur Verbrechensbekämpfung und Revolutionsvorbeugung geeignet seien, blieb bis Ende 1839 unbeantwortet. Der Monarch erinnerte vergeblich Jahr für Jahr das Staatsministerium an den ausbleibenden Bericht. Schließlich entstand am 22.07.1839 ein Abschlussbericht zur Frage: „inwiefern die Annahme der Hauslehrer, Erzieher und Erzieherinnen von einer vorgängigen Prüfung und Erlaubniß der betreffenden Aufsichtsbehörde abhängig zu machen“ sei; die „verspätete Berichterstattung“ sei „durch die sehr abweichenden Ansichten über den zur

Berathung gestellten Gegenstand veranlaßt, welche eine wiederholte schriftliche Abstimmung, so wie eine wiederholte mündliche Berathung nothwendig gemacht haben."[486] Die Distanz der Ansichten beträfen „1. Die Erstreckung der Prüfung auf die wissenschaftlichen Gegenstände und besonders 2. den polizeilichen Nachweis der Unbescholtenheit." Die ausführliche Wiedergabe der Argumente für beide Positionen schließt mit der Feststellung der Stimmengleichheit im Staatsministerium.

Der König entschied. Er setzte für Schulleiter an Privatschulen, deren Lehrer und für Lehrer in Hausunterricht auf Prüfungen in wissenschaftlicher Befähigung und auf Zeugnisse „über die sittliche Befähigung für den Unterricht und die Erziehung." Die Orts-Schulbehörde sollte Aufsicht führen und, „wenn in religiöser oder politischer Beziehung Bedenken entstehen, sich mit der Orts-Polizeibehörde in Mittheilung setzen."[487]

Mehr als fünf Jahre hatte der Konflikt um die Stellung von Privatlehrern angedauert, wohl nur verständlich, wenn Grundsätzliches erschlossen wird. Es handelte sich ja nicht – wie Stägemann ausgeführt hatte – um eine von vielleicht romantischen Gefühlen begleitete Wiederherstellung eines alten Rechtes; vielmehr wurde eine neuartige Forderung nach politischer Absicherung auf dem Wege der Prävention autoritär verwirklicht. Die Mitglieder der Ministerialkommission, die diese Regelung gefordert hatten, gehörten auch dem Staatsministerium an und bildeten dort eine Minderheit: Kamptz als Justizminister seit 1832, Mühler seit 1832 als Justizverwaltungsminister[488] und Rochow als Minister des Innern seit 1834. Sie hatten v. Altenstein für ihre Position gewonnen, der als Minister der Geistlichen und Unterrichts- und Medizinalangelegenheiten eine öffentliche Regelung des Privatschulwesens verwirklichte. Er hatte Berichte „über den jetzigen Zustand des Privat-Schulwesens in den verschiedenen Provinzen der Monarchie" eingeholt und „über die in Hinsicht der Hauslehrer, Erzieher und Erzieherinnen [...] zu erlassenden nähern Bestimmungen die gutachtlichen Berichte einiger Provinzial-Schulkollegien und Regierungen"[489] eingezogen. Finanzminister Albrecht Graf v. Alvensleben gab seine Bedenken zu Protokoll:

> Ich, der allerunterthänigst mitunterzeichnete Finanz-Minister erlaube mir noch die Bemerkung hinzuzufügen, daß eine weitergehende Bestimmung wodurch die Eltern in der freien Wahl der Personen denen sie den Privat-Unterricht und die Erziehung ihrer Kinder anvertrauen wollen, beschränkt

> werde mir in der gegenwärtigen Zeit auch deshalb sehr bedenklich erscheint, weil dadurch böswilligen Personen Veranlassung gegeben würde, die Ansicht zu verbreiten, als ob dies der erste Schritt sey, um der Regierung auf den Religions-Unterricht der Kinder einen indirekten Einfluß zu verschaffen. Diese Besorgniß dürfte nicht unbegründet erscheinen, wenn man sich der Aufregung erinnert, welche in Belgien kurz vor dem Ausbruch der dortigen Revolution durch Beschränkung des freien Unterrichts hervorgerufen wurde.[490]

Mit dem Finanzminister stimmten auch Postminister Carl Ferdinand Friedrich v. Nagler, Außenmister v. Werther und Kriegsminister v. Rauch gegen eine Reglementierung des privat erteilten Unterrichts. Ob diese Personen (als Gruppe) von einem eigenen Profil bestimmt waren, ist nicht ermittelt.

Die Wiederherstellung eines älteren öffentlichen Rechtszustandes wird seit Carl Ludwig v. Haller als Restauration bezeichnet.[491] Die Untersuchung hat gezeigt, dass Stägemann zu Recht festgestellt hatte, der Antrag der Ministerialkommission sei „nicht blos auf eine Abänderung des Edicts vom 7 Sept 1811. sondern auch auf eine Erweiterung der rechtlichen Beschränkungen gerichtet." Diese Neugestaltung rechtsförmiger Eingriffe wird nicht vom Begriff der Wiederherstellung getragen, sondern zeigt sich als der Aufbau eines autoritären Überwachungssystems. Der Begriff der Restauration legitimiert nicht, er verhüllt nur eine autoritäre Maßgabe. Wie diese Bestimmungen sich ausgewirkt haben, kann für Bielefeld beispielhaft für die Jahre 1840-1860 dargelegt werden.

Exkurs: Staatliche Überwachung und pädagogisches Profil: Die Bielefelder höhere Mädchenschule, gegründet 1828, in den Jahren 1838-1860.

Als in Bielefeld der Vorstand in der privaten höheren Mädchenschule „mehr erziehenden Einfluß" forderte und dies „unter vermehrter weiblicher Mitwirkung" erreichen wollte, sah sich Bürgermeister Körner „doch nicht allein für befugt sondern sogar für verpflichtet" „als Polizey Offiziant einzuschreiten".[492] Er hatte zuvor dem Schulvorstand umfassend die Rechtsvorschriften bis hin zur „Allerhöchste Kabinetsorder vom 10. Juni 1834" vorgehalten, für die der Ausführungserlass bisher noch fehlte. Er forderte den Nachweis aller geforderten Unterlagen ein und fügte dieses Schreiben seinem Bericht an die

Regierung in Minden bei. Konsistorialrat Sasse dämpfte seinen polizeilichen Elan und belehrte ihn, es liege „im Interesse der Jugendbildung, die Hebung der Töchterschul-Anstalt, welche von den Eltern der darin zu unterweisenden Kinder mit Eifer und selbst mit eigener Aufopferung in pekuniärer Hinsicht intendirt wird, kräftig zu unterstützen“ und es dürfe „deren Bemühen auf dem gesetzlich erlaubten Wege seitens der Verwaltungsbehörde auf keine Weise erschwert werden“[493]. Sie sei sich sicher, dass der Schulvorstand alles Erforderliche veranlassen werde. Die „intellectuelle Qualifikation“ sei durch Prüfung, durch ein Attest des früheren Arbeitgebers hinsichtlich ein Nachweis der „sittlichen Qualifikation und der politischen Gesinnung“ beizubringen.

Fünf Jahre später hatte sich die Zusammensetzung der Regierung in Minden und damit das Aufsicht leitende Interesse verändert. Ludwig Volrath Jüngst hatte sich an die Regierung in Minden gewandt mit der Bitte, daß ihm „die Concession zur Errichtung einer Privat-Töchterschule huldreichst verliehen werde“[494]. Er habe bereits die Zustimmung des Provinzial-Schulkollegiums beim Oberpräsidenten in Münster eingeholt. Die seit 1828 bestehende Töchterschule verfolge inzwischen „eine ganz bestimmte Richtung, indem sie die Färbung einer religiösen Partei“ angenommen habe, „dadurch das Vertrauen derjenigen Eltern, welche für sich selbst einer solchen Richtung nicht anhängen“, verloren habe, „in so fern sie selbst einer frommen aber freisinnigen und echt-protestantischen Gesinnung“ angehören. Doch wollten sie „ihre Töchter nicht einem Einflusse aussetzen, welcher dieselben leicht zu schwärmerischen Grübeleien“ führe, „sie der frisch-heiteren Stellung zum Leben“ entfremde und sie „dadurch im eigentlichen Sinne des Worts ihrer Jugend“ beraube; das könne sie sogar „in einen traurigen Conflikt mit den Eltern selbst bringen“. Er erwartete vom Staat, dass er nicht verlange, „daß die Eltern ihre Töchter in eine Privat-Anstalt zu schicken gezwungen seien, von der sie einen solchen Einfluß befürchten“. Er berufe sich nicht auf „nur wenige vielleicht eigensinnige Gegner der Töchterschule, sondern viele der angesehensten Eltern glaubten es nicht vor ihrem Gewissen verantworten zu können, wenn sie ihre Töchter der bestehenden Töchterschule anvertrauen“; er setze darauf, dass „von Seiten unserer aufgeklärten Staatsbehörde die Concession dazu nicht [...] verweigert“[495] werde.

Der Wechsel im pädagogischen Profil der höheren Töchterschule war mit dem Eintritt des cand. theol. Ernst Wilhelm Müller als Lehrer in die

Ludwig Volrath Jüngst (1804-1880).
Als Student am Aufruhr in Halle beteiligt, seit 1830 in Bielefeld.
Lehrer am Gymnasium und an der privaten höheren Mädchenschule.
Führer der Konstitutionellen 1848, Ehrenbürger der Stadt Bielefeld.
400,3/Fotosammlung Stadtarchiv und Landesgeschichtliche Bibliothek Bielefeld.

Schule verbunden; mit ihm verbanden einige Eltern die Hoffnung, andere die Sorge, er werde „dem einseitigen Pietismus eine Pflanzschule“[496] anlegen. In einem Berichtsentwurf an den Kultusminister[497] legte Regierungs- und Schulrat Reinhold Winzer dar, die Regierung habe „in den Jahren 1837/39 die von der Majorität des Vorstandes und der Interessenten ausgehenden Bemühungen, die Anstalt durch Gewinnung geeigneter Lehrer und Lehrerinnen besonders in religiöser und erziehlicher Hinsicht zu heben“ unterstützt und „in den folgenden Jahren mehrere Versuche der Gegenpartei, durch Gründung ähnlicher Anstalten mit derselben in Conkurrenz zu treten und, womöglich, ihre gänzliche Auflösung herbeizuführen“ verhindert.

Die Anstellung eines Schulleiters im Jahre 1850 wurde wie eine öffentliche Schulangelegenheit gestaltet: die Regierung verwies auf die „Ministerial-Instruction vom 31.12.39“, verwarf die vorgelegten Zeugnisse und verlangte, der Kandidat der Theologie Dr. phil. Emil Schneider habe „seine Befähigung entweder für das höhere Schulamt bei einer wissenschaftlichen Prüfungs Commission oder für einen, über die Elementarschule hinausreichenden Unterricht bei der alljährlich in Soest zusammentretenden Prüfungs Commission pro schola resp. rectoratis nachzuweisen“[498]. Am 28.08.1851 wurde Schneider die „Erlaubniß ertheilt, als Dirigent der Privat-Töchterschule zu Bielefeld zu fungiren“, „nachdem derselbe das Examen pro schola, resp. rectoratu bestanden u ihm das Zeugniß von der königl. Prüfungs-Kommission in Soest am 7. Aug. c. ertheilt ist“[499].

Eine französische Theateraufführung in der Schule am 13.01.1855 diente als Anlass für ein Bündel schulaufsichtlicher Maßnahmen. Die Regierung meinte, bei Vorstand und Dirigenten der Schule „einen entschiedenen Mangel an christlich pädagogischem Takt“ ausgemacht zu haben; die Feststellungen des Landrats hätten bestätigt[500], „Vorstand und Dirigent“ neigten „sehr zum Rationalismus, und in religiös kirchlicher Beziehung“ lasse „die Anstalt sehr viel zu wünschen übrig!“[501] Der Minister der geistlichen pp. Angelegenheiten verfügte am 16.02.1857,

> das Verhältnis der gedachten Schule in *allen* Beziehungen ungesäumt nach Maßgabe der §§ 1-10 der Instruction des königlichen Staatsministeriums vom 31. December 1839 zu reguliren, demgemäß dem Vorsteher derselben eine widerrufliche Concession zur Haltung der Schule zu ertheilen, letztere einer genauen Aufsicht zu unterwerfen, auf periodische Erneuerung der Concession

> zu halten und im Fall die Leistungen der Schule nicht genügen, Strafverfügungen aber erfolglos bleiben, die Erneuerung der Concession zu versagen, resp. Letztere zurückzunehmen und die Schule ohne Weiteres zu schließen. Den Vereinsmitgliedern ist eine Einwirkung auf die Schule durch irgendwelche Betheiligung an der Aufsicht oder an der Berufung von Lehrern pp nicht zu gestatten und überhaupt eine Verhandlung mit ihnen über die Angelegenheiten der Schule abzulehnen, da letztere der Aufsichtsbehörde gegenüber ausschließlich von dem concessionirten Vorsteher zu vertreten ist.[502]

Diese Verfügung gab den entscheidenden Anstoß für die Übernahme der Privatschule in städtische Trägerschaft. Bürgermeister Ludwig Huber zeigte seine Selbständigkeit und Unabhängigkeit, indem er entgegen dem Ministerwillen das Mitwirkungsrecht zweier Elternvertreter auch bei der Berufung von Lehrkräften im Organisationsstatut der Schule sicherte.[503]

Weil der Schulbetrieb nicht die Kosten deckte, bemühte sich der Magistrat, die inzwischen gegründete private höhere Mädchenschule neupietistischer Richtung zu schließen, um sie mit der städtischen Einrichtung zu verbinden, indem er den „wirklichen Bedarf“[504] an dieser Schule in Abrede stellte. Diese Einschätzung und das darauf gestützte Ziel wies die Regierung in Minden zurück.

Der Umgang mit den Regelungen zur „Beaufsichtigung der Privatschulen etc“ an einem Ort in zwanzig Jahren hat gezeigt, dass die Aufhebung der Gewerbefreiheit nicht eine bloße Wiederherstellung der Regelungen des ALR bewirkt hat. Im Positiven ist eine pädagogisch-fachliche Modernisierung des Privatschulwesens ermöglicht worden, auf die Minister Altenstein abgezielt hatte. Im Weiteren besaß die Regierung eine Handhabe, über Inhalte und pädagogische Profilierung zu entscheiden, wenn sie es für politisch geboten hielt.

Zu Beginn der Beratungen im Staatsministerium über eine neue Rechtsvorschrift für Berufsanfänger war das Kammergericht als preußische Ermittlungsinstanz und Sondergericht für politische Delikte bestimmt worden. Dies ging im Jahre 1835 einher mit der Überprüfung aller an den Oberlandesgerichten tätigen Referendaren und Auskultatoren auf ihre politische Zuverlässigkeit.[505] Zugleich wurde strikte Geheimhaltung aller Untersuchungen verordnet, „daß durch Bekanntmachung des Inhalts [...] jener gerichtlichen Verhandlungen den hochverrätherischen Umtrieben Vorschub geleistet wird."[506] Der Frankfurter Wachensturm am 03.04.1833 hatte die Polizei zu der Einschätzung gebracht, dass die burschenschaftlichen Verbindungen überall politisch höchst gefährliche Zwecke verfolgten. Diesem politischen Treiben ordnete die Polizei in Greifswald Hermann Lüning zu, der aus Schildesche, jetzt Bielefeld, kam und Theologie und Philologie studierte. Aus seiner und seiner Brüder Sicht sollen beispielhaft die Grundzüge dieser Verfolgungswelle dargestellt werden.

10. Die 3. Verfolgungswelle – Das Kammergericht als Sondergericht für alle politischen Straftaten. Hermann Lüning im Lesekränzchen und in der „Gesellschaft der Volksfreunde".

Hermann Lüning befand sich vom 16.06. bis 03.07.1834 im Gebäude der Universität Greifswald in Untersuchungsarrest und wurde wegen Teilnahme an der Greifswalder Burschenschaft mit sechswöchentlichem Gefängnis bestraft.[507] Er war beschuldigt, für eine Anzahl Studenten die „Börnschen u. Heineschen Schriften"[508] beschafft zu haben; außerdem sei ein Brief des Studenten Erhardt aus der Schweiz unter seiner Adresse mit der Post angekommen. Gegen Ostern 1835 wurde er deshalb durch ein Ministerial-Rescript von der Universität[509] verwiesen. Zwei Jahre später geriet er abermals in Haft:

„Ich heiße Christian Gottlieb Herrmann Lüning, bin 23 Jahre alt, evangelisch, aus Schildesche bei Bielefeld und der Sohn des dort noch lebenden Predigers Lüning", so stellte er sich dem Untersuchungsrichter Dambach[510] am 27.12.1837 in der Hausvogtei in Berlin vor.

> Ich habe das Gymnasium in Bielefeld besucht u dasselbe Ostern 1832 mit dem Zeugniß Nr. 2. verlassen. Nachdem ich mich theils wegen Krankheit theils meiner weitern Vorbereitung wegen noch 1 Jahr zu Haus aufgehalten hatte, bezog ich Ostern 1833 die Universität Greifswald u studirte hier zwei Jahre lang Theologie. [...] Ich begab mich auf ½ Jahre nach Haus u trat dann eine mir durch die Empfehlung eines Universitäts-Freundes von Brudzewski verschaffte Hauslehrer-Stelle bei dessen Schwager, Gutsbesitzer von Broeker zu Prittisch bei Schwerin an. Hier bin ich bis zum 24 Juni d. J. geblieben u habe mich dann nach Breslau, wo mein jüngerer Bruder Medizin studirt, begeben,

> um meiner Militairpflicht zu genügen. Ich bin bei der zweiten Schützen Abtheilung auf 1 Jahr eingetreten u am 23. d. M. unter der Ankündigung, daß ich vorläufig aus dem Militair-Stand entlassen sey, verhaftet u hierher gebracht. Ich habe noch zwei Brüder u eine Schwester am Leben. Mein ältester Bruder Vornamens August hält sich in Zürich auf u wird in diesen Tagen als Dr: medicinae promoviren. Der in Breslau studirende jüngere Bruder heißt Otto. Meine Schwester ist noch im elterlichen Hause. Meine Mutter ist nicht mehr am Leben. Vermögen besitze ich nicht u der Mangel an Mitteln hat mich seither abgehalten, die Erlaubniß zur Fortsetzung meiner Studien nachzusuchen. Kleinere disciplinarische Untersuchungen während meines Aufenthalts in Greifswald abgerechnet, habe ich mich nur zweimal in Untersuchung befunden. Das einemal in derjenigen welche meine Verweisung wie oben angegeben, zur Folge hatte; das zweitemal als Renonce[511] der Greifswalder Burschenschaft, weshalb ich eine 6 wöchentliche Gefängnißstrafe im Gefängniß des Stadtgerichts zu Birnbaum verbüßt habe. Verlobt bin ich nicht und größere Reisen als die von Greifswald nach Haus und von Haus nach Prittisch habe ich bis jetzt nicht gemacht. Sonst habe ich zur Vervollständigung der Angaben über meine persönlichen Verhältnisse nichts anzugeben.[512]

Es sollten 1837/1838 in der Hausvogtei Berlin 9-tägige Vernehmungen folgen.

Hermann Lüning hatte in der ersten Hälfte des Jahres 1834 in einer Lesegesellschaft – auch „Lesekränzchen"[513] genannt – Kenntnisse und in der Untersuchungshaft im Sommer Erfahrungen mit der politischen Justiz in Preußen gewinnen können. Im „Lesekränzchen" hatte man sich um die Lektüre der Tageszeitungen „Augsburger allgemeine Zeitung, der Hamburger Correspondent und die Preußische Staatszeitung"[514] und einiger Bücher wie „Börnes Briefe aus Paris[515] und Heines Reisebilder[516]" versammelt.

10.1 Die Augsburger „Allgemeine Zeitung" im ersten Quartal 1834.

Was Lüning in der Lesegesellschaft über die polizeilichen Aktivitäten, die Entwicklung einer zentralen politischen Justiz, die innenpolitische Situation und über die Lage von Studenten hatte erfahren können, sei über die ersten zwölf Wochen des Jahres 1834 aus der Augsburger „Allgemeinen Zeitung"[517] notiert, die zehnmal aus München, Würzburg, Berlin, dem Badischen,

Heidelberg und Jena über die Verhaftung von Studenten, deren politisches Verhalten kriminalisiert wurde, berichtete. Die Zahlen schwankten zwischen 1, 2, 3, 25 und 75, zwischen „einige", „mehrere", „bedeutender Anzahl" und „mehr als 60". „Mehr als 60" – berichtete sie am 21. Februar aus Berlin.

> Die Verhaftungen unter den Studirenden haben sich so vermehrt, daß gegenwärtig mehr als 60 eingezogen sind. Die wenigsten sind von der hiesigen Universität, die meisten von verschiedenen auswärtigen; sie wurden an die Untersuchungskommission abgeliefert. Es handelt sich um die Entdeckung einer neuen Burschenschaft, welche sehr verzweigt seyn soll. Ein Ministerialrescript befiehlt die genaueste Untersuchung; an der Spitze der Kommission steht der Kommissionsrath H. R. D[ambach], dem mehrere andere Räthe beigegeben sind. Die Hausvoigtei[518] ist durch den Ankauf des dabei liegenden Schulkollegiums vergrößert worden, dessen Räume zu Inquirentenzimmern u. s. w. umgewandelt werden.[519]

Die Augsburger „Allgemeine Zeitung" hatte am 18. Januar 1834 aus der „Kölner Zeitung" einen Bericht aus Berlin vom 5. Januar zitiert, in Berlin seien

> mehrere Untersuchungskommissionen niedergesetzt und das richterliche Erkennniß dem Kammergericht übertragen. Das Ganze und die obere Leitung steht unter der Leitung einer aus sechs Staatsministern – dem Grafen von Lottum, dem Fürsten Wittgenstein, den H. H. v. Brenn, v. Kamptz, Mühler und Ancillon – bestehenden Kommission, von welcher die Staatsminister v. Brenn, v. Kamptz und Mühler, als Chefs der dabei vorzüglich interessirten Verwaltungszweige zur Leitung der laufenden Untersuchungen und Geschäfte eine eigene Kommission bilden.[520]

Mit „gleichem Eifer" werde „in den übrigen Bundesstaaten an der Zerstörung der schon für eine Hyder gehaltenen Umtriebe und geheimen Verbindungen gearbeitet". Studenten wurden als Ungeheuer in die Mythologie versetzt, deren Bekämpfung als „neuer Beweis der Gerechtigkeitsliebe unsers Gouvernments" journalistisch verklärt wurde, „indem nicht blos die förmliche Untersuchung und der Richterspruch einem Gerichtshofe übertragen, sondern auch die Leitung der Sache einer Kommission übergeben ist, in welcher die beiden Justizminister Siz und Stimme haben." Das in den Schein des Heroischen gerückte Amt sollte zusätzlich für Wirksamkeit bürgen. Mit Cabinetsordre vom 25.04.1835 wurde die Ankündigung rechtswirksam. Das Kammergericht sollte unter Aufhebung „des anderweitigen persönlichen Gerichtsstandes des Beschuldigten“ „alle Spuren ermitteln“, die „Verzweigungen einer weit verbreiteten Verbindung wider die bestehende gesellschaftliche Ordnung“ in Deutschland und „hinsichtlich ihres Einflusses auf Deutschland“ auch außerhalb Deutschlands „entdecken“ und urteilen.[521] Justizminister Mühler hatte als Vorsitzender der Ministerialkommission die Untersuchung dem Inquisitoriatsdirektor am Kammergericht, Heinrich Rudolph Dambach übertragen.

Zum Jahresbeginn hatten beide Justizminister am „Krönungs- und Ordensfest“ hohe Ehrung im Schloss erfahren. 464 Männer erhielten in neun Stufen Auszeichnungen, eine große Tafel war für 650 Personen gedeckt. Den roten Adlerorden erster Klasse erhielten neben zwei Offizieren „der Justizminister v. Kamptz, der Minister der auswärtigen Angelegenheiten, Ancillon, und der wirkliche geheime Rath und Oberpräsident v. Vinke; [...] Justizminister Mühler erhielt den roten Adlerorden zweiter Klasse zugleich mit 10 anderen“[522]. Den Festbericht schloss die Augsburger Allgemeine mit dem Hinweis, man wolle in Berlin „mit Bestimmtheit wissen, daß das hohe Polizeiministerium nicht allein die sämtlichen Schriften von Heine und Börne, sondern auch den ganzen Verlag der Buchhandlung Heideloff und Campe in Paris und Leipzig verboten“ habe, „welche sich dazu hergegeben, jene pamphletartigen Broschüren und Bücher zu verbreiten und zu versenden“. Wahrscheinlicher sei, „daß einige Buchhandlungen in Preußen namhaft gemacht worden“ seien, „durch welche, nach geschehener Prüfung, allein Heideloffs Verlagsartikel distribuirt werden dürfen; auf anderm Wege jedoch unfehlbar Konfiskation“ erfolge. Auch solle bereits die Ordre zum Verbote des französischen Journals Europe litéraire ertheilt seyn; diese durch ihre schwache und stets uneinige Redaktion schon im Verlöschen begriffene Zeitschrift hatte nemlich aus Mangel an eigenen guten Aufsäzen das neue Jahr mit Auszügen aus Heine's Vorrede zu seinen französischen Zuständen begonnen und mit Noten boshafter Art gegen Preußen versehen“[523]. Dazu gab es Nachrichten über Reiseverbote für Studenten, Verbote und Beschlagnahme von Büchern, namentlich solcher von Ludwig Börne und Heinrich Heine. Zum Ausklang des Hambacher Festes[524] erschienen Meldungen über eine Gerichtsverhandlung mit Dr. Wirth und über den Strafantritt von „Ex-Pfarrer Hochdörfer“[525] nach Kaiserslautern in die Strafanstalt. „Es wurde ihm der Kopf geschoren und die Sträflingskleidung angezogen.“[526] Ein knapper Abriß der Zeitgeschichte stellte den Wunsch nach einer Verfassung für Preußen in Abrede: Es sei „in der preußischen Monarchie, der kriegerischen Aufregung von 1813-1815 ungeachtet, das Verlangen nach konstitutionellen Einrichtungen so bald verhallt; man fühlt bei der vortreflichen und großartigen Verwaltung das Bedürfniß nicht so dringend, ja für vieles Gute wäre eher eine Störung zu besorgen.“[527] Die Zeitung mied den Begriff des Volkes, sie bevorzugte einen unpersönlichen Ausdruck; konkret glaubte sie, in einem Handwerkerstreik in Karlsruhe neue Merkmale ausgemacht zu haben – „eine kleine Arbeiter-Emeute nach Pariser und Lyoner Art“ – und schloss die Darstellung der polizeilichen und militärischen Aktionen zur Niederschlagung des Streiks mit dem Satz: „Auch verdient bemerkt zu werden, daß in der Herberge und sogar noch im Thurme, Freiheitslieder, zum Theil der anstößigsten Art, gesungen wurden.“[528] Zuvor hatte sie beschrieben, wie in Lyon und Paris Streiks für sichere Löhne und bessere Arbeitsbedingungen als soziale Ereignisse mit politischen Forderungen verbunden worden waren: „Diese Zusammenrottungen der Arbeiter, die sich wie Ein Mann bewegen, diese Abtheilungen in Centurien, Dekurien, mit Einem Worte, diese ganze geheime Verwaltung der Arbeiter stimmt mit der republikanischen Faktion überein, die sich der Proletarier bedient, um zu ihrem Zweke zu gelangen“. Die „Zusammenrottungen der Arbeiter“ nannte sie auch „Massen“, glaubte trotz der Gliederungsbegriffe eine „in Unordnung befindliche Masse“ zu sehen; der Gedanke an einen Erfolg der Arbeiter habe „die schreklichsten Gerüchte von Mord, Brand und Plünderung“ verbreiten lassen. „Aber die Arbeiter zeigten sich nur spazierend in den Straßen; am Abende allein bildeten sich Gruppen von Gesindel, das bei solchen Gelegenheiten aus allen Enden des Landes herzuströmt, vor dem Rathhause, bis sie von den Truppen zerstreut wurden. Dessen ungeachtet ist jede arbeitslose Masse, so friedlich sie auch scheinen mag, immer gefährlich“. Anfang des Jahres hatte die Zeitung eine Debatte aus der Deputiertenkammer um die Volkssouveränität wiedergegeben. Weil „die Regierung von 1830 aus einem großen Akte dieser Souverainetät entsprungen“ sei, riefen Republikaner „die Souverainetät in einem andern Sinne an; sie wollen das Bestehende zu Grunde richten und die Republik an dessen Stelle sezen“, so ein Sprecher[529] der bürgerlichen Mehrheit. Für ihn galten nur die Wahlberechtigten als Angehörige des Volkes.

Im Nachruf auf den am 01.02.1834 verstorbenen Friedrich Schleiermacher teilte die Zeitung ihre Beobachtung einer Wende in der öffentlichen Meinung mit; Schleiermacher habe seit 1830 „Allen seinen öffentlichen Vorträgen [...] eine Richtung“ gegeben, „welche sich entschieden gegen das Drohende, Nächste, wandte“. „Er mag nicht so weit gegangen seyn, wie Niebuhr, der eine neue Barbarei fürchtete, aber Schleiermacher sah ein, daß die Zeit nichts mehr für ihn thäte“. Die Zeitung stellte pauschal fest, „die Fragen waren auf eine verbrecherische Spize getrieben“, „Niebuhr fürchtete, man würde keine Achtung mehr vor den Forschungen der Gelehrsamkeit haben“, auf Schleiermacher habe „eine traurige Erfahrung der Tagsgeschichte“ „noch einen besondern, tiefen, zerstörenden Eindruk“ gemacht, „daß die Welt nun bald nur noch von materiellen Interessen werde bewegt werden“. „Männer dagegen, [...] welche in der einbrechenden Aufregung ein Gesez der Nothwendigkeit fanden, und in allen Ausschweifungen der Leidenschaft nur die Zufälligkeiten der Gährung – die Lebenslust, das freudige Vertrauen, der Siegesjubel der Jugend hielt sich seitdem von Schleiermacher, dem zerstoßnen Rohre, entfernt.“[530]

10.2 Greifswalder Burschenschaft als Studentenrepublik.

Die ersten Erfahrungen als Arrestant waren in der Universität Greifswald während Vernehmungen am 2. und 3. Juli 1834 entstanden. In den Protokollen gab Hermann Lüning als Renonce Auskunft über Struktur und Ziele der burschenschaftlichen Verbindung in Greifswald. Er stellte diese dar als eine differenziert organisierte Republik in staatsrechtlicher Sprache. Sie gliedere sich in den Kreis der Anwärter auf eine volle Mitgliedschaft, die Renoncen, und die „engere Verbindung“. Diese „war nun die verwaltende und gesetzgebende Behörde“[531]. Sie stehe in der Tradition des Wartburgfestes.[532] Die Statuten nannte er durchgängig eine „Constitution“. Diese „war übrigens gebunden, in Quart mit rothem Einband mit goldenem Titel und Schrift“[533]. Einzelne Regelungen hießen „Gesetze“, über die die Mitglieder in einer Versammlung Kraft ihrer „gesetzgebenden Gewalt“[534] berieten und entschieden, finanzielle Beiträge hießen Wechselsteuer[535] und waren in Anteilen an den Unterhaltszahlungen festgesetzt. Die Teilnehmer in Versammlungen folgen einem „Geschäftsgang“[536] mit dem „Verfahren in der Art, daß der Sprecher die Versammlung eröffnete und jeder, der etwas vorzutragen hatte, um das Wort bitten mußte. Diese notirte dann der Schreiber und rief jeden Einzelnen auf, wenn die Reihe an ihn kam."[537]

Oberlandesgerichtsrat Sibeth übernahm als Untersuchungsrichter die Begrifflichkeit; in der „Constitution" dieser Studentenrepublik fragte er nach dem Ausdruck der vorherrschenden politischen Tendenz, „welche Verfassung für Deutschland als die wünschenswertheste" von den „constitutionellen und republicanischen Verfassungen"[538] angesehen worden sei; *„daß das Streben der Verbindung auf freiere Verfassungen und Einheit Deutschlands hinaus gegangen, stehe unbezweifelt fest"*, bemerkte der Untersuchungsrichter, die Verbindung habe ausdrücklich die *„Herbeiführung einer freien, gerecht geordneten, den Bedürfnißen der Zeit entsprechende, durch Staatseinheit gesicherten, das gesammte deutsche Volk zu einem ferner ungetrennten Ganzen vereinigenden Verfassung Deutschlands"*[539] angestrebt.

Hermann Lüning berief sich auf seinen Status als Renonce, der ihm den Einblick in etwaige „Geheimnisse" des engeren Kreises verwehrt habe[540]; die vom Untersuchungsrichter gestellten Fragen nach alternativen Verfassungen beantwortete er mit einer scharfen Kritik am Absolutismus in für ihn unangreifbarer sprachlicher Form, „daß sich in den Mitgliedern", so weit er zu bemerken Gelegenheit gehabt habe, „nicht gerade Ansichten und Wünsche für absolut monarchistische Verfassungen kund gaben." Dass die Verbindung „ein anständiges, fröhliches und sittliches Leben auf den Universitäten aufrecht erhalten wollte"[541], setzte er bekräftigend hinzu. „Aus einer Verbindung wie der Burschenschaft konnte vielleicht Vaterlandsliebe und Vaterlandssinn hervorgehen," er habe aber „nie erfahren oder wahrnehmen können, daß sie irgend eine auf das Vaterland gerichtete Tendenz" gehabt habe, „man müßte es dann indirect so weit herholen wollen, daß man darin eine vaterländische Tendenz erblickte, daß die Verbindung in den Vorschriften über ein sittliches und wissenschaftliches Leben, gleichzeitig dahin wirkte, daß dem Vaterlande nützliche Bürger erzogen würden." Dem Richter legte er nahe, die in Zahlen ausgedrückte Realität wahrzunehmen: „Es wäre eine große Thorheit gewesen, wenn wir hier dreißig oder vierzig Studenten an der Zahl ganz Deutschland hätten reformiren wollen."[542]

Am 3. Juli, dem zweiten Tag seiner Vernehmung, antwortete Lüning dem Untersuchungsrichter auf erneute Fragen nach der Stellung der Burschenschaft zum Staat, „diejenigen Beschränkungen der Monarchien, die man als etwas Zeitgemäßes" betrachte, habe man nicht „unter specielle Formen gebracht," auch keine Einzelheiten „nach dem Muster der französischen oder der englischen oder einer der süddeutschen Constitutionen, als die zweckmäßige"[543] erörtert.

Auf Befragen nach „verbotenen" Autoren am 03.07.1834 antwortete Lüning, seines Wissens habe die Bibliothek der Burschenschaft in Greifswald „keine Sachen von Heine[544], Börne[545], Ortlepp[546], Steffens[547], Harro Harring[548], Carové[549], Spatzier[550], Maltitz[551] und Freimund[552] enthalten".

In einem anderen Verfahren hatte das Kammergericht vermerkt, wie es diese Autoren und ihre Wirkung einschätzte:

> Erst in der zweiten Periode wurde eine förmliche Bibliothek errichtet und diese vermehrte sich von Jahr zu Jahr. Es befanden sich in derselben unter andern: die Nemesis von Luden, die Polenlieder von Ortlepp, die Geschichte des letzten polnischen Krieges, die Geschichte unserer Tage, Heine's Reisebilder und Boerne's Briefe, die Wiederherstellung Polens von Spazier, Harro Harring, der russische Unterthan, Völker's ständische Verfassung, Heine über den Adel, Harring Memoiren, Kind's Bundestag, die Ständeversammlung Sachsens, Kolb Rechte der Fürsten und Völker, Pfitzer, Anfrage an die Stände etc., größtentheils verbotene Schriften, und außerdem wurden die verbotenen Zeitschriften die Tribune, der Volksbote, der Wächter am Rhein, der Verfassungs-Rath, Der Westbote und Freisinnige einige Zeit hindurch gehalten.
> Aus diesen Büchern sogen jene Theilnehmer ihre politischen Ansichten, die sich dadurch immer mehr zu revolutionairen steigerten und die unbefangene Jugend, die noch kein Urtheil über politische Gegenstände hatte, vom Grund aus verdarben.[553]

Befragt nach dem „Preßverein"[554] holte Lüning aus bis in seine Schulzeit am Bielefelder Gymnasium: Wie er noch auf der Schule gewesen sei, habe er von Jemanden, der von einer Reise aus Süddeutschland zurückkam, gehört, „daß sich in Rheinbaiern" ein Verein zur Herstellung der Pressefreiheit „gebildet habe, als dessen Stifter oder als dessen Leiter der Dr. Wirth[555] genannt wurde"[556]. Dieser Verein habe sich zu einem politischen Zwecke gebildet, näher aber als in dieser Allgemeinheit könne er den Zweck desselben nicht charakterisieren. „Von den Producten dieses Preßvereins" habe er nie etwas gelesen. Nach dem, was er „später aus den Zeitungen über den Dr. Wirth gelesen", könne er wohl entnehmen, daß der Verein „die Verbreitung von Oppositionsschriften zum Zweck gehabt" habe. Auf Nachfragen ergänzte Lüning, man habe erfahren, dass sich „in Zürich ein Preßverein gebildet habe, der durch Schriften eine vernünftige politische Aufklärung des Volkes bewirken wolle," doch man habe „mit dem Preßverein sich nicht einlassen können, weil vorauszusehen" gewesen sei, „daß die Schriften desselben verboten sein würden" und man diese Schriften daher „auf öffentlichem Wege nicht würden beziehen können". Geheime Wege hätten sie nicht gekannt „und wollten sie auch nicht einschlagen"[557], schloss Lüning. Das Kammergericht war der Überzeugung, der Pressverein wolle, dass „durch die freie Presse die Nothwendigkeit der Organisation des deutschen Reiches im demokratischen Sinne zur lebendigen Ueberzeugung aller deutschen Bürger erhoben" werde „und Alle sollten dahin gebracht werden, daß sie die Herbeiführung einer solchen politischen Reform als den Lebenszweck der jetzigen Generation anerkannten."[558]

10.3 Gesinnung im Verhör 25.12.1837 bis 19.02.1838 Hausvogtei Berlin, in Haft bis 15.08.1840 auf der Festung Silberberg.

Schmerzhafter waren die nachhaltigen Erfahrungen aus der Gefängnishaft in Berlin und aus der Festungszeit. Überliefert sind die Protokolle der 9-tägigen Vernehmungen in der Hausvogtei Berlin, Planung und Niederschrift des „articulierten", des Abschlussverhörs, die Verteidigungsschrift u. a. Während die Niederschriften des Jahres 1834 oft seitenlange Ausführungen Lünings auch zu Einzelheiten einer demokratischen Staatsorganisation und Praxis wiedergeben, sind die Protokolle 1838 knapper gefasst, oft nur kurzschrittige Frage- und Antwortwechsel als Ausdruck routinierter Verhörtechnik. Kriminaldirektor Dambach, gleichzeitig auch Leiter der Haftanstalt, habe es verstanden, „bei den Untersuchungen bald den Biedermann zu spielen, um vertrauende Gemüther zu den erforderlichen Geständnissen oder gar zu Denunziationen gegen Genossen zu bewegen, bald mit hämischen kleinen Bosheiten oder Chikanen ängstliche Gemüther zu erschrecken". Man habe Dambach, einen „Streber", eher „verachtet"[559], notiert Holtze im Rückblick. Hermann Lüning setzte sich mit dem Vorwurf auseinander, eine verbotene Verbindung gestiftet zu haben. Es habe „ein politisches Kränzchen" sein sollen, räumte Lüning ein, für Studenten und Nichtstudenten. Das politische Kränzchen konstituierte sich am 26. Juli förmlich als eine Verbindung und bestand 144 Tage bis zur Selbstauflösung am 15.12.1834. Die Verbindung hieß „Gesellschaft der Volksfreunde" – eine Bezeichnung, die in Frankreich ein politisches Programm beschrieb und die politische Polizei in Preußen „die planmäßige Verführung der Handwerkerclasse"[560] befürchten ließ. Die Augsburger „Allgemeine Zeitung" hatte aus Frankreich noch Anfang 1834 ausführlich – wie schon gezeigt – über das Wechselspiel zwischen Republikanern und den streikenden Arbeitern berichtet, die in eigenständigen politischen Organisationen und Handlungsmustern verfuhren.[561] Lüning wehrte sich mit den Worten: „bloß des schönen Klanges wegen"[562] gegen die Preisgabe seiner Gesinnung und verneinte Fragen nach Beziehungen zu Frankreich und anderen Bezügen. Auf dem Hambacher Fest am 27.05.1832 hatte der „Advocat Rey aus Straßburg eine Adresse der dortigen Gesellschaft der Volksfreunde (amis du peuple) [...] übergeben und in einer Rede die nun aufkeimende republikanische Freiheit in Deutschland begrüßt".[563]

Dambach hatte sich ein Bild von Hermann Lünings Gesinnung gemacht; ihm lagen zwei Briefe vor, die von der Polizei aufgefunden waren. Lüning habe sich darin als Republikaner bekannt; „ein *deutscher* R." heiße doch wohl „ein deutscher Republikaner", der „wenn seine „Krankheit sich nicht bessere", „nach Paris gehen" wolle, „um [...] einen anständigen Ausgang zu finden."[564] Lüning versuchte, dem R. einen religiösen Sinn mit „Rationalist" zu geben und mit der Absicht zu verbinden, daß er „in irgendeinem Tumulte in dem bewegten Paris" seinen „Tod suchen wollte"[565]. Aus dem Satz – „Mein alter Glaube lebt noch bis jetzt in mir, en avant vive la r." – machte er eine Befindlichkeitsaussage, er „läugne gar nicht", sich in seiner „damaligen krankhaften Stimmung für einen Republikaner gehalten zu haben"[566]. Zu den Antworten seines Briefpartners könne er nichts sagen, er selbst pflege „Privat-Correspondenzen gleich zu vernichten"[567].

Als „Volksfreunde" habe man mit „wissenschaftlicher politischer Ausbildung"[568] – so die einzige Einlassung – „künftig das Wohl des Volks nach [...] Kräften zu fördern."[569] In Versammlungen habe man auch über Verfassungen und die Mittel gesprochen, eine solche zu errichten. Dambach hatte bereits als Zweck der Verbindung ermittelt, dass „die politische Ausbildung der Mitglieder und die politische Einwirkung auf das Volk" dem Ziel diene, „um künftig als Staatsdiener zur Erreichung einer freien Verfassung hinzuwirken".

Hermann Lüning (1814-1874) Steckbrief.

GStA PK I. HA Rep. 97 Kammergericht Nr. 3660, Bl. 3.

I. HA Rep. 97 Kammergericht Nr. 3660, Bl. 3.
Signalement.

1.	Familien-Namen	Lüning
2.	Vornamen	Hermann
3.	Geburts-Ort	Schildesche bei Bielefeld
4.	Aufenthalts-Ort	Breslau
5.	Religion	Evangelisch
6.	Alter	23. Jahr
7.	Größe	5. Fuß[*] 5. Zoll[**] ~ 1,65 m
8.	Haare	blond
9.	Stirn	frei
10.	Augenbrauen	blond
11.	Augen	blaugrau
12.	Nase }	gewöhnlich
13.	Mund }	gewöhnlich
14.	Bart	kleiner Schnurbart
15.	Zähne	vollständig
16.	Kinn	rund
17.	Gesichtsbildung	oval
18.	Gesichtsfarbe	blaß
19.	Gestalt	mittler
20.	Sprache	Deutsch
21.	Besondere Kennzeichen keine, außer dem Schnurbart	

Unterschrift des Transportanten (fehlt)

Bekleidung.

1. schwarze Tuchmütze mit Schirm.
1. schwarze Cravatte.
1. grüner Ueberrock mit schwarzem Samtkragen.
1. Paar grau tuchne Militairhosen mit rother Nath u Kalbfellstiefeln

* 1,524 m

** 0,127 m

Lüning wollte die „politische Ausbildung der Mitglieder und die politische Einwirkung auf das Volk“ von der politischen auf die universitäre Ebene verlegen: „*von der Einwirkung auf das Volk war aber die Rede, was sich meines Erachtens von selbst versteht, daß man die Resultate seiner wissenschaftlichen politischen Forschung auch* Andern mitzutheilen sucht.“[570] Dambach versuchte vergeblich, von Lüning bestätigt zu bekommen, dass „durch Verbreitung liberaler Schriften unter das Volk“ die politische Wirkung erzielt werden sollte. Eine Revolution erklärte Lüning zur Sache des Volkes. „Hielt das Volk daher eine Revolution für gut, so wären dann auch wir zur Unterstützung derselben verpflichtet“[571]; „so würde ich mich auch nicht ausgeschlossen haben“[572], gab er im Abschlussverhör zu Protokoll; er halte sich „zur Unterstützung einer *Revolution für verpflichtet*“, weil er sich verpflichtet sehe, „*dem Volke nach Kräften zu nützen, vorausgesetzt, daß das Volk eine Revolution*[573] für gut hielt.“ Im übrigen seien „specielle Bestimmungen“ für die damaligen Verhältnisse „durchaus unzweckmäßig“ gewesen, „weil damals an keine Revolution zu denken war und wie eine solche selbst zu veranlassen“, ihre Verbindung „nicht eitel genug“[574] gewesen sei.

In welcher Verfassung das Volk als Subjekt einer Entscheidung über eine Revolution eigenständige politische Organisationen und Handlungsmuster suchen und finden sollte, wurde Anfang der 1840er Jahre zum öffentlichen Thema. Aus einem Brief las Dambach den Verdacht auf Majestätsbeleidigung; Lüning habe in Gesellschaft „ein demagogisches Lied, ein Spottlied“[575] gesungen. Der Untersuchungsrichter konfrontierte Lüning mit dem im Gepäck eines nicht genannten Studenten aufgefundenen Text einer politischen Satire. „Wenn ich her sage“, so ließ sich Lüning im Verhör ein, „daß ich hier das Lied öfter gesungen habe, so kann ich gleichwohl versichern, daß ich das Lied ‚Laßt uns von den Wunderdingen pp‘ nicht bei von Brudzewski sondern in andern frohen Gesellschaften vorgetragen habe. Ich muß noch bemerken, daß der größte Theil der Gesellschaft aus Unkenntniß der deutschen Sprache von den Worten wenig verstand u nur der Melodie wegen, mich zum Singen aufforderte.“[576] Die Strophen 7. 14. 15. 17. kenne er nicht, sagte Lüning, Strophe 16 ist am Rand markiert; der Name Friedrich Wilhelm ist in Strophe 2 genannt und konnte auf Seine Majestät, König Friedrich Wilhelm III. von Preußen bezogen und als Grundlage für eine Anklage wegen Majestätsbeleidigung geprüft werden.

I.
Laßt uns von den Wunderdingen
jetzt ein harmlos Liedlein singen
die im deutschen Land gescheh'n
Wie wir's alle Tage sehn.

II.
Friedrich Wilhelm spielt den Frommen,
Weiß von hinten hübsch zu kommen.
Doch das brave Volk d. Polen
Helfer worden unverholen.

3.
Fränzel mit dem Rosenkranze,
Wilhelm mit dem Siegerkranze,
sprachen: dort belohn Euch Gott,
drum freßt Ihr nur trocken Brodt.

4.
Fränzel spricht: es bleibt halt bei'm Alten,
Laßt nichts Neues sich ausfalten:
Der fatale Schwindelgeist
Uns sonst all' ins Elend reißt.

5.
Metternich hat schlau errathen:
Zu verschieden sind die Staaten,
Laßen wir erst Licht hinein,
Fällt der ganze Plunder ein.

6.
Kronprinz spricht mit stolzem Munde:
Auf die feigen Bürgerhunde
Schießt man mit Kartätschen drein
Drum wird Ruh im Lande sein!

7*.
Beierns Ludwig stinkt von ferne,
Niemand ist lang um ihn gerne;
Schielt die Leute huldreichst hin,
Läßt sie nur vor's Bildniß knien.

8.
Auch im *Würtemberger* Lande
Sitzt von dieser Fürsten-Bande
Einer, der Verfassungseid
Frech zu brechen sich nicht scheut!
9.
Hessens Kurprinz, die Kanaille
Gebe uns sein Fett zum Talge;
Bei der Fürsten Leichenzug
Hat man drum gleich Licht genug.
10.
Sachsen hat zwar einen König,
doch man hört von ihm sehr wenig,
drum man führt ihn, alt und dumm,
Längst schon an der Nase h'rum.
11.
Mitregent, die list'ge Schlange
Blieb vernünftig nur so lange,
bis das Volk zur Ruh gebracht,
Hat's dann wie zuvor gemacht.
12.
Der Hannoveraner König
Gilt in England gar zu wenig,
drum fängt er in Deutschlanden
was in England er nicht kann.
13.
Weimar's königliche Hoheit
Seinem Landtag ängstlich zuschreit:
Öffentlich darf gar nichts sein
Dummheit hüllt nur dunkel ein.
14*.
Was die Demagogen sagen
Hört nicht, sorgt nur für den Magen;
Habt zu fressen ihr für heut,
Braucht ihr keine Preßfreiheit.

15*.
Braunschweig jagt zum Zeitvertreibe
Herzog Carl sich von dem Leibe,
steht jedoch nicht besser drum:
Wilhelm ist so schlecht als dumm.
16.
Viel solch fürstliches Geschmeisse
Treibts noch auf dieselbe Weise:
Sind hie auch nicht All' gleich mächtig,
Sind sie doch gleich niederträchtig.
17*.
Diese ganze Fürstenbande
Säuft und hurt im deutschen Lande,
Und was noch nicht auf d. Hund
Bringt dahin der deutsche Bund!
18.
Da nun dieser Fürsten Leben
Heil dem Volke nicht kann geben:
Muß der alten Sünder Tod
Uns befrei'n von aller Noth.
Wenn die Fürsten all darnieder
Blüht uns erst die Freiheit wieder![577]
q. d. b. r

In den Akten war Hermann Lüning der Begriff des Volkes wie eine Leitidee gegenwärtig, doch nie mit einer Konkretisierung verknüpft, aus heutiger Sicht ein Wort wie „Gesellschaft". Das Gericht hatte zehn Personen als Mitglieder der Verbindung ermittelt, unter ihnen zwei Nichtstudenten: einen Ökonom, ehemaligen stud. cam. und einen Gutsbesitzer. Die Vernehmungen fasste der Untersuchungsrichter in einem Schlussverhör am 17.02.1838 in 60 „Artikeln" zusammen, die vor Beginn aufgezeichnet und nacheinander mit dem Beschuligten abgehandelt wurden. Auf die vorletzte Frage, „*Wie konnten Sie sich entschließen, an der Stiftung einer Verbindung Theil zu nehmen, während Sie noch wegen Theilnahme an der Burschenschaft in Untersuchung waren?*", antwortete Hermann Lüning: „[D]arauf könnte ich nichts erwidern, als daß wir Studenten waren u daß Verbindungen zu stiften damals eine Krankheit der Zeit war“[578]. Was Lüning zu seiner Verteidigung anführen könne, beantwortete er: „In dieser Beziehung muß ich wiederholen, daß von vornherein es unsere Absicht nicht war, eine Verbindung zu stiften u daß wir gleichsam unwillkürlich darauf geriethen, daß wir uns bald nach der Stiftung wieder aufgelöst hatten u nicht wieder zusammengetreten sind, dürfte ebenfalls ein Strafmilderungs-Grund seyn“. Am 19. Februar bestätigte Lüning in Gegenwart eines Anwalts das Protokoll der Fragen und Antworten, beantragte die Entlassung aus der Hausvogtei zur Fortsetzung seines Militärdienstes oder aber zum vorzeitigen Strafantritt in der Festung Breslau.

Auf Lünings Einlassungen in der Untersuchung war der Verteidiger mit keinem Wort eingegangen. Der Anwalt ergänzte vielmehr die Anklage auf Bildung einer kriminellen Vereinigung mit der Vermutung, die Aufnahme weiterer „Subjecte“ in die Gesellschaft der Volksfreunde scheine aber nur deshalb unterblieben zu sein, „als man keine passende Subjecte gefunden habe“[579]. Er benannte auch Titel „verbotener“ Autoren[580] – Börnes Briefe aus Paris[581] und Heines Reisebilder –, die Lüning beschafft habe und teilte mit, revolutionäre Feste[582] seien statutenmäßig verankert gewesen; Lüning hatte im Verhör mit „sich nicht zu erinnern“[583] eingelassen. Zur Anklage wegen „Majestätsverbrechens“ hatte der Verteidiger geschwiegen. Er hatte sich auf eine formale Prozessbegleitung beschränkt, wiederholte, was die Anklage glaubte, ermittelt zu haben zugespitzt mit der Belastung Lünings, „vorzüglich thätig gewesen zu sein“.[584] Im Allgemeinen bemerkte er, in jugendlicher Verblendung schmeichele „man sich, einerseits nichts Böses zu thun, andrerseits etwas Gutes zu wollen, ohne doch zuvörderst das Nöthigste erwogen zu haben, auch die Mittel – die Kräfte, das zu bewirken. Und hierin“ finde „sich gerade der Mangel an Überlegung, Handlungen aber, die aus ihr entspringen“, müssten „nun aber auch in dem Grade beurtheilt werden, in welchem der Handelnde befähigt war, zur freien Überlegung“, und so wolle es das Gesetz; es spreche „auch zu Gunsten desjenigen, der mit minder freien Überlegung eine strafbare Handlung beging“[585].

Das Urteil verfasste der Krimalsenat des Kammergerichts unter dem Vorsitz des Adolf v. Kleist. Dieser war im Zuge der Zentralisierung der politischen Prozesse aus dem Justizministerium an das Kammergericht zur Leitung der „Criminalrechtspflege“ gewechselt. Holtze bezieht auf diesen die Notiz, „daß Varnhagen-Humboldt auf ihn angespielt haben, als sie über unglaubliche Avancements in der Justiz ihre wohlwollenden Gedanken tauschten.

Denn auf Kleist und den zum Untersuchungsrichter in jenen Hochverrathsprozessen bestellten Criminalrath, späteren Criminal-Director und Hausvogt Dambach richtete sich alsbald der Haß der weitesten Kreise". „Kleist war eine vornehme, eisig kalte Natur, Mitleid und Wohlwollen schienen ihm unbekannt, starr und unnahbar sah er nur Verbrechen und Strafe, ohne die Gabe zu besitzen, eine That menschlich begreifen zu können. Er hat keinem wohl geradezu unrecht gethan, er stand immer streng auf dem Buchstaben des Gesetzes, aber sein Recht widerfährt einem Angeklagten dann noch nicht, wenn man ihm kein Unrecht thut"[586]. Statt nach Breslau kam Lüning auf die Festung Silberberg.[587] Eigene Mittel für seinen Unterhalt besaß der Gefangene nicht. Weil es ihm nicht möglich sei, sein Nachtlager zu beschaffen, wurden die Alimentengelder von 5 rthl. monatlich um 20 sgr. – d.h. um ⅔ Taler, ca 13,3% – erhöht.[588] Dort wurde ihm am 04.05.1839 das am 17.12.1838 formulierte Urteil des Kammergerichts[589] verkündet. Lüning behielt sich vor, beim Justizministerium „darüber Beschwerde zu führen, daß von dem [...] Garnison-Gericht und nicht durch das betreffende Civil-Gericht" ihm das Urteil zuteil wurde. Das Kammergericht hatte entschieden, dass Lüning „wegen Stiftung einer politischen Studenten-Verbindung unter erschwerenden Umständen und wegen Majestäts-Verbrechen mit sechsjähriger Festungs-Arrest-Strafe zu belegen und sowohl des Rechts, die preußische National-Kokarde zu tragen für verlustig, als auch zu einem öffentlichen Amte, zur ärztlichen oder chirurgischen Praxis, zu einer akademischen Würde, oder als Privat-Dozent auf einer Universität zugelassen zu werden für unfähig zu erklären"[590] sei. Darüber belehrt, er könne das „Rechtsmittel der weiteren Vertheidigung" einlegen, gab er dieses zu Protokoll, auch, dass er zwei andere Verteidiger[591] wünsche. Der Festungskommandant verwandte sich dafür, Lüning bei einer möglichen Begnadigung „nicht ganz zu übersehen"[592]. Die Haft endete mit der Amnestie für alle Inhaftierten am 15.08.1840.

Die Urteilsgründe hat er nicht erfahren. Sie sind bisher nicht ermittelt. Sie dürften im Zuge der allgemeinen Amnestie mit dem nicht abgeschlossenen Revisionsverfahren untergangen sein. Die „Straferkenntnisse des Kriminal-Senats des Königlichen Kammergerichts [...] v. 5. und 17. Dezember 1835" gegen 45 Mitglieder einer Greifswalder Studentenverbindung stellen im Abschnitt „Geschichtserzählung und Gründe"[593] dar, wie sich eine zur Überzeugung der Herrschenden alternative öffentliche Meinung mit dem Schwerpunkt bei den Burschenschaften von 1815 an bis zum Frankfurter

Wachensturm 1833 entwickelte. Die alternative öffentliche Meinung suche eine demokratische Verfassung an die Stelle der bisherigen Ordnung zu setzen. Zweimal gebrauchte das Kammergericht den Demokratiebegriff, den Begriff des Demagogentums vermied es.

Demokratie bedeute Revolution, heiße, eine „Veränderung der bestehenden Staatsverhältnisse", auch „bald auf eine gewaltsame Weise einen andern Zustand der Dinge" herbeizuführen. Dies wird intensiv – mehr als zwanzigmal – mit dem Begriff des Revolutionären beschrieben, das revolutionäre Prinzip habe die Auffassung verdrängt, „auf dem Wege der ruhigen Reform durch Heranbildung des Volks zu freierer Verfassung und durch Verbreitung s. g. freisinniger Ideen zu wirken."[594] Dem Schein nach wolle auch der „Preß- und Vaterlands-Verein"[595] „nur durch die freie Presse den Zweck erreichen", jedoch lasse sich eine

> revolutionaire Tendenz darin erkennen. Es wird damit angefangen, daß die Fürsten einen Bund zur Unterdrückung der Völker geschlossen hätten; dieser solle gestürzt werden, die Völker sollen ihre Freiheit erlangen, und zwar dadurch, daß Rußland durch ein demokratisch organisiertes Polen getrennt, das Uebergewicht des preußischen und Österreichischen Königs durch die Organisation eines deutschen Reiches mit demokratischer Verfassung aufgehoben und eine europäische Staatengesellschaft durch ein treues Bündniß des französischen, deutschen und polnischen Volkes vorbereitet werde; mithin bezweckte der Verein die Aufhebung aller bestehenden Staatsverfassungen. [Durch die freie Presse solle] die Nothwendigkeit der Organisation des deutschen Reiches im demokratischen Sinne zur lebendigen Ueberzeugung aller deutschen Bürger erhoben [werden].[596]

Die Äußerungen zur Zeitgeschichte beschreiben Eindrücke vom Hambacher Fest, auch dass unter das Volk die „heftigsten Oppositions-Schriften" verbreitet seien, „worin Haß und Verachtung aller bestehenden geselligen Ordnung sich ganz offenkundig darlegte," schließlich die Entwicklung revolutionärer Pläne unter den Burschenschaften. Das Kammergericht resumierte, zunächst habe sich die politische Tendenz durch die Worte „Vorbereitung zur Herbeiführung eines frei und gerecht geordneten und in volksthümlicher Einheit gesicherten Staatslebens" entwickelt. „Daß ein solcher Zustand nicht leicht ohne Gewalt herbeigeführt werden könnte", sei einleuchtend. In dieser spekulativen Form legitimierte das Kammergericht die politische Strafrechtsentwicklung und -praxis seit 1816, wenn es fortfuhr, „deshalb waren denn auch von Anfang an in dem Preußischen Staate die geschärftesten Verordnungen gegen Verbindungen dieser Art erlassen worden", „überhaupt" sei „eine Theorie ohne Praxis ein Unding".[597] In seiner Entscheidung über die gegen Hermann Lüning angestellte Untersuchung dürfte das Kammergericht diese „geschichtliche Erzählung" wiederholt und in die Urteilsgründe eingeordnet haben.

Das Kammergericht hatte die Unbefangenheit richterlicher Beweiserhebung eines E. T. A. Hoffmann aufgegeben, der 1819 zwischen Gesinnung und Tat getrennt und festgestellt hatte, „daß bloße Gesinnungen, sind sie nicht als That ins Leben getreten, nicht der Gegenstand einer Kriminal-Untersuchung seyn können."

Hermann Lüning genoss die wiedererlangte Freiheit zum Wiedereintritt in das wissenschaftliche und gesellschaftliche Leben der Universität Halle. Wie er sein Studium wieder aufnahm, welchen Anteil er an den gesellschaftlichen Forderungen der neuen Studentengeneration nahm, zeigen wenige Einzelstücke. Wie er der Stadt, dann der Universität verwiesen und auch am Berufseintritt behindert wurde, zeigen Polizeiakten. Wie er danach in Bielefeld und mit seinem jüngeren Bruder Otto in Rheda und Schloss Holte neue Fragen der Organisation von Gesellschaft und Arbeit kennengelernt und mitdiskutiert hat, soll im Folgenden gezeigt werden.

11. Hermann Lünings Rückkehr in die Freiheit.

11.1 Hegel, Jean Paul und „revolutionäre[] communistische[] Lektüre".

„Mit Eifer" habe Hermann Lüning seine Studium 1841 in Halle wieder aufgenommen, berichtet sein Bruder August, nennt die fachlichen Schwerpunkte in der Orientalistik und die Namen der Professoren. Die philosophischen und literarischen Interessen gerieten unversehens in neue Akten der politischen Polizei nach einer Hausdurchsuchung am 12.02.1844. Texte[598] und Briefe wurden beschlagnahmt, Hermann mitten in der Examensvorbereitung aus Halle, danach auch der Universität verwiesen. Aus Bielefeld fragte Hermann Lüning beim Kultusminister an, ob er ungeachtet des Verweises von der Universität „zum Examen und zum Staatsdienst zugelassen zu werden Hoffnung habe."[599]

Kultusminister Friedrich Eichhorn holte Auskünfte der Universität und des Innenministers ein. Die Polizei hatte festgestellt, dass Hermann Lüning an einer der allgemeinen Studentenversammlungen in Halle teilgenommen hatte. Die Ereignise des Wintersemesters 1843/44 lassen sich aus der Zeitung rekonstruieren. In Halle war „mit ungefähr vierhundert Unterschriften beschlossen, ein allgemeines Lesemuseum, verbunden mit einem Sprechzimmer, einzurichten. Die Erlaubnis erfolgte, wie man weiß, nicht. Da aber jenes Institut den Studirenden wirklich Bedürfnis war, da sie einsahen, daß es nothwendig sei, sich um die Fragen der Gegenwart mehr zu bekümmern, als bisher, und daß vor allen Dingen ein wahrhaft freies wissenschaftliches Leben nur durch gegenseitiges Austauschen und Prüfen der Ansichten, überhaupt nur in einer festen Gemeinschaft mit andern auf derselben Bildungsstufe Stehenden erblühen könne; so hat schon seit mehren Monaten jede einzelne der hier bestehenden Studenten-Gesellschaften für sich ein Lesezimmer eingerichtet; man liest die ‚Mannheimer Abendzeitung', die ‚Kölnische', die ‚Aachener', die ‚Neue Hamburger Zeitung'; an die Stelle des uralte Bier-Comments sind politische und überhaupt wissenschaftliche Gespräche getreten; die philosophischen Collegia sind stärker besucht, als je [...]."[600]

Der beschlagnahmte Briefwechsel ist bisher nicht bekannt. August Lüning überliefert in einem Brieffragment seines Bruder, es habe ihn in Halle „mit der ganzen Wucht der herrschenden Zeitströmung zu Hegel hin" getrieben. „Ob das Studium Hegel's", so zitiert August Lüning,

> sehr zu meinem Glücke beitragen wird, bezweifle ich fast, aber ich hielt es nun einmal für nothwendig, in die äußerste Tiefe des menschlichen Denkens hineinzuschauen. Mit der Rechtsphilosophie ging es noch so ziemlich; aber jetzt bin ich bei der Phänomenologie[601] – ein heilloses Stück Arbeit. Strengt man sich an, daß die Nerven reißen möchten, um etwas zu fassen, so findet man gleich darauf, daß es eigentlich gar nicht so ist, sondern so, ist es nur ein ‚verschwindendes Moment in der reichen und tiefen Bewegung des Geistes zum Wissen' und so gehts weiter. Nehme ich nach dem Hegel ein Stück aus dem Hiob, dem schwersten Stücke des A. T., so ist mirs als käme ich aus einer Tretmühle an's Spinnrad. Durch dieses Studium werden alle meine früheren Ansichten bunt über einander geworfen, und ohne sich allzusehr zu verändern,

> doch in ganz anderer Ordnung wieder zusammengefügt. Hoffentlich wird das die letzte Phase meiner Bildung sein: vermag ichs, alles Sein zu fassen, wie es Hegel gefaßt hat, dann kann ich hinfort das All, Leben und Geschichte, mit unerschütterlicher Ruhe anschauen und hineindringen, – wenn auch nicht viel heitere Freude und Lust dabei zu erwarten ist![602]

Hermann Lüning hatte Hegel mit seiner Lieblingslektüre „Hoffmann und Jean Paul“ verknüpft:

> J. Paul[603] steht – im Gegensatz zu Göthe – nicht bloß in der äußern Darstellung schon ganz bestimmt am Eingang der neuen Zeit, alle seine Bilder glänzen schon verklärt in den Stralen der neuen Sonne, die glühend über die Trümmer der versunkenen alten Welt emporsteigt. Seine Lehre ist die allgemeine Menschenliebe und die gänzliche Verläugnung alles Egoismus, welches die Grundlage des Republikanismus ist – oder wenigstens sein sollte.[604]

Hegel, „allgemeine Menschenliebe und die gänzliche Verläugnung alles Egoismus, welches die Grundlage des Republikanismus“ sei: diese Begriffe ließen im preußischen Innenministerium in Verbindung mit Jean Paul das Bild eines „heimlichen Jakobiners“ entstehen. In seiner Untersuchung dreier Romane hatte Wolfgang Harich diese Frage verneint[605] und festgestellt, Jean Paul sei „ein mit den Fronbauern verbundener revolutionärer Demokrat gewesen.“[606] Inge Stephan schränkt ein, Harich führe aus, dass Jean Paul „in seinen Romanen Idealgestalten deutscher Revolutionäre“ gestalte und „ein politisches Programm der Umgestaltung Deutschlands entworfen“ habe. Dieses sei, „im einzelnen wegen der Reduktion auf die idealtypische Struktur der Fabeln, der Vernachlässigung der Darstellungsebene und der Mißachtung und Verzeichnung zeitgeschichtlicher Zusammenhänge“ als Versuch, „die ästhetische Vermittlung von zeitgeschichtlichen Realien“ zu deuten, „problematisch“ aber „produktiv“.[607]

Der preußische Innenminister schloss aus dem „Briefwechsel mit seinen Brüdern“ auf „das Einverständniß über eine revolutionaire politische Richtung. Daß bei einer solchen der erweislich fortgesetzt gesuchte Verkehr mit den Studenten namentlich solchen die sich excentrischen Richtungen hingaben sehr bedenklich war und zumal bei den Bewegungen die sich neuerlich unter diesen auf der Mehrzahl der Universitäten gezeigt haben, nicht geduldet werden konnte, lag zu Tage, und es erschien daher so gerechtfertigt als nothwendig, den p Lüning aus Halle zu verweisen." Nach allem, was über den p Lüning vorliege und sonst ihm bekannt geworden sei, bleibe der Verdacht, dass Hermann Lüning „von der verderblichen Richtung, welcher er der gemachten Erfahrungen ungeachtet, noch immer anhängt, schädlichen und gefährlichen Gebrauch"[608] machen werde. Für den Innenminister waren die Lüning-Brüder gleich schlimm: Hermanns „landflüchtig in der Schweiz" lebender Bruder August" sei „wegen ähnlicher Vergehen verurtheilt,"[609] Bruder Dr. Otto Lüning „in Rheda, der sich neuerdings destructiven Richtungen mit einem fast fanatischem Eifer hingegeben hat", sei „nämlich wegen Majestäts-Beleidigung u. Erzeugung von Mißvergnügen zur Criminal-Untersuchung gezogen." Er sei „derselbe, der durch seine politische Richtung, wie die Zeitungen gemeldet haben, Ausbrüche des Volksunwillen gegen sich erregt" habe.[610]

Hermann Lüning nahm sich nach seiner Verbannung aus Halle das freie Wort. Danach können die Untersuchungen des Oberlandesgerichts Paderborn zeigen, wie mit aufgeklärtem Rechtsverständnis die Ausdrücke des gebündelten polizeilichen Missvergnügens über Otto Lüning geklärt worden sind.

11.2 Hermann Lünings Rückkehr in polizeilichen Verdacht.

Kultusminister Eichhorn unterrichtete Vincke über Hermanns Wunsch nach einer Zulassung zum Examen und einer anschließenden Anstellung als Lehrer. Er stellte den Kandidaten mit den Auskünften vor, die er von der Universität erhalten hatte, darüber hinaus erwähnte er den beschlagnahmten Briefwechsel mit seinem Bruder August, der sich „über den Communismus verbreitet" habe. Es ginge zwar „daraus nicht hervor, daß der Kandidat Lüning als Propagator dieser Lehre aufgetreten sei, oder aufzutreten beabsichtige, wohl aber nach einer Aeußerung des Herrn Ministers des Innern, welchem die Papire" vorgelegen hätten, „ein Einverständniß in einer revolutionären politischen Richtung." Vincke möge dafür sorgen, dass dem Kandidaten in der „Prüfung Gelegenheit gegeben werde, insbesondere auch von seiner Gesinnung Zeugniß abzulegen."[611] Lüning verstand die Prüfungszulassung unter dem Vorbehalt, er müsse „zuvörderst noch durch ein ferneres völlig tadelfreies *Verhalten* den Beweis liefern", dass er „nicht unwürdig" sei, „als

Lehrer angestellt zu werden"[612], als eine – wie sein Bruder überliefert – „höhnische" Absage: „als Lehrer werden Sie nie eine Anstellung in Preußen finden, Sie haben durch Ihre Gesinnung wie durch Ihr Verhalten bewiesen, daß Sie zu einer solchen Stellung nicht geeignet sind!"[613] Eine Stelle als Privatlehrer „für alte Sprachen, Deutsch, Geschichte und Geographie" trat er Juli 1845 in Zürich an. Im Sommer 1845 reisten Vater und die Geschwister Luise und Otto zu August und Hermann über Köln und Mannheim in die Schweiz.

11.3 Hermann Lünings freies Wort in der politischen Bewegung Westfalens der 1840er Jahre.

Zwischen dem Verweis aus Stadt und Universität Halle und der Auswanderung in die Schweiz war Hermann Lüning in Bielefeld in ein ungewohntes politisches Leben geraten, in dem seine Geschwister Luise und Otto für die Gesellschaft neue Wege zur „gänzlichen Verläugnung alles Egoismus" suchten. Sie bewegten sich in philosophischen, sozialen und ökonomischen Diskussionen mit gleichgesinnten Gesprächspartnern. Hermann Lüning hatte vor dem Untersuchungsrichter ausgesagt, er halte sich „zur Unterstützung einer *Revolution für verpflichtet*", weil er sehe, dass er *„dem Volke nach Kräften zu nützen* [habe], *vorausgesetzt, daß das Volk eine Revolution*[614] *für gut hielt*". Bevor die Revolution zum Thema wurde, fasste sein Bruder Otto das politische Ziel als publizistische Aufgabe: „dem Volke den Geist, die Prinzipien der Regierung zu deuten, ihm den leitenden Gedanken derselben klar zu machen, ihm ein deutliches Bild von den politischen Zuständen der Welt und des Vaterlandes insbesondere zu geben, und ihm den Stand des menschlichen Bewußtseins, den Grad der menschlichen Bildung zu veranschaulichen."[615] Hermann schrieb das um ins Konkrete: mit „Nachbar Knolle", umgeben von andern Bauern und einem Schneider, nahm das Volk Gestalt an. Im „Wirthshaus" hielt Knolle „das Weser-Dampfboot in der Hand", durch den ausdrücklichen Ausschluss von Hof- und Manöverberichten im Sinne Ottos als eine „richtige" Zeitung ausgewiesen. In einem Lehrgespräch erklärte er die Ablehnung der „Heidenmission" als Alternative zum neupietistischen Protestantismus, um „im eignen Lande" der „Noth, Armuth und Verwahrlosung" zu begegnen.[616] In einem Verein zur Bekämpfung der Trunksucht solle man „aus freiem Willen" mitwirken, nicht

„äußerlichen Rücksichten" folgen. Hermann Lüning deutete „den Geist, die Prinzipien der Regierung" im Bild vom historischen preußischen Reformstaat. Dieser ziele darauf ab, dass die Dorfbewohner die öffentlichen Angelegenheiten als eigene „Angelegenheiten" begreifen und lernen sollten, „daß sie ihre Angelegenheiten wirklich selbstständig" verwalten und einen „lebendigen Sinn für ein thätiges öffentliches Leben und für's Gemeinwohl erlangen" könnten.[617] Hermann ließ Knolle über Erfahrungen in England berichten und bedauern, daß das „vortreffliche Büchlein" des Oberpräsidenten Vincke[618] über die Selbstverwaltung in England „jetzt leider fast ganz vergessen" sei. Wie ein lebendiger „Sinn für ein thätiges öffentliches Leben und für's Gemeinwohl"[619] wirken konnte, beschrieb er am Beispiel Griechenlands „als die Art und Weise, mit welcher das griechische Volk in e i n e r Nacht seine Staatsform veränderte und aus einem absoluten Staate ein constitutioneller ward."[620] „Die begeisterte Theilnahme der Völker gewährte den Griechen eine Unterstützung, welche die Regierungen nicht leisten konnten oder wollten". Dabei habe der „österreichische Beobachter" „die Griechen, die lieber kämpfend fallen als sich wehrlos schlachten lassen wollten, Rebellen gegen ihren legitimen Herrscher" genannt.[621] „Laut wurde eine Constitution gefordert, aber die Stimme des Volkes erreichte den König nicht"[622], schrieb Hermann Lüning nach dem Bericht über den Erfolg im griechischen Befreiungskrieg. Die Pressefreiheit ermögliche den Austausch unterschiedlicher Meinungen zum Wohle des Staates:

> die Parteien, die früher gegen einander nur intriguirten, sind sich offen entgegen getreten, und befämpfen sich mit aller Kraft auf dem Gebiete der freien Presse; dadurch werden sie sich ihrer Bedeutung, ihres Gehaltes und ihres Gegensatzes bewußt, und dadurch hebt sich die politische Bildung, und die Einsicht in das, was dem Vaterlande Noth thut, muß fröhlich gedeihen.[623]

Zu den Verschwörungserzählungen außerhalb der literarischen Diskussion gehörten die Geschichten zweier als Besenbinder hausierender Burschen aus Brackwede. Sie wirken fragmentarisch, wie ein „revolutionäres Allerlei" und handeln von einer gewaltigen Verschwörung unter Anführung des Bleichers Veerhoff zu Ummeln. Landrat Graf Merveldt in Beckum nahm zu Protokoll[624], „wohl tausend Mann in der Umgegend" seien bereit zur Abschaffung von Kirche und Staat, seien entschlossen „künftig keinen Gott und keine Religion anzuerkennen," die Beamten „schon Morgen – Sonntag – in 14 Tagen" „bis auf einen Secretair" zu entfernen. Es werde „täglich von Revolution und dergleichen gesprochen." Zu den Plänen des Veerhoff gehöre unter anderem auch, „die Maschinen, die den Webern Schaden thun, zu zerstören. Die Soldaten sollten auch nach 2 Jahren activem Dienst keine Uebung mehr mitmachen, beim Abschiede ihre Kleider behalten, jeder Arme so gut, als der Reiche solle Officier werden können." Die Denunziation führte zur Verhaftung einiger 40 Bleicherknechte mit schließlichem Freispruch durch das OLG Paderborn, das lediglich die Kosten den Denunzianten auferlegte.

11.4 Hermann Lüning – Naturfreund und Sozialreporter. Die Lage der Weber und Spinner im Ravensbergischen.

Im Laufe des Jahres 1845 wandten die Lünings ihr Augenmerk hin auf die konkreten gesellschaftlichen Verhältnisse in Ravensberg. Im 2. Halbjahr 1845 veröffentlichte Moses Heß im Gesellschaftsspiegel[625] in den Heften 3-6 Hermann Lünings Bericht über „die Lage der Weber und Spinner im Ravensbergischen". Heß setzte ihn unter die Überschrift „Die gesellschaftlichen Zustände der civilisirten Welt", behandelte „Pauperismus und Proletariat in Belgien" und stellte Lünings Text neben Bericht und Ausschnitt aus Friedrich Engels'[626] Reportage „über die Lage der arbeitenden Classen in England", Georg Weerth[627], „Der Gesundheitszustand der Arbeiter in Bradford, Yorkshire, England" und eine aktuelle Reportage über die Not im Ahrtal. Ein Blick auf die Tagung der Industriellen beim Handelsamt in Berlin öffnete die Perspektive auf Preußen und Deutschland und auf eine neue Wahrnehmung. Darin hieß es: „Bei dem gegenwärtigen Zustande kann es unmöglich bleiben. Etwa zwei Drittheile der Spinner, deren Zahl man auf 100,000 veranschlagt, arbeiten ganz umsonst. Selbst das Bestehen der guten Spinner wird mit der Zeit zweifelhaft. Ein guter Feinspinner verdient jetzt im Tage nur 2 Sgr. und ein Spinner für Garn 2ter Qualität nur 7 Pf. Die Lage der Weber ist etwas besser, als die der Spinner, aber dennoch höchst übel." Weiter hieß es in dem Bericht über die Wahrnehmungen der Herren der Industrie, sie „zeigen ein allgemeines Einverständniß darüber, daß im Interesse der gedrückten Landwirthschaft (?) und der zahlreichen, von der Leinwand-Industrie lebenden

Bevölkerung Schutz gewährt werden müsse"; – „aber, man staune! Nicht der darbenden Bevölkerung, nein ‚der Flachsmaschinenspinnerei' solle der kräftigste Schutz gewährt werden!"[628] Der Bericht war der „Trier'schen Zeitung" entnommen, verfasst von deren Redakteur Joseph Weydemeyer[629], verlobt mit Luise Lüning. Weydemeyer schrieb den Bericht über die Berliner Industriellen-Tagung einem „Anwesenden aus Bielefeld" zu, „dessen Vortrage ein Anwesender aus Holte in Westphalen beistimmte." Hermann Lünings Bericht über „die Lage der Weber und Spinner im Ravensbergischen"[630] war in einem größeren Kreis angekommen, dessen Mitglieder die sozialen Verhältnisse in den europäischen Industriegebieten – wie in den beiden Veröffentlichungen gezeigt – untersuchen und verbessern wollten. Sie hatten sich auch mit der „Emeute Pariser und Lyoner Art" befasst.[631]

Vom Kamm des Teutoburger Waldes „überschaust du" – so sprach Hermann Lüning die Leserinnen und Leser an – „eine weite, blühende, fruchtbare Ebene. Diese Ebene ist anzuschauen wie ein großer herrlicher Garten, wie ein Park in größtem Styl. [...] In diesem schönen Garten, denkst Du, kann es nur glückliche Menschen geben, die blühenden Fluren zeugen von der Fruchtbarkeit des Landes, die freundlichen Häuser mit den netten rothen, halb in Laubgrün versteckten Ziegeldächern von der Reinlichkeit, dem Geschmack und der Wohhabenheit der Bewohner. Ja wohl! Schlesien ist auch eine schöne Gegend – von dem Donjon[632] der Festung Silberberg habe ich oft mit Entzücken die weite Ebene, die sich am Fuß des Eulengebirges hinzieht, betrachtet [...]."

Die Anrede lenkt den Blick auf die Menschen in der weiten Landschaft. Sie erinnert an die Festungshaft des Verfassers und fordert das Glück der Menschen ein. „Am Fuße des Eulengebirges" hatte der Leser Peterswaldau und Langebielau kennen gelernt, die Orte des Weberaufstandes ein Jahr zuvor. Mit diesem Widerspruch ging es – frei nach Heinrich Heine – aus der schönen Sennelandschaft zur Armut derjenigen Bewohner, die in

> Hütten und feuchten Stuben, in welchen die Menschen zusammengedrängt wie Schafe, vom frühen morgen bis zum späten Abend rastlos arbeiten, um den nothdürftigsten Lebensunterhalt zu gewinnen. Kömmt noch Krankheit hinzu – und das Nervenfieber[633], die herrschende Seuche unserer Gegend, ist vorzüglich in diesen dumpfen Hütten heimisch – dann treten Hülflosigkeit und Hunger in ihrer grauenhaften Gestalt auf [...] das Schlimmste ist, daß die

rüstigeren, arbeitsfähigen Personen meistens zuerst vom Nervenfieber ergriffen werden.[634]

Lüning will sich nicht auf Überlegungen zur Handelspolitik einlassen, er geht auf die Menschen zu, um „nur die gegenwärtige Lage“ der Ravensberger „Spinner und Weber zu schildern“[635]. In Zahlen beschreibt er die Entwicklung und Einzelheiten der Leinenproduktion bei Spinnern und Webern, den Bevölkerungszuwachs, bildet drei Klassen von Spinnern, 33% – 59% – 8% –. Lüning rechnet vor, wie für alle drei Klassen das Leben nur noch aus Arbeitsstunden bestehe; bei dem am besten gestellten Drittel würden „3-4 Personen [...] ihren Unterhalt gut (sic) gewinnen können“ und „in der günstigsten Lage des geschickten Spinners ist die einzige Erholung der Besuch der Kirche und der Gang zum Kaufmann, dem sie ihr Garn hintragen.“[636] Die unterste lebe nur noch in „kümmerlicher prekäre[r] Existenz“[637], doch auch die sei noch gefährdet. Über die Existenz der Klasse an der Grenze zwischen Arbeit und Tod sagt Lüning, dass sie „von dem aus der Armenkasse gereichten Pfennig ihr kümmerliches Dasein bis zum frühen Grabe hinschleppt.“[638]

„Der Mensch muß arbeiten, das versteht sich; er ist von Natur arbeitsam und thätig, was ihr an jedem Kinde sehen könnt; wer aber den ganzen Tag eine einförmige, ermüdende und mechanische Beschäftigung verrichten muß, bloß um den nothdürftigsten Lebensunterhalt zu gewinnen, der kann weder Geist noch Körper ausbilden; beide müssen verdumpfen und verkrüppeln.“ Lüning skandalisiert die herrschende Auffassung der Liberalen, „daß eine große Menschenklasse, die wir gesetzlich und theoretisch als frei und gleich anerkennen, für uns diese niederen mechanischen Arbeiten verrichtet, und sich dabei schlimmer befindet, als die Sklaven zu Athen.“ Inzwischen seien Maschinen erfunden, „welche diese niederen, Geist und Körper ertödtenden, mechanischen Arbeiten verrichten;“ die aktuellen Verhältnisse verhinderten, dass die Maschinen „die Menschheit freier und glücklicher“ machen.

Als der Beitrag erschien, hatte Hermann Lüning bereits Preußen verlassen. Weitere Artikel sind nicht unter seinem Namen im Westphälischen Dampfboot erschienen. Die Schweiz wurde zu seiner neuen Heimat.[639]

Schloss Holte.
Westphalen's Schlösser und Burgen, hrsg. von Alexander Duncker, [nach 1872],
Verlag: Berlin, Alexander Duncker.
Stadtarchiv und Landesgeschichtliche Bibliothek Bielefeld.

12. Otto Lüning: Das westphälische Dampfboot, der Kommunismus und die Emanzipation der Frau.

12.1 „Das Wort Kommunist bietet Gelegenheit zu einem wohlfeilen Witze".

Sozialismus und Kommunismus kennzeichneten im Gesellschaftsspiegel und im Westphälischen Dampfboot die Richtung, die der Innenminister „destructiv", Lünings Engagement in dieser Sache einen „fast fanatischen Eifer"[640] genannt hatte. Sie sind verbunden mit Holte, einem kleinen Ort 20 km südöstlich Bielefelds, mit dem Schloss des Gutsbesitzers und Industrieunternehmers Friedrich Ludwig Tenge – Niederbarkhausen. Schwiegersohn

Julius Meyer knüpfte die Verbindungen.[641] „Von diesem Kreise mit Jubel empfangen, schloss sich Hermann Lüning, „der ‚Märtyrer der Polizei' (wie er sich später scherzweise zuweilen nannte), mit seinem Freiheitsdrang, mit seinem unverwüstlichen Humor demselben an; die Gegenwart war so licht, daß kein Zukunftsnebel dieselbe verdüstern konnte." August Lüning nannte diese Welt als „vom Geiste der Neuzeit ergriffen." „Bruder Otto hatte sich an die Spitze[642] der politischen Bewegung in Westfalen gestellt und derselben, unterstützt von einem zahlreichen Kreise Gleichgesinnter, einen mächtigen Impuls gegeben"[643]. „Gemeinsam mit Karl Marx, Moses Heß, Friedrich Engels[644], Carl Grün und Hermann Püttmann war [Otto Lüning] eine der aktivsten literarischen Persönlichkeiten seiner Zeit"[645]. Buchhändler Helmich[646] vermittelte die Literatur und verlegte in Bielefeld die erste Ausgabe des Westphälischen Dampfboots.

„Communismus" und „Socialismus" kamen als neue Wörter in ökonomischen und sozialen Erörterungen in Gebrauch und noch ehe sich die Schreibweise auf „Kommunismus" und „Sozialismus" abgewandelt hatte, wurde darum gestritten, welches der „wahre Socialismus" sei.[647] Ebenso schnell wurden menschliche Eigenschaften und Merkmale zu Gruppenbildern, mit denen Personen beschrieben werden sollten, um sie herauszuheben oder anzugreifen. Um zu zeigen, wie weit die Themen reichen konnten, in die diese Begriffe eingesetzt waren, sei August Lüning zitiert[648], „Pfarrer Sprüngli von Thalweil", habe den Teilnehmern einer Pestalozzi gewidmeten Gedenkfeier Pestalozzis Bild „in religiöser, pädagogischer und s o c i a l e r Beziehung vor Augen" geführt; „in letzterer Hinsicht sagte er unter andern: ‚Ja, Pestalozzi war ein Kommunist, nicht ein Anhänger des Kommunismus, welcher seine Consequenzen bis in's Absurde zieht; aber gewiß war er ein Anhänger der menschenfreundlichen Ideen, welche dem Kommunismus zum Grunde liegen.'"

In einer Fußnote bemerkte „die Redaktion", die „Absurditäten" seien „an den S y s t e m e n einiger Kommunisten (Weitling[649], Cabet)" auszumachen, hinzu kämen „die lebhafte Phantasie, die Unkenntniß oder der böse Wille der Gegner", mit unsinnigen Programmzuschreibungen „(Weibergemeinschaft, gleiche Gütervertheilung [...])". Es gehe dem Kommunismus um die Verwirklichung „einer w o h l o r g a n i s i e r t e n G e s e l l s c h a f t, welche einem Jeden gegen eine m e n s c h l i c h e A r b e i t, die ihn nicht verthiert und verdumpft, sondern die ihm G e n u ß ist, eine behagliche m a t e r i e l l e Existenz s i c h e r t [...]"[650].

Dr. Otto Lüning (1818-1868).
400/3 Fotosammlung Stadtarchiv und Landesgeschichtliche Bibliothek Bielefeld.

Die Benennung „Communisten" sei noch gar nicht üblich in Ostwestfalen-Lippe gewesen, sondern sei „erst allmählich im Winter 1844/45" aufgekommen, heißt es in der Dokumentation eines „Ehrengerichtsverfahrens."[651] Oberst Menckhoff gab dort zu den Akten, er habe sich

> im Herbst 1844 in Münster beim versammelten Officiercorps gegen das Treiben der Communisten ausgesprochen, und die Officiere ernstlich ermahnt, jeden Umgang mit solchen Leuten, die das Heiligste mit Füßen treten und das Bestehende niederreißen möchten, zu vermeiden und wie die Pest zu scheuen. Rempel und Helmich sollen, wie der allgemeine Ruf sagt, der socialistisch-communistischen Parthei angehören.[652]

1846 war das negative Bild abgerundet; es wurde dem Leutnant Anneke zur Begründung seiner Entlassung aus der Armee vorgehalten, „bei seiner Bildungsstufe" habe er die Ansichten der Communisten nicht nur „blos auf die Verbesserung des Looses der leidenden Menschheit gerichtet" ansehen dürfen; vielmehr dürfe ihm nicht unbekannt geblieben sein, „wie das Streben der Communisten auf eine völlige Umgestaltung" der „socialen Verhältnisse, auf die Vernichtung von Kirche und Staat", wie sie gegenwärtig seien, gerichtet sei. Es hätte ihm nicht unbekannt bleiben können, „daß die Communisten, wenn sie auch von friedlicher, gesetzlicher Entwicklung reden und den revolutionären Weg ausschließen" wollten, „die Umgestaltung dadurch zu erreichen" strebten, „daß sie die untere Volksklasse zu befähigen" trachteten, „sich durch eigene Kraft in eine andere Lage zu versetzen, was nur auf revolutionärem Wege geschehen" könne.[653] In einer Ansprache „an die sämmtlichen Officiere und einjährigen Freiwilligen der ihm unterstellten Infanterie-Regimenter beim Manöver" habe der „Generallieutenant von Tietzen" ausgeführt, „Socialist und Communist sein heiße, „den erhabenen Intentionen Sr. Majestät den Rücken wenden". Der Communismus wolle „Alles gleich machen, dem ruhigen Bürger sein wohlerworbenes Eigenthum nehmen und vertheilen. Alle Mittel" seien „ihm heilig: Sengen, Brennen, Rauben, Morden. Eine solche Pestbeule" sei „der Communismus". Er werde „gepredigt von nicht klugen, aber geistreichen Leuten", und sei „deshalb gefährlich für junge, unerfahrene Gemüther."[654] Das literarische Bild aus den 1790er Jahren hatte den Jakobinern und damit den Demokraten umfassend blutrünstige Absichten zugeschrieben. Als Beispiel sei Heinrich Würzer zitiert, der bei dem Wort Jacobiner in Revolutionen „an Kopfabschneiden, Ersäufen, Septembrisiren und andere dergleichen Abscheulichkeiten" denken ließ. Den demokratischen Dialogpartner ließ er sagen,

> den schrecklichen Grundsatz, daß der Zweck die Mittel heilige, können Sie mir unmöglich zutrauen, und eben so wenig werden Sie glauben, daß ich den Sieg der Freiheit darin seze, alle monarchische und aristocratische Regierungsformen auf eine ungestüme Art abzuschaffen, und Staaten von mehrern Millionen Menschen eine reine Democratie aufzudringen.[655]

Lorenz Stein[656] übernahm in der folgenden Generation diese Begrifflichkeit; der „Communismus" sei „zum Theil mit dem Republikanismus eng verschmolzen", es scheine „als ob er hauptsächlich nur die wildeste Seite der Demokratie enthalte; [...] indem er die Gütergemeinschaft predigt, tritt er als die Negation des persönlichen Eigenthums auf [...]."[657]

Otto Lüning erklärt satirisch einem „ruhigen Bürger" die Begriffe. Hier zu Lande nenne man „die Sozialisten fast immer Kommunisten, obgleich der Sozialismus wesentlich vom Kommunismuis verschieden" sei. „Aber Kommunist", das laute „schrecklicher; daran knüpfen sich ganz von selbst Gedanken an Freiheit, Gleichheit und Gütergemeinschaft, und von da bis zur französischen Revolution und zur Guillotine ist's bekanntlich nur ein Sprung. Zudem" biete „das Wort Kommunist Gelegenheit zu einem wohlfeilen Witze" und den dürfe „man sich nicht entgehen lassen". Pfarrer sagten, sie seien „Gottesläugner und Kommunisten; und der Polizeimann brummt: Herr, sind Sie des Teufels? Sehen Sie denn nicht, daß all das schöne Gerede, was diese Kommunisten und Demagogen vollführen, nur darauf hinaus läuft, uns an die Kehle, oder wenigstens an den Beutel zu kommen? Erschrocken greift der ruhige Bürger an seine Tasche und an seinen Hals ; er weiß zwar durchaus nicht, was ein Sozialist oder ein Kommunist für ein Kerl ist, ob ein Menschenfresser, oder ein Lämmergeier"; die Worte: „Gottesläugner", „Demagog" klängen doch „so schauerlich"; sie röchen

> förmlich nach Schwefel, als stammten sie direkt aus dem Höllenpfuhle her. Zudem hat er von seinem Halse und seinem Beutel allerlei verfängliche Dinge anhören müssen – – ja prosit die Mahlzeit! Laß ihm diesen

> Fortschrittsmenschen nur wieder einmal zu nah auf den Leib kommen, dann wird er ihm schon die Zähne zeigen.[658]

12.2 Emanzipation – „eine Kategorie wie der politische Freiheitstraum".

Die Polemik gegen den Kommunismus suchte in den Vorwürfen von „Weibergemeinschaft" und „Gütergemeinschaft" schon in der Begriffslogik den Beweis für die Kritik. In Ravensberg stand am Anfang eine offensichtlich frei erfundene Geschichte, verbunden mit den Namen real existierender Personen. Der Erzähler verunglimpfte die öffentliche Beteiligung von Frauen an der Erörterung politischer Fragen, indem er behauptete, Luise Lüning werbe mit den Worten, „ein emancipirtes Frauenzimmer" nähme „jeden ehrlichen Kerl zu sich in's Bett"[659] für ein promiskuitives Sexualverhalten, „Weibergemeinschaft" hatte es die Redaktion genannt.

Das Westphälische Dampfboot hatte sich in vier anonymen Beiträgen zur Emanzipation der Frau geäußert, zwei waren von Frauen verfasst.[660] „Eine Tochter Evas" forderte die Gleichstellung der Frau, „ohne erst von dem Manne Befugniß zu haben."[661] Sie wollte die „Fortschrittlichkeit"[662] der „Gesellschaftsordnung" daran messen, „wie die weiblichen Mitglieder eines Staates behandelt und symbolisch repräsentiert werden." Die Verfasserin nahm in satirischer Form die romantische Bewegung zur Errichtung eines Hermannsdenkmals auf; als Männerdenkmal „für Adam" sei es durch „ein Denkmal für Eva" zu ergänzen. Werde es hoch genug aufgestellt, dürfe es auch „jüdisch oder demagogisch aussehen"[663]. Die Autorin stellt so das Bild der selbstbewussten Frau neben die bisher häufigsten Ziele aggressiver sozialer Vorurteile. Ohne das gleichberechtigte Nebeneinander von „Adam" und „Eva" seien auch die laufenden gesellschaftlichen und politischen Diskurse ein Nichts; „ihr evangelischen Kirchenzeitungen" hättet „weder Gegner, die ihr verketzern könntet, noch Abonnenten. Und Beides wäre doch sehr schlimm für euch." Für „Conservative" und „Radikale" „gäb's weder etwas zu conserviren, noch zu kritisiren".[664] Die Verfasserin einer Entgegnung auf diesen Beitrag[665] machte das „Westphälische Dampfboot" und die „sociale Bewegung" zum Thema. Den Widerspruch „des Herrn ††† gegen den Gleichberechtigungsanspruch[666] der Frau" wertete sie als einen „Beitrag zur Geschichte männlicher Incompetenz, über Frauen zu urtheilen" und schade „einem Blatte", das sich bemühe,

„die Tendenz der Vorkämpfer unsrer Zeit zu vertreten."[667] Im Stadium „der „gegenwärtigen Verfassung" könne „der ungleiche Kampf" der Frauen „mit dem egoistischeren Manne" „keine völlige Lösung bringen". Die Frau möge erkennen, „welchen Impuls sie selbst gibt durch ihr erwachendes Selbstbewußtsein", „damit in der Anerkennung des Menschen Weib und Mann zugleich aufgehen."[668] „Wer die Frau beschränken" wolle, „sei es in Anerkennung ihrer geistigen Fähigkeit, oder durch Vorschreiben praktischen Verhaltens, dem mangelt es an dem lebendigen Funken, der alles Große, Schöne und Gute schafft. – –"[669] Die Entgegnung auf diesen Beitrag[670] blieb ohne weitere Antwort. Die Redaktion machte sich das Thema nicht zueigen.

Die sonst fortschrittliche Publizistik wie der Gesellschaftsspiegel nahm den Anspruch auf Gleichberechtigung nicht auf, amüsierte sich über den Unterhaltungswert und wies auf die Schranken, welche das Ebenmaß einer natürlichen Lebensäußerung erfordere. Was davon abweiche, sei nichts als Unnatur, zugleich aber finde sie ihre notwendige Entschuldigung in den jetzigen gesellschaftlichen Zuständen, in welcher den Frauen sowohl wie den Männern eine freie Entfaltung des eigenen natürlichen Wesens nicht gestattet sei, und eine Reaktion gegen diese unnatürliche Stellung sehr oft über dieses Ebenmaß einer natürlichen Lebensäußerung hinausschlagen müsse.[671]

Emanzipation der Frauen hatte Karl Grün am 28.04.1844 in Bielefeld als ein sperriges Element in jedem Politikentwurf erklärt: jedes politische Ideal stoße sich den Kopf ein an dem Wesen und der Bestimmung des weiblichen Geschlechtes.[672] Er habe stets gefunden, daß die Frauen die schwärmerischesten Anhänger des Sozialismus seien, dass sie eine Ahnung besserer Welten überkomme. Allerdings könne die Politik keine Proletarier und keine Weiber emanzipieren: dies sei nur die Kehrseite von dem Satze: Sie kann die Arbeit nicht organisieren. Grün erklärte „die Cultur dieser Erde, die Arbeit ihrer Verwaltung", den „Gewinnst ihrer Produkte" zur „Sache der Menschheit. Alle arbeiten und Alle genießen". Die Natur solle „der Spiegel des Geistes, sein materielles Ebenbild sein", „sobald diese Menschen nur wirklich frei" seien, „sobald es keine Proletarier und keine Sclavenweiber mehr" gebe, „Organisation der Arbeit" heiße die Kunst, dies auf den Weg zu bringen. Otto Lüning hatte eine Gedichtsammlung[673] mit der „Zueignung an eine Freundin" eingeleitet und den Sätzen geschlossen:

Freiheit heischen meine Lieder;
Frei ist auch der Frauen Sinn,
Und die Zeit pocht auch ans Mieder: –
Nimm mein Lied denn freundlich hin!
Was ich hoffe, was ich dachte,
Was mich schmerzt und was mich freut,
Wenn ich fluchte, wenn ich lachte: –
Sieh, ich bin ein Sohn der Zeit.[674]

Die „Zueignung an eine Freundin“ hatte nicht den Weg in das „Westphälische Dampfboot“ genommen. Sie blieb in dem kleinen Buch „Gedichte“, das August Lüning in der ersten Hälfte des Jahres 1844 in Schaffhausen unter Ottos Namen veröffentlicht hatte.

Die Gedichtsammlung erreichte über die Polizei den Zensor. Sein Testat verglich Lünings Gedichte mit den „Liedern eines norddeutschen Poeten“[675] und den „Liedern eines Gefangenen.“[676] Es sei Lünings „Versbau gewandter, der Radikalismus in eine minder rohe und brutale Form eingekleidet, und in einzelnen Gedichten [walte] ein unverkennbarer poetischer Gedanken-Flug. Der Geist, welcher die beiliegende Sammlung dictirt habe, sei derselbe, welcher in Herwegs[677] Gedichten walte.“ Nach einem Bericht über einzelne „bemerkenswerthe“ Gedichte urteilte der Zensor, er glaube nicht, „daß diese Sammlung geeignet sein möchte, einen besondern nachhaltigen Eindruck bei den Lesern zurückzulassen.“[678]

13. Otto Lünings „Schmähgedicht“ über den deutschen Bund und „Majestätsverbrechen“.

Die Polizei konnte die in der Schweiz erschienene Gedichtsammlung der Person des schon bekannten Rhedaer Arztes Otto Lüning zuordnen, weil Briefe und Abschriften von vier in der Druckausgabe enthaltenen Gedichten[679] am 12.02.1844 in Halle bei einer „polizeilichen Revision“ der Wohnung Hermann Lünings aufgefunden wurden. Die Polizei las auch aus den Briefen, dass die Brüder August, Hermann und Otto Lüning in ihrer Korrespondenz das Einverständnis über eine revolutionäre politische Richtung erkennen ließen.[680] August war in der Schweiz vor polizeilichen Maßregeln geschützt, bei Hermann reichten die Erkenntnisse für ein Ermittlungsverfahren nicht aus, einzig Otto bot mit dem in der Schweiz erschienenen Gedichtband den Anlass zu einem Verfahren, das die bloße politische Missliebigkeit Lünings bisher nicht ermöglicht hatte. Innenminister v. Arnim verknüpfte die Zensurangelegenheit mit dem Stand der staatspolizeilichen Ermittlungen über Otto Lünings „kommunistische Umtriebe" in Bielefeld. In der Gedichtsammlung[681] seien die durch das Strafgesetz gezogenen Grenzen überschritten. Ein Gedicht schmähe den Deutschen Bund, ein anderes sei „als Majestätsverbrechen" anzusehen. Das in Halle aufgedeckte „Einverständnis über eine revolutionäre politische Richtung" sei im Zusammenhang „mit der Herausgabe des Weser Dampfboots" zu bewerten und zeige, „wie nothwendig" es sei, „gegen ein in solcher Absicht unternommenes und in solchen Tendenzen sich fortbewegendes Unternehmen mit aller Energie einzuschreiten." Vincke solle gegen Otto Lüning unter Hinweis auf diese Briefe ein Ermittlungsverfahren beim OLG Paderborn erwirken und Vizepräsident Ebmeier unmittelbar einbeziehen. In einem persönlichen Begleitschreiben sollte der Wunsch anklingen, bei einer Beschlagnahme der Papiere des Otto Lüning einen besonders zuverlässigen Beamten hinzuzuziehen, damit er diese Papiere im Hinblick auf verdächtige politische Strömungen in Bielefeld einsehen könne.[682]

14. Beginn der gerichtlichen Untersuchung in Rheda.

Das Gericht eröffnete die Untersuchung nach Vinckes Anzeige[683] und verordnete auch die Beschlagnahme der Papiere des Beschuldigten bei Teilnahme des Landrats, allerdings unter richterlicher Aufsicht. Gegenüber der Wohnung war ein „Gendarm" postiert, unter Beteiligung eines bewaffneten Polizeidieners durchsuchte die Gerichtskommission am 13. Juli die Wohnung. „Nachdem sie alle meine Scripturen einschließlich der Papirschnitzel aus dem Papirkorb, jedoch mit Ausschluß meiner Rechnungen an sich genommen hatte, [habe sie] für nöthig befunden, einen Theil meiner Bücher zu entführen, obschon ich dieselben zu meinen literarischen Beschäftigungen stetig gebrauche", beschwerte sich Lüning folgenden Tags. „Sollte ich wider Erwarten wegen anderweitiger Vergehen, welche mir von der Untersuchungskommission nicht angedeutet sind, angeschuldigt sein, so bitte ich mir diese bekannt zu geben." Landrat Trzebiatowski aus Rheda wusste,

Carl Heinrich Ebmeier (1793-1851), Abgeordneter der Paulskirche.
Aus: Rainer Koch, Patricia Stahl, Roland Hoede, Leoni Krämer, Dieter Skala. Die Frankfurter Nationalversammlung 1848/49 – Ein Handlexikon der Abgeordneten der deutschen verfassungsgebenden Reichs-Versammlung, 1998.

wonach er zu suchen hatte. Er hatte am 28.05.1844 der Regierung in Minden von der Steigerung liberaler Aktivitäten zur „Verwerfung aller religiösen und staatlichen Einrichtungen" in Bielefeld, Gütersloh und Rheda[684], nun aktuell von der Durchsuchung bei Otto Lüning berichtet. Regierungspräsident Richter schrieb, „sollten sich bei Durchsicht dieser Papire irgend etwas ergeben, wodurch das polizeiliche Interesse berührt" werde, so ersuche er „um dessen gefällige schleunige" Übersendung.[685]

Vizepräsident Ebmeier, Präsident des Strafsenats am OLG Paderborn, antwortete dem Regierungspräsidenten, „die für die Untersuchung kompetente Behörde" sei das Inquisitoriat bem OLG, ihm habe er die Akten und das Schreiben übersandt.[686] Er räumte auf Lünings Beschwerde hin die „zu weite Ausdehnung“ der Beschlagnahme ein und ordnete die Rückgabe an. Lüning bestätigte, dass die Siegel seit der Beschlagnahme unversehrt waren; das Protokoll der Rückgabe spricht von drei Paketen, nennt deren Inhalt, auch die Titel der Bücher, bezeichnet die Briefe, Lünings Entwürfe und Arbeiten. Mit Ausnahme der Stücke, welche auf Verfertigung, Druck und Verbreitung der Gedichte sich bezogen und der auch vorgefundenen sechs Exemplare der Gedichte erhielt Lüning durch einen Gerichtskommissar sein beschlagnahmtes Eigentum zurück. Lüning hatte sich bereiterklärt, die Stücke „wieder zur Einsicht abzuliefern, wenn solches für nöthig erachtet werden mögte. Es war dieser Ausweg nur deshalb getroffen, da es sich augenblicklich auch nicht ermitteln“ lasse, „ob unter dem vorstehend Verzeichneten verbotene Bücher enthalten.“[687]

Die Untersuchung verlief ohne weiteres Aufsehen zu erregen. Landrat Trzebiatowski hatte auch keine Bedenken, während des laufenden Verfahrens ein Jahr später Otto Lüning einen Pass zu erteilen, um mit Vater und Schwester „zum Besuch von Verwandten“ in die Schweiz zu reisen. Allerdings sah Regierungspräsident Richter hinter den Verwandten die „Netzwerke“[688], die die Exilanten „als Basis für kollektives (politisches) Handeln“ geknüpft hatten. Seine juristische Kritik an der Passerteilung, die hier nicht näher ausgeführt werden soll, verband er mit der Anregung an den Innenminister, „ob nicht in gesandtschaftlichem Wege die Beobachtung des Treibens und der Verbindungen des p Lüning in der Schweiz, der Heerde des Communismus, zu veranlassen sein möchte“[689]. Der Innenminister machte daraus ein Amtshilfeersuchen an den Außenminister und ersetzte die Brodtmannsche Buchhandlung in Schaffhausen durch das „literarische Comtoir zu Zürich und Winterthur“. Über Otto Lüning äußerte er sich nach Lage der Polizeiakten. Alle im literarischen Comptoir[690] erschienenen Schriften hatte der Bundestag am 18.01.1845 verboten. Der Innenminister verknüpfte das Untersuchungsverfahren mit den polizeilichen Kenntnissen über Lüning, der „durch sein beharrliches Bestreben in seinen zahlreichen schriftstellerischen Leistungen verderbliche Grundsätze des Sozialismus“ predige, „eben so wohl als durch die Gehässigkeit, welche sich sehr häufig in diesen Leistungen gegen die Regierung und die bestehende Ordnung der Dinge“ ausspreche, „wiederholt die Aufmerksamkeit der Polizeibehörden auf sich gezogen“ habe. Der Innenminister ersuche darum,

> gefälligst den Königlichen Gesandten in der Schweiz auf den Dr. Otto Lüning aufmerksam zu machen und ihn veranlassen zu wollen, das dortige Treiben dieses politisch so bedenklichen Individuums beobachten zu lassen. Insbesondere würde sein etwaiger Verkehr mit dem Inhaber des literarischen Comtoirs von Interesse sein.[691]

Ungeklärt blieb, ob Otto Lüning unter dem Namen seines Bruders Hermann im Verlag aufgetreten sei.[692]

15. Nächtlicher Tumult, Wirtshausgespräche und Hochverratsverdacht.

Die öffentliche Erzählung befasste sich nach der Durchsuchung in Rheda in einer Zeitungsmeldung vom 7. August im Westphälischen Merkur mit einem nächtlichen Tumult vor Otto Lünings Haus in Rheda.[693] Das Vorkommnis klärte der örtlich zuständige Landrat Trzebiatowski aus Rheda. Er meldete dem Regierungspräsidenten die Personen und die Einzelheiten eines „ordinairen Straßen-Excesses", bei dem kein nennenswerter Schaden außer einigen Fensterscheiben in Lünings Haus entstanden sei.[694] Ihm scheine, als ob in dem ganzen Exzess eine Mißbilligung der Lüningschen Tendenzen seitens einiger Rhedaer Einwohner, wenn auch auf nicht gesetzliche Weise, habe ausgedrückt werden sollen.

Für einen Augenblick erweiterte sich die Erzählung um einen anderen Schauplatz in den amtlichen Bereich. Landrat Graf Merveldt[695] hatte ein erhebliches politisches Ereignis ausgemacht, das er unmittelbar dem Innenminister meldete. Es ergebe sich aus dem Zusammenhang des Rhedaer Tumults mit einem öffentlichen Auftritt Lünings gut eine Woche zuvor. In Herzebrock sei Markt gewesen, als die Nachricht vom Attentat auf König und Königin eingetroffen sei. Es habe eine „in dem vom Posthalter Zumbusch gehaltenen Wirthshause unter andern zechende Gesellschaft von Communisten, namentlich des Dr. Lüning aus Rheda und Genossen die Abscheu erregende Aeußerung der Theilnahme für das Gelingen des Königs-Mordes fallen" lassen, „bis endlich dem sofort mit edlem und gerechtestem Eifer sich widersetzende Wirth Zumbusch die Bösewichter mit Gewalt aus seinem Hause zu vertreiben gelungen sein soll." Der Landrat erwartete, dass

„der Wirt mit der nemlichen Festigkeit hoffentlich die nähere Auskunft über diesen Vorfall auf Erfordern ertheilen, und diese verrätherische Clicke mit Ernst erdrückt“[696] werde.

Die Verbindung vom Gerede über ein Wirtshausereignis mit nächtlichem Straßentumult alarmierte den Innenminister: er machte sich an einen Bericht für den König.[697] Landrat, Regierungspräsident, Innenminister, König: die preußischen Staatsbehörden gerieten auf allen Ebenen in Alarmzustand. Innenminister v. Arnim wies Regierungspräsident Richter in Minden an, beim OLG Paderborn die Untersuchung einleiten zu lassen und darauf hinzuwirken, Lüning wegen Fluchtgefahr zu verhaften[698], da er sich neben dem angelaufenen noch wegen staatsgefährlicher Umtriebe zu rechtfertigen habe. Der Mindener Regierungspräsident übernahm die Weisung und ließ dem Gericht darüber hinaus das sicherheitspolitische Kalkül angelegen sein, in polizeilicher Hinsicht werde die Verhaftung Lünings zur allgemeinen Beruhigung unverkennbarer Aufregung in der dortigen Gegend beitragen. Ein größerer Hochverratsprozess schien am 16. August in Aussicht. Nach Kabinetsordre vom 30.08.1844 erwartete Friedrich Wilhelm IV. einen umfassenden Bericht. Minister v. Arnim beschrieb unter Berufung auf „Zeitungen“ die Einzelheiten des „ordinairen Straßen-Excesses“ als „Ausbrüche des Volksunwillens“, legitimiert durch die Zuordnung zu einer „Anzahl sonst friedliebender Bürger“, dramatisch konkretisiert durch „Ausrufungen des Unwillens und der Verachtung“, namentlich „unter dem Ausrufe Demagog, Rebell, Gottesleugner!“[699] In dieser Einschätzung drückte Innenminister v. Arnim seine Erwartung vom Ergebnis anstehender Ermittlungen gegen Otto Lüning aus, die einen Haftbefehl nahelegten.

Bereits am 21.08. verdeutlichte der Untersuchungsrichter im Zwischenbericht über das am 13.07. eingeleitete Verfahren den Unterschied zwischen dem Verdacht aus der polizeilichen Anzeige und der Tatbestandsklärung. Er führte im Einzelnen aus, wie er Lünings Einlassungen zu den Vorwürfen in der strafrechtlichen Untersuchung überprüfe. Im Verfahren zur Anschuldigung, „hochverrätherische Aeußerungen in Beziehung auf das Attentat wider des Königs Majestät, in einem Wirthshause zu Herzebrock von sich gegeben zu haben“, würden alle denkbaren Zeugen ermittelt und vernommen. Eine Verhaftung Lünings sei daher vor Feststellung dieses Tatbestandes unstatthaft.[700] Bereits am 30.08. waren alle diese Zeugen ermittelt und vernommen. Es sei „durchaus gegen Niemanden etwas Nachtheiliges ermittelt worden“, auch sei „es von den Zeugen bekundet worden, daß der Doctor Lüning das Verbrechen des Tschech entschieden mißbilligt und dieses wiederholt ganz klar ausgesprochen habe."[701]

Der Innenminister sah es nach diesem Bericht[702] immer noch als aussichtsreich an, das laufende Verfahren mit einem politischen Prozess über Otto Lünings „Umtriebe" zu verbinden, wenn es dem Landrat gelänge, den Verweis der Gäste aus dem Wirtshaus und die nächtlichen Tumult in Rheda mit Hilfe des Bürgermeisters von Oelde, „eventuell auch des Gerichtes" in diesem Sinne zu klären.

Das Gericht fasste das öffentliche Gespräch in Protokolle, ließ den Bürgermeister von Oelde und weitere Zeugen vernehmen. Es stellte fest, es gehe „*durch aus nicht* hervor, daß der Dr. Lüning in Beziehung auf das questionirte Attentat beleidigende Aeußerungen gegen des Königs Majestät" sich habe „zu Schulden kommen lassen." Es liege „demzufolge *gar kein Grund* vor, um die gegen den Dr. Lüning eingeleitete Criminal-Untersuchung auch hierauf auszudehnen."[703] Das Gericht hatte sichtlich gereizt auf die neuerliche polizeiliche Intervention reagiert, der Regierungspräsident gab dieses nach Berlin Wort für Wort weiter.[704]

Die öffentliche Erzählung verwandelte sich in einen Austausch zwischen Amtspersonen über die Untersuchungen des Gerichts und die Korrespondenzen zwischen Berlin und Minden. Am Ende änderte sich der Gegenstand von: „Betrifft die Äußerung der Communisten von Rheda und Umgegend über das Attentat gegen Sr. Majestät den König" in „Betr. wegen der vorgeblichen Äußerungen [...]" und Regierungspräsident Richter gab als Ergebnis der gerichtlichen Untersuchungen nach Berlin weiter, es sei auch durch mehrere eidliche Aussagen erwiesen, daß alle Nachrichten über die Vorgänge in Herzebrock auf den Zeugen Temme als einzige Quelle zurückzuführen seien. Der habe hinter geschlossener Tür die Äußerungen vernommen. Richter schloss den Bericht mit den Worten:

> Da derselbe nun bei seiner eidlichen Vernehmung diejenige Person, welche die von ihm bekundeten hochverräterischen Aeußerungen gethan haben soll, auch nicht einmal mit einiger Wahrscheinlichkeit näher bezeichnen kann, und zudem seine ganze Aussage als die eines berüchtigten Trunkenbolds, der schon vergebens im Landarmenhause in Benninghausen detinirt wurde, wenig Glauben verdient: so kann ich mich nur mit der Ansicht des Inquisitoriats zu Paderborn

> einverstanden erklären, daß kein Grund vorhanden sey, die Untersuchung gegen eine bestimmte Person fortzusetzen, daß vielmehr die behufs Feststellung des Thatbestandes aufgenommenen Verhandlungen reponirt werden müssen.[705]

Landrat Graf v. Merveldt betrachtete die Aussage des Zeugen Temme weiterhin als reale Wahrnehmung. Er versuchte, diesen am 9. August geäußeten dringenden Verdacht der „Aeußerung Abscheu erregender Theilnahme der Communisten Dr. Lüning und Consorten für das Gelingen des Attentates vom 26. Juli“[706] auf neue Überlegungen zu stützen, die er in einer Kritik anderer Verfahrensbeteiligter glaubte ausmachen zu können. Die „direct gefolgte Criminal-Untersuchung“ sei voreilig eingeleitet worden, habe große Aufmerksamkeit erzeugt, alle Zeugen eingeschüchtert, so „daß der früher in so Vieler Munde als unbezweifelt umhergetragene Vorfall urplötzlich mit dem tiefsten Stillschweigen umhüllt ward.“[707] Er habe nach seiner Meldung eine polizeiliche Ermittlung des Tatbestandes erwartet; diese hätte die Einschüchterung der Zeugen vermeiden können. Die öffentliche Publizität der gerichtlichen Untersuchung habe auch für ihn „bisher jede Quelle einer genügenden Aufklärung [...] versiegen lassen“ doch sichere er „ein ferneres Bemühen“ zu, „zur Förderung der Wahrheit nach Kräften beizutragen“.

Innenminister v. Arnim hatte am 16. August selbst auf sofortige Kriminaluntersuchung hingewirkt und Lünings Verhaftung erreichen wollen. Ein Vierteljahr später übernahm er erneut den Verdacht als Tatsachenbehauptung und bestätigte Graf v. Merveldt,

> Auf den Bericht welchen Ew. p in Betreff der in Bielefeld und der Umgegend stattgehabten revolutionären Umtriebe unter dem 15ten v. M. erstattet haben erwidere ich Ihnen, daß ich dem von Ihnen in der Sache bethätigten Eifer meine volle Anerkennung angedeihen lasse und aus dem nicht erlangten Beweise der gerichtlichen Untersuchung keineswegs den Schluß ziehe, daß Ihre Vorstellung der Vorgänge innerlich unbegründet sey. Ew. p wollen fortfahren dem Treiben der verdächtigen Personen Ihre Aufmerksamkeit zu widmen.[708]

Regierungspräsident Richter übermittelte am 24.01.1846 das Urteil 1. Instanz dem Innenminister. Dieser vermisste eine Entscheidung des Gerichts zur colportierten Aussage über das Tschesche Attentat. Regierungspräsident Richter antwortete, es sei eine Äußerung über das Tschesche Attentat gar nicht Gegenstand der gegenwärtigen Untersuchung gewesen. Er glaube annehmen zu müssen, daß die Denunziation nicht so begründet befunden worden, um mit der eingangs erwähnten verbunden werden zu können[709]; im folgenden Bericht wechselte Richter vom verbindlichen in den Ton der Ansage:

> Mit der Criminal-Untersuchung wider den Dr. Lüning [...] ist wie ich mich aus den nochmals eingeforderten Acten des Königl. Inquisitoriats zu Paderborn überzeugt habe, ein Verfahren wegen der angeblich in Herzebrock vorgekommenen Aeußerungen über das Tschesche Attentat wider den p Lüning wirklich nicht damit verbunden worden. Es fehlte in der That jeder Grund, die desfalsigen Untersuchung gegen den p Lüning oder eine andere Person fortzusetzen. [...] Bei dem Inhalt der wiederholt von mir durchgesehenen Akten des Inquisitoriats, läßt sich gegen jenes Verfahren nichts erinnern.[710]

Damit war auch von amtswegen die Erzählung über die Aussicht auf einen Lüningschen Hochverratsprozess zu Ende. Zum Urteil selbst hatte sich Innenminister v. Arnim nicht geäußert.

16. Urteil des OLG Paderborn in 1. Instanz am 26.11.1845: Politischer Prozess – politischer Tendenzprozess – die Staatsverwaltung als Partei.

In 1. Instanz hatte der Kriminal-Senat des Oberlandesgerichts Paderborn über die Strafbarkeit einzelner Gedichte aus Otto Lünings Sammlung zu entscheiden. Er entschied am 26.11.1845,

> daß der Inculpat von der Anschuldigung der Majestäts-Beleidigung, der Verletzung der Ehrerbietung gegen Mitglieder des deutschen Bundes und auswärtiger Regenten, des frechen und unehrerbietigen Tadels der Preußischen Gesetze freigesprochen, dagegen wegen frechen unehrerbietigen Tadels des Deutschen Bundes und dessen Anordnungen ordinarie mit sechsmonatigem Festungsarrest zu belegen [...].[711]

In der Begründung beschrieb das Gericht den Gang der Untersuchung bis zur Anklage Lünings durch das Paderborner Inquisitoriat. Es würdigte die Person des Beschuldigten nach dem Bericht der Amtsverwaltung Rheda[712], ohne die geheimpolizeilichen Nachrichten zur Person Otto Lünings aufzunehmen. Allein, was er auf literarischem Gebiete gewirkt habe, gehöre

> zumeist der Öffentlichkeit an und darf als bekannt vorausgesetzt werden. Dem Inculpaten ist es, wie bekannt, gelungen, als Literat wenigstens in der heimatlichen Provinz einen gewissen Ruf sich zu erwerben. Eine nähere Prüfung seiner der Öffentlichkeit übergebenen Schriften kann um so mehr unterbleiben, als die Untersuchung keine Rücksicht darauf genommen hat. In eine Untersuchung war derselbe, soweit die Acten ergeben, noch niemals verwickelt. Über seinen Charakter und Lebenswandel liegt ein Attest der Ortspolizeibehörde seines jetzigen Wohnorts vor, welches Attest durchaus zu seinen Gunsten spricht. Er wird darin als ein Mann von hervorragenden Talenten und Kenntnissen und von Achtung gebietender Persönlichkeit geschildert. Die Ortspolizeibehörde bezeugt, wenn schon der Inculpat in politischer und religiöser Hinsicht zu den entschiedensten Liberalen gehöre, wie wohl ferner seine Ansichten den gewöhnlich geltenden mitunter sehr widersprechen und auch wohl sehr seltsam und unausführlich scheinen, es wäre doch nicht bekannt, daß er selbst in leidenschaftlichen Disputationen die Grenzen des Erlaubten überschritten und ein gesetzwidriges Streben bekundet hätte; sein Charakter sey dagegen ebenso ehrenhaft als sein Privatleben frei von jedem Tadel. Das Attest fährt fort: ‚zur Steuer der Wahrheit wäre noch die gegründete Vermuthung auszusprechen, daß man oft entstellte, abgerissene Äußerungen, ja entschiedene Lügen und Verleumdungen in Umlauf gesetzt habe, um den Inculpaten im gehässigen Lichte erscheinen zu lassen.‘[713]

Das Gericht hatte alsdann festgestellt, dass in den unter „Xenien“ aufgeführten Gedichten „Bekenntnisse einer schönen Seele“ und „Der Schwanenorden“ keine „Majestätsbeleidigung“ verübt sei. Eine „Verletzung der Ehrerbietung gegen Mitglieder des deutschen Bundes und gegen auswärtige Regenten“ hatte es in den Gedichten „Der Aufstand in Athen“ und – wieder unter den „Xenien“ – „Vertrauen“ (Eine wahre Geschichte, passirt in diesem Jahre) nicht erkannt.

Zur Begründung der Anklage auf Verspottung der Anordnungen im Staate und der deutschen Bundesverfassung hatte das Inquisitoriat die Gedichte mit der Überschrift „das Preßgesetz (1841)" (S. 32) und „Der heilige Bund der Völker" (S. 44) herangezogen. Hier habe der Beschuldigte „keine Strafe verwirkt", stellt der Krimimalsenat fest.[714] Das Gedicht „Der deutsche Bund" (S. 13) enthalte allerdings an zwei Stellen Äußerungen, die „Schmähungen im eigentlichen Sinn des Worts und auf den deutschen Bund und dessen Verhalten bezogen ein frecher unehrerbietiger Tadel im Sinne der Vorschrift § 151 des Strafrechts" seien.[715] Daher sei auf die Mindeststrafe von sechsmonatiger Festungsstrafe erkannt worden.

Schließlich müsse „noch ein Punkt berührt werden, welcher in einer Unbestimmtheit und Unvollständigkeit der Anklage sich" gründe. Die Anklage habe im ersten Verhör „dem Inculpaten vorgestellt, der ganze Inhalt der Broschüre verrathe die Tendenz, Unzufriedenheit zu erregen und eine Parthei gegen die bestehende Verfassung zu bilden. Die Vorhaltung" sei „in einem spätern Verhör wiederholt", wo es heiße, „die Absicht eine Parthei von Unzufriedenen zu bilden, gehe aus dem gewählten Motto, aus der Widmung „an die Parthei" und aus dem letzten Gedichte überschrieben „die Parthey" hervor. Eine Partei zu bilden, sei nicht strafbar. Deshalb laufe dieses auf eine Anklage wegen Hochverrats hinaus, unterbleibe aber aus guten Gründen.

17. Otto Lünings Gedicht über den deutschen Bund im Urteil des OLG Paderborn der 2. Instanz am 05.07.1846. Wirkungen eines Freispruchs.

In 2. Instanz hatte auf Antrag Lünings der Appellationssenat des Oberlandesgerichts Paderborn zu entscheiden. Er änderte das Urteil des Kriminalsenats vom 26.[11.]1845 dahin ab,

> daß Otto Lüning auch von der Anschuldigung des frechen unehrerbietigen Tadels des Deutschen Bundes und dessen Anordnungen völlig freizusprechen und die Beschlagnahme der im Verlag der Brodtmannschen Buchhandlung zu Schaffhausen im Jahre 1844 erschienene Schrift Gedichte von H. O. Lüning [163v] wieder aufzuheben [...] [sei].[716]

Das Urteil des Kriminalsenats war in Berlin unbeachtet geblieben. Als der Appellationssenat des OLG Paderborn Lüning freigesprochen und Oberpräsident Eduard von Schaper[717] aus Münster dazu berichtet hatte, wirkte es nachhaltig auf die Staatsregierung. Deshalb soll der Urteilsbegründung ein Ausschnitt aus den Beiträgen des Verteidigers Friedrich David Groneweg[718] vorangestellt werden. Zu den Wirkungen der Paderborner Urteile gehört eine scharfe Urteilskritik des Innenministers und eine Kritik des Justizministers an den Urteilsgründen, zu der sich die Paderborner Richter zu äußern hatten.

17.1 Plädoyer des Rechtsanwalts: Otto Lüning im „Tendenzprozess".

Zu den Verfahren in beiden Instanzen hatte Justizrat Groneweg als Verteidiger ein Plädoyer als Akte beigesteuert.[719] Lünings „Gedichte" gehörten „mehr oder weniger zu den sogenannten politischen". Diese Kennzeichnung durchzieht die Akten von Anfang an. Wie der Verteidiger einen Zusammenhang des Prozesses mit der politischen Situation hergestellt hat, soll ausschnittsweise dargestellt werden. Groneweg hatte zeitnahe Gerichtsverfahren ähnlicher Thematik als Tendenzprozesse bezeichnet, denen Johann Jacoby[720] und Ludwig Walesrode[721] ausgesetzt waren. Jacoby hatte das Kammergericht zu Berlin in 2. Instanz freigesprochen. Das weltberühmte Urteil[722] spreche Grundsätze aus, „welche dem preußischen Richterstande zur höchsten Ehre gereichen"[723], so Groneweg.

In Paderborn lagen die Untersuchungsakten über Otto Lüning dem Gericht vor. Groneweg hatte seine Einschätzung aus dem Verhalten der Verwaltungsbehörden in Beckum, Wiedenbrück, Minden, Münster und Berlin abgeleitet. Er hatte in den gehäuften Anfragen und Mitteilungen der Verwaltungsbehörden, insbesondere dem letztlich erfolglosen Vorschlag, Lüning zu verhaften, ein Interesse an der Bestrafung Lünings erkannt, das einen Befangenheitsantrag begründen könne. Die Verwaltungsbehörden stünden dadurch als Partei gegenüber dem Angeklagten dar. Zum nächtlichen Straßenereignis vor Lünings Haus in Rheda bemerkte Groneweg, man habe sich nur darüber gewundert, wie böser Wille und Dummheit ein Bündnis darstellen könnten, das nicht gelungener zu erdenken sei. Die Polizeibehörden ließen nicht allein ein dringendes Interesse an dem Ausgange des vorliegenden Prozesses erkennen, sondern streuten auch Verdächtigungen aus, wenn sie eine anscheinend in Rheda bestehende politische Verbindung mit ihren Verzweigungen erwähnen und somit Lüning einen „dem Gemeinwohl verderblichen Standpunkt" unterstellen. Namens seines Klienten weise er diese Unterstellungen mit Entschiedenheit zurück. Der Doktor Lüning fühle „am allerwenigsten Neigung, einen Demagogen im Sinne der 1818^{ner} Jahre trübseligen Andenkens zu spielen". Als besonders belastend stelle sich die Anfrage des Oberpräsidenten dar, wenn er im laufenden Verfahren „den Herrn Dr. Lüning in eine officielle Verbindung zum Communismus" bringe; „nicht den Königlichen Regierungen, sondern den Königlichen Oberlandesgerichten [sei] die Controlle über die Inquisitoriate zugewiesen."[724] Gegen den Diskriminierungsversuch erklärte Groneweg, wie sich Lüning als „Communist" gegen den Verdacht des Umsturzes verwahren und welche Ziele er erreichen wolle:

> Das Wort „Communismus" ist ein bequemes Stichwort geworden, um ehrenwerthe Männer zu verdächtigen und zu verleumden, welche die Zustände der menschlichen Gesellschaft zum Gegenstande ihrer Untersuchungen und ihres Nachdenkens machen. Man stellt dieses Wort als ein finsteres, unheildrohendes Gespenst hin, als einen Vorhang, hinter dem Mord und Brand, Raub und Empörung lauern, und die vielleicht aufregende Phantasie ist immer um so mehr geneigt, sich an solche Abenteuerlichkeiten anzuklammern, je weniger die Allgemeinheit befähigt ist, durch eine klare Definition sich helleres Licht zu verschaffen. Nur gegen diese Deutung des Wortes Communismus protestire ich. Versteht man aber unter Socialismus und Communismus das, was sie sind, nämlich die Wissenschaft der Gesellschaft, nimmt man an, daß ein Socialist oder Communist die Unnatur und Grausamkeit der gegenwärtigen Verhältnisse durchschaue, welche nur Wenigen erlauben, sich körperlich und geistig frei ihrem wahren innersten Wesen nach zu entwickeln, daß die empörende Ungleichheit, diese schroffen Contraste von Ueppigkeit und Darben, von Ueberfluß und Hunger bitter empfinde, setzt man voraus, daß der Socialist oder Communist dahin strebt, diese Verhältnisse zu ändern und die Armuth aufzuheben, den Pöbel durch Erziehung in das Volk aufzunehmen, Ideen zu einer freien Bethätigung seiner geistigen und körperlichen Fähigkeiten zu verhelfen und das Glück der Menschheit durch eine gesicherte materielle Existenz und eine gleichmäßige harmonische Bildung zu begründen: – dann mag man

> den Herrn Doctor Lüning immerhin einen Sozialisten und Communisten nennen. Sind die Bestrebungen menschlich und ehrenhaft, so thun die Worte nichts zur Sache. Ich protestire nur gegen den Anstrich der ‚Gewaltsamkeit', welchen man perfider Weise dem Communismus aufzwingen will. Haben doch sogar die französischen communistischen Arbeiter, die man doch vollends als Räuber und Mörder und Empörer darzustellen sucht, offen erklärt, die Zeit der Emeuten sei vorüber, sie suchten ihren Sieg nur auf dem Wege der Belehrung zu erkämpfen! Und wenn Frankreich, das revolutionäre Frankreich nach allen seinen siegreichen Antecedentien zu der Ueberlegung gelangt ist, daß eine Idee nur durch Belehrung und durch die ihr innewohnende Macht, Sieg und Geltung erringe, wie kommt man dann zu dem abgeschmackten Anachronismus, Deutschland, dem ruhigen, gemüthlichen Deutschland die Hoffnung auf den Sieg einer gewaltsamen Umwälzung, oder auch nur die Neigung dazu, anzudichten? Ich bewundere zwar die lebhafte Phantasie, welche diese Ansicht geboren, bin aber der unvorgreiflichen Meinung, daß sie von der Bosheit oder Dummheit groß gesäugt worden.[725]

Vielmehr sei Lüning Dolmetscher der im Volke gährenden Wünsche.[726]

17.2 Historisch-kritisches Referat und die Freiheit des Dichters.

Der Appellationssenat leitete seine Urteilsbegründung mit der Abschrift des gesamten Gedichtes ein, um die vom Kriminalsenat für strafbar erklärten Strophen aus dem Zusammenhang zu betrachten.

Der Deutsche Bund.

Ein Bund der Deutschen war's, von dem sie träumten,
Die Väter in der Zeit der tiefsten Schmach.
Als rings um sie der Knechtschaft Wogen schäumten,
Als schwer des Schicksals Hand auf Deutschland lag.
Sie traten zu des deutschen Reiches Bahren:
Fahr' wohl! Gerecht gerichtet hat die Zeit;
Doch daß wir heiß're Thränen uns ersparen,
So kleiden wir dich in ein schöner Kleid.

2 #

Ein Bund der Deutschen! In des Kampfes Stunden
Glüht wohl das schöne Bild in jeder Brust.
Doch als der große Kaiser überwunden,
Als alles jauchzt in wilder Siegeslust: -
Staubwolken wirbeln auf vom Sturz des Riesen,
Das Auge dunkelt, es verstummt der Mund;
Und taumelnd seh'n wir sie das Werk beschließen:
Der Bund der Deutschen ward – der deutsche Bund!

3 #

Der deutsche Bund! O herbe Frucht der Siege,
Die stolz das Volk errang, wie Wetterschlag;
Er sollte wachen an der Freiheit Wiege, –
Er wurde nur der Freiheit Sarkophag.
Die Sänger all', die fröhlich einst gesungen,
Es klagt und grollet dumpf ihr Saitenspiel;
Die Männer all', die kühn das Schwert geschwungen,
Sie seh'n sich knirschend weit vom ZieI.

4 #

Der Dom der Freiheit, ach! er sank in Trümmer,
Und dunkler wird die hoffnungslose Nacht;
Da strahlt durch sie im bunten Farbenschimmer
Des Kaiserreiches längst entschwund'ne Pracht.
O wie sie jauchzend das Phantom begrüßen!
Es irrt so schön des Jüngling hoffend Herz;
Doch bitter mußten sie die Sehnsucht büßen:
O deutscher Bund, das gruben wir in Erz!

5 #

O deutscher Bund! Dir folgt ein bleicher Schatten,
Auf deiner Seele liegt ein schwerer Mord;
Du hieltest nicht, was sie versprochen hatten,
Schlugst die Verfassung, schlugst das freie Wort!

Du hast das Urtheil selber dir gesprochen:
Ein Richter, der nur gegen uns erkennt!
Denn was ein König Schweres auch verbrochen,
Da lächelst du: Ich bin nicht competent!

6 #

O deutscher Bund, den unsre Fürsten schlossen,
Du lehrtest uns, wie noth die Eintracht thut;
Die Völker sind der Völker Bundsgenossen,
Dem Völkerbunde weih'n wir unser Blut!
Drum sollt ihr auch die Franken nicht mehr hassen;
Sie wachten stets an der Geschichte Thür;
Sie sollen nur von unserm Rheine lassen,
Dann stehen wir zusammen für und für!

7 #

O deutscher Bund! hoch schlagen unsre Herzen,
Der Freiheit Hauch verweht die Grabesluft;
Der Blick ist frei: – vergessen sind die Schmerzen,
Die Zukunft schimmert hell im ros'gen Duftl
Es schaart das Volk sich um der Freiheit Fahnen,
Die Zwietracht, die du nährtest, sie verstummt;
Dem Völkerbunde brechen wir die Bahnen:
Der deutsche Bund wird nun der Deutschen Bund.[727]

Der Appellationssenat hatte die Entscheidungen des Kriminalsenats zu beurteilen. Dieser hatte zunächst geprüft, ob der Verfasser des Gedichts ein Unternehmen zu verantworten habe, das „gegen die Existenz, die Integrität, die Sicherheit oder die Verfassung des deutschen Bundes"[728] gerichtet gewesen sei oder „eine bloße Aeußerung", die nicht geahndet werden dürfe. Selbst wenn die Strafbarkeit zu unterstellen sei, so fehle es doch im vorliegenden Falle an dem objektiven Tatbestand dieses Verbrechens. Frecher unehrerbietiger Tadel gegen den deutschen Bund und dessen Anordnungen setze „Aeußerungen voraus, welche unverkennbar die *Absicht* verrathen, den deutschen Bund und dessen Anordnungen auf eine verächtliche der Sittlichkeit Hohn sprechende Weise in der öffentlichen Meinung blos zu stellen, Mißvergnügen und Unwillen gegen dessen Tendenzen im Allgemeinen zu erregen oder die Beschlüsse und Verfahrensweisen des Bundes im Einzelnen einer spottenden Schmähkritik zu unterwerfen." Eine solche boshafte verbrecherische Absicht sei „in dem oben mitgetheilten Gedichte nirgends zu finden."[729] Dagegen spreche schon der Umstand, dass der Beschuldigte bei der Veröffentlichung seiner Gedichte nach den Ermittlungen durch den Druck „nur passive Assistenz" geleistet habe.

Lüning hatte an den Untergang des mittelalterlichen Reiches, den Krieg und Sieg über Napoleon erinnert und beklagt, dass mit dem „deutschen Bund" kein – wie er den Begriff umkehrte – „Bund der Deutschen" mit Freiheitsstaat, Verfassung und Pressefreiheit erreicht worden sei. Der Kriminalsenat hatte daraus ein kritisches Bild der Zeitgeschichte entwickelt. Es sei im Wortlaut zitiert:

> Die deutschen Patrioten hatten zum größten Theil auf eine einigere Verbindung der deutschen Völker gehofft, als durch den deutschen Bund erreicht wurde. Die Geschichtsschreiber behaupten, für die deutsche Einheit würde ein erfreulicheres Resultat gewonnen sein, wenn nicht bei Errichtung des deutschen Bundes die durch die Fremdherrschaft herbeigeführten Verhältnisse und Verwicklungen hinderlich gewirkt hätten. Es ist bekannt, daß deutsche Dichter, welche während der Freiheitskriege zum Kampfe gegen die Feinde aufriefen und die erhoffte deutsche Freiheit besangen, nach Errichtung des deutschen Bundes über das geringe Maaß der gewährten Freiheiten und die unzulänglichen Bürgschaften der deutschen Freiheit klagten, daß ferner bewährte Kriegs und Staats Männer ihre Unzufriedenheit über denselben [177] Punkt zu erkennen geben. Die Geschichte der Neuzeit lehrt, wie ähnliche Ideen die burschenschaftlichen Verbindungen veranlaßt, wie wenigen Anklang die Verfolgungen der Theilnehmer derselben im Volke gefunden haben und welche gereizte Stimmung hierdurch Theil weise hervorgerufen ist. Die Bundesbeschlüsse vom 20 Septbr 1819 5 July und 15ten October 1832 haben innerhalb der deutschen Bundesstaaten die Postfreiheit aufgehoben und für die deutschen Verfassungen zu Gunsten der landesherrlichen Rechte wichtige Beschränkungen eingeführt. Hierdurch sowohl als noch mehr durch die Incompetenz Erklärung in der Hannoverschen Verfassungs Angelegenheit hat der deutsche Bund an Liebe bey einem Theile des deutschen Volks verloren.[730]

Gründe für die Verurteilung hatte der Kriminalsenat in der Wortwahl gefunden an zwei Stellen, die „Schmähungen im eigentlichen Sinn des Worts und auf den deutschen Bund und dessen Verhalten bezogen ein frecher unehrerbietiger Tadel im Sinne der Vorschrift § 151 des Strafrechts“ seien.[731] Damit sollte sich der Appellationssenat beim OLG befassen.

Der Appellationssenat entwarf „historisch-kritisch“[732] ein Bild der Zeitgeschichte.[733] Bücher über die Rechtsstellung und die Politik des deutschen Bundes waren ab 1823 verboten, „um einer staatsrechtlichen Verfassungskritik vorzubeugen.“[734] Die Richter hatten einen neuen kritischen Weg zur Betrachtung des deutschen Bundes gefunden.

Im Gedicht werde „der Sinn seiner Gedanken, Wünsche und Hoffnungen bloß historisch referiert.“[735] Sie zitierten die gemeinschaftliche Proklamation der verbündeten Monarchen von Kalisch „d. d. den 25. März 1813“ zu Beginn der Freiheitskriege und den Weg zu einem „neuen deutschen Reiche, in welchem Deutschland verjüngt und lebenskräftig und in Einheit gehalten unter Europas Völkern dastehen sollte“; in diesem „bloßen Zitat“ klingen nostalgische Erinnerung, gegenwartskritische und zukunftsperspektivische Deutungen gleichermaßen an, es ist historisch konkret und exakt, es kritisiert die Fürsten mit ihren eigenen Worten.

Das habe der Dichter „mit poetischer Begeisterung“ für „die erhabenen phantastischen Erwartungen“ geschildert. „In schwermüthigen Rückblicken auf die jüngste Vergangenheit“ beklage der Dichter das Ausbleiben „des verheißenen die ganze deutsche Nation zu einer lebenskräftigen Einheit verschmelzenden Bundesstaates mit reichsständischer repräsentativer Verfassung.“ Die Richter abschließend: „Alle diese Klagen Wünsche und Hoffnungen sind frei von jeder verbrecherischen Richtung, sie gehören in das Reich der freien patriotischen Herzensergießungen, deren rückhaltlose Aeußerung kein Strafgesetz“ verbiete.[736]

17.3. Die Freiheit des Dichters nach den Regeln der Poetik und der Vorsatz einer strafbaren Handlung.

Verteidiger Groneweg hatte geltend gemacht, „daß es sich [...] um die Beurtheilung eines Gedichts, – einer freien Ergießung der poetischen Muse handele, daß der Richter deshalb, um Form und Ausdruck der vorgetragenen

Gedanken richtig würdigen zu können, sich auf den Standpunkt des Dichters stellen müsse." Groneweg hatte sein Plädoyer mit der Persiflage auf die grassierenden Hochverratsverfahren mit dem Ausschnitt aus einer eben erschienenen, Aristophanes nachempfundenen Komödie eingeleitet:

Es ist ein rechtes Elend mit dem Hochverrath,
Er ist so schlimm, ja schlimmer selbst, als Flöhe sind,
Allüberall, zudringlich, hüpft er Einen an:
Schneuz' ich die Nase – aber nein, 's ist Hochverrath:
Kratz' ich am Kopfe – wehe mir, 's ist Hochverrath:
Ja selbst in's Bett des Abends leg' ich mich mit Angst,
Daß mir ein hochverrätherischer – Traum entfährt!
(Prutz[737], Politische Wochenstube)[738]

Zudem hatte er das Verfahren gegen Otto Lüning zu einem Prozess über den Grundsatz der Existenzmöglichkeit von Dichtern in Deutschland überhaupt erklärt. Es frage sich, ob „der Genius des Dichters die Nähe des Inquisitors" dulde, „der bei jedem Gedankenkinde zu Gevatter stehen, bei jedem Worte Zöllner Dienste verrichten"[739] wolle. Die Richter der 2. Instanz übernahmen Gronewegs Einwand; der erinnere „mit Recht" „daran, daß es sich hier um die Beurtheilung eines Gedichts, – einer freien Ergießung der poetischen Muse" handele und stellten den belastenden Argumenten im erstinstanzlichen Urteil eine Überlegung zur Poetik gegenüber:

Die erste Aufgabe jener ächt poetischen Auffassung ist es nun, den abstrakten Gedanken zu verkörpern, den Verstand durch Vorführung sinnlicher Anschauungen in seiner Thätigkeit zu unterstützen, ein Gefühl durch eine warme lebendige Behandlung des dichterischen Stoffes zu begeistern und die Phantasie durch treffende Bilder u passende Vergleiche angenehm zu beschäftigen. [... Sie sollen den] abstrakten Gedanken in den ungenügenden Bestimmungen der deutschen Bundes Akten und der spätern Bundesbeschlüsse über die Verschmelzung Deutschlands zu Einem politischen Ganzen über Preßfreiheit u Landstandschaft hätten die großen Erwartungen der für allgemeine deutsche Freiheit glühenden Patrioten ihr Grab gefunden, in ein entsprechendes Bild [kleiden;] den Deutschen Bund, wie er ist personificirt[740], dem Bund, der Deutschen, wie er von den Patrioten in Folge der freisinnigen Verheißungen

> der verbündeten Monarchen zur Zeit der Freiheits Kriege erwartet wurde und als einen bleichen, Todes verblichenen Schatten – gegenüber stellt. Er führt dem Leser gewißermaßen einen Kampf auf Leben und Tod zwischen den unerfüllt gebliebenen *Hoffnungen* der deutschen Nation und der in die äußerste *Hoffnung* getretenen *Wirklichkeit* vor, und läßt sodann, um das gewählte Bild in ächt poetischer Auffassungsweise zu vollenden, in diesem bildlichen Zweikampfe die sanguinischen Hoffnungen der Vaterlands Freunde unter den Streichen der Wirklichkeit d. h. des zur Wirklichkeit gekommenen deutschen Bundes – erliegen.[741]

Das Urteil 1. Instanz hatte dem Dichter eingeräumt, „die Rechtmäßigkeit der Beschlüsse und die Befugniß des Bundestages zu ihrer Durchsetzung in Zweifel" zu stellen. Doch habe der Dichter sich nicht darauf beschränkt und die Beschlüsse für einen *Mord* an den Rechten der Deutschen erklärt. „Durch den Gebrauch verächtlicher, Abscheu erregender Bezeichnungen" komme es zu einer „Schmähung". Dies sei umso deutlicher als der Inculpat „bey dem Ausdrucke ‚Mord' nicht verblieben, vielmehr durch weiteres Ausmalen des schimpflichen Vergleichs die verächtliche Bezeichnung in ein noch grelleres Licht gestellt" sei. Die dichterische Freiheit gereiche dem Inculpaten keinesweges zur Entschuldigung. Auch der Dichter habe „die gesetzlichen Schranken" zu beachten.[742] Gronewegs Kommentar zu dieser Stelle geriet ins Satirische: „Was ist dem Dichter denn ein Mord! Er mordet Gedanken und Gefühle, Hühner und Enten, Geister, Tugenden, überhaupt Alles, was Leben hat, ohne alles Arg. Das würde eine schöne Consequenz geben, wenn der Criminalist dazwischen geriete."[743] Im Blick auf das zuerst ergangene Urteil und auf die Einlassung des Verteidigers stellte nunmehr das Gericht in 2. Instanz fest: „Das gewählte Bild" liege nah, „indem man schon in der poetischen Prosa von geknickten, erstorbenen hingemordeten Hoffnungen zu reden" pflege.

> Die dichterischen Apostrophen in der dritten und fünften Strophe des Gedichts
>
> Der deutsche Bund! o herbe Frucht der Siege
> — — — — — —
> — — — — — — – – –

Er wurde nur der Freiheit *Sarkophag*.
O Deutscher Bund, dir folgt ein *bleicher Schatten*
auf deiner Seele liegt ein *schwerer Mord*!

> können demnach nicht befremden. Sie ließen sich, wenn die Einheit und Consequenz des vom Dichter gewählten Bildes nicht gestört werden sollte, nicht füglich in andere Worte kleiden, da nun wie schon der erste Richter überzeugt ausgeführt hat, der dem Bilde zum Grunde liegende nakte Gedanke und dessen Aeußerung an sich nichts Strafbares enthält da auch ferner die Wahl des Bildes, wenn gleich kühn, doch keines weges gesucht und dem Gesetze der dichterischen Freiheit widerstrebend erscheint, so kann man ohne weitere Beweise unmöglich annehmen, daß Inkulpat unter dem gewählten Bilde die verbrecherische Absicht, den deutschen Bund und dessen Anordnungen zu verhöhnen, und im Bilde selbst den Gegenstand seiner Darstellung dem Spotte und der Verachtung Preis zu geben, habe verstecken wollen.[744]

Noch weniger – so fuhr der 2. Senat fort – könne eine derartige Absicht bei der Gestaltung der Aussage zur „Inkompetenzerklärung" des Deutschen Bundes nachgewiesen werden. Der erste Richter habe gesehen, dass der Dichter[745] in der Hannoverschen Verfassungsfrage den Deutschen Bund dem Bannfluch der öffentlichen Meinung habe Preis geben wollen; das heiße „Tendenzen in das Gedicht hineininterpretiren, welche dem unbefangenen Blicke schwer erfindlich"[746] seien, so die 2. Instanz. Der Dichter äußere nur in poetischer Form sein individuelles Urteil über die Inkompetenzerklärung des deutschen Bundes. Er beklage „unter Hinweisung auf die Bundesbeschlüsse wegen Unterdrückung der s. g. burschenschaftlichen Umtriebe, daß die Bundesversammlung der deutschen Fürsten zur Abwendung der ihren Thronen wirklich oder vermuthlich drohenden Gefahren stets bereitwillig die Hand geboten habe, daß dagegen die flehenden Bitten eines Volks um Aufrechterhaltung seiner durch Königliche Eingriffe vermeintlich gefährdete Grundverfassung von ihr unbeachtet gelassen sei. Es ist dies nur eine weitere Ausführung des Gedankens, daß sie die bisherige Wirksamkeit des deutschen Bundes den während der Freiheitskriege von ihr gehegten Erwartungen keines weges entsprochen, und daß das deutsche Volk die gewünschte und gehoffte National-Vertretung in der Bundesversammlung nicht gefunden habe." Das sei aber nicht der Vorwurf einer „wissentlich unrichtigen

Auslegung der Bundesakte." Der Dichter mache „hierdurch nur von dem Rechte des freien und freimüthigen Urtheils über allgemein bekannte und mehr als einmal in Wort und Schrift eben so freimüthig besprochenen politischen Ereignissen Gebrauch."[747]

Das Gericht schloß mit einem Lächeln die Begründung, „daß Inkulpat den deutschen Bund seine Incompetenz Erklärung lächelnd aussprechen" lasse, sei nicht anstößig. Lächeln könne „eben sowohl ein Ausdruck der Freude als des Spottes sein"; vorrangig sei hier die Annahme,

> daß die Bundesversammlung erfreut darüber [gewesen sei], sich durch eine einfache in den Bestimmungen der Bundes Akte wirklich oder vermutlich begründete Incompetenz Erklärung der schwierigen und höchst delikaten Entscheidung der Hannoverschen Verfassungsfrage entziehen zu können.[748]

18. Wirkungen der beiden Urteile über Otto Lüning hinaus.

18.1 Urteilskritik des Innenministers.

Oberpräsident Schaper bemerkte am Ende seiner Kritik des Paderborner Urteils der 2. Instanz, es beruhe „auf ebenso überraschenden als für die Sicherheit des deutschen Bundes gefährlichen Ansichten".[749] Schaper hatte erkannt, dass die in Paderborn gefällten Urteile die autoritäre Repressionspolitik gegenüber freiheitlichen Bestrebungen umstürzen konnten. Die Gründe des zweiten Urteils seien zum Teil noch verwerflicher als die inkriminierte Schrift selbst; „die Schmähungen, welche der Lüning sich gegen den deutschen Bund erlaube, werden durch den Hohn, mit welchem das Erkenntniß die Straflosigkeit derselben darzuthun bemüht ist, fast überwogen"[750], so der Innenminister an den Justizminister mit dem Unterton einer Anmahnung von erheblichen Sanktionen gegen die Richter des OLG Paderborn. Es handele sich darum, einer dem Staate drohenden Gefahr vorzubeugen, welche um so erheblicher sei, als sie sich aus der Mitte der Justiz zu entwickeln beginne, welche eigentlich zur Vertretung des Staates berufen sei; Ernst v. Bodelschwingh[751], der neue Innenminister, hielt auch eine Besprechung im Staatsrat für angezeigt und glaubte in den Urteilen politische Grundsätze zu erkennen, durch die eine kräftige, ihres Zieles sichere Verwaltung geradehin zur Unmöglichkeit [werde]. Jeder Versuch, einem Volksaufwiegler, ihm oder anderen zur Warnung, der gerechten Bestrafung zu unterwerfen, wird sie der Gefahr aussetzen, sich eine Niederlage, den Radikalen aber einen Triumpf zu bereiten und deren Zuversicht und Frechheit zu erhöhen. Welches aber das unvermeidliche Endergebniß sein müsse, wenn auf der einen Seite die von den Gerichten im Stich gelassene, ja sogar angegriffene Verwaltung ihre Autorität einbüßt, während auf der andern Seite die feindlichen Partheien an Zahl und Muth gekräftigt werden – bedarf hier nur der Andeutung.[752]

18.2 Kritik der Urteilsgründe durch den Justizminister.

Justizminister Alexander Uhden bat den Innenminister, alle Maßnahmen einstweilen zurückzustellen, eine Beratung im Staatsrat lehnte er mit Blick auf seine Ressortzuständigkeit ab. Den Präsidenten des OLG Paderborn Friedrich Lange forderte er auf, die Akten so zu sekretieren, dass es jedem Unberufenen unmöglich gemacht werde, Kenntnis davon zu erlangen[753]; die beteiligten Richter beider Senate sollten sich zu den Entscheidungsgründen äußern, insbesondere zur Kritik am Umgang mit den Verwaltungsbehörden und dass es sich auf politische Erörterungen eingelassen habe.[754] Aus den Entscheidungsgründen des 1. Senats zu den Gedichten „Der Aufstand zu Athen", „Vertrauen", „Preßgesetz", „Der heilige Bund der Völker" und „Der deutsche Bund" zitierte der Minister die ihm „auffallendsten Stellen"; die Entscheidungsgründe des 2. Senats hätten dem Gedicht eine Deutung gegeben, „durch welche die in den Worten selbst liegende Verunglimpfung des deutschen Bundes ausgeschlossen" werde. Er erwarte einen „verantwortlichen Bericht unter Beifügung der Akten sowie der Relationen erster und zweiter Instanz."[755]

Das Verhältnis zwischen Justiz und preußischer Justizverwaltung war schon länger in öffentlichen Diskussionen befangen. Belange der Richter waren durch Gesetz v. 28.03.1844 in einen „Entrüstungssturm in der Öffentlichkeit" geraten, der „zu zahllosen Petitionen an die Landtage führte, amtliche Denkschriften [...] auslöste, einen Pressekampf zwischen offiziösen und liberalen Blättern entfesselte."[756] Die Paderborner Richter hatten diese Debatten wohl beobachtet, Beiträge sind nicht überliefert. Sie besaßen auch keine Routine in politischen Prozessen, waren aber durch die Debatte sensibilisiert und zeigten dies deutlich in einer Anmerkung zum erstinstanzlichen Urteil und in ihren Antworten an den Minister. Dieses und die Entgegnungen des Paderborner Kriminalsenats auf die Ministerkritik an den Entscheidungsgründen sollen dargestellt und erörtert werden, vorab aber eine nicht beanstandete Urteilsbegründung.

19. Die Erwiderung der Richter aus Paderborn.

19.1 „Erkenntnisse einer schönen Seele" oder „Majestätsbeleidigung"?

„Unrecht und unbequem scheint der Satz mir zu sein aus dem Erbrecht:
löst nicht der Vater die Schuld, soll sie bezahlen der Sohn."
Für mich heb ich ihn auf; euch kann es nur wenig verschlagen:
Seht, auch der sel'ge Papa hätte die Schuld nie bezahlt!" (S. 80)

Dieses Gedicht sei nach der Anklage „eine vollkommen klare Hindeutung auf die Verordnung vom 22ten May 1815 über die Repräsentation des Volks und dieselbe betreffende Eröffnung Sr. Majestät des Königs, mithin eine Beleidigung des Staats-Oberhaupts"[757]. Dazu hatte Otto Lüning eingewandt, er müsse bitten, „die Worte so zu nehmen, wie sie gegeben" seien; er habe nur sein „Mißfallen darüber ausdrücken wollen, daß die Söhne häufig nicht verbunden, die Schulden ihrer Väter zu bezahlen, wie dieß namentlich bei Fideicommissen der Fall" sei.[758] Werde dem Gedichte der Sinn unterstellt, welchen die Klage als unzweifelhaft betrachte, so läge die Majestätsbeleidigung offen zu Tage, stellte das OLG fest. Der Inculpat hätte sich eine Verspottung und Verhöhnung der erhabenen Person des Monarchen erlaubt, indem er dessen Verhalten in Bezug auf die Einführung von Reichsständen und dem eines geldsüchtigen Sohnes vergleiche, der die Schulden seines ebenso habgierigen und treubrüchigen Vaters wider Sitte und Recht zu zahlen verweigere. Das Gedicht erwähne nirgends weder die Majestät des Königs, noch die des verstorbenen Königs Majestät, es schweige über Reichsstände und die Verordnung vom 22.05.1815. Es werde nur eine Person redend darin aufgeführt, welche erkläre, sie wolle unter Aufhebung der Grundsätze des Erbrechts die Schulden ihres Vaters nicht bezahlen, weil auch der Vater sie nicht bezahlt haben würde. Hierauf beschränke sich der Inhalt des Gedichts. Er sei an und für sich durchaus unverfänglich. Nun liege ihm zwar zweifelsohne noch ein versteckter Sinn zugrunde. Dies dürfe man umso mehr annehmen, als das Gedicht unter dem Abschnitt Xenien sich finde. Man könne auch als wahrscheinlich zugeben, daß der versteckte Sinn mit der Politik in Verbindung stehe, da alle übrigen Gedichte der Sammlung mehr oder weniger zu den sogenannten politischen gehören. Dem Leser und Interpreten bleibe es überlassen, den verborgenen Sinn zu erraten. Das Gericht abschließend:

> Wer aber eine unverkennbare Anspielung auf die Preußische Verfassungsfrage darin findet, setzt voraus, daß eines Theils die von Sr. Majestät dem Könige hierüber abgegebene Erklärung mit den Worten, welche die von dem Inculpaten redend angeführte Person ausspricht, die größte Aehnlichkeit habe, und daß andern Theils kein anderes Verständniß übrig bleibe. Andere Gründe zur Rechtfertigung der Auslegung sind unerfindlich. Inmittelst kann, wie von selbst spricht, weder das Erstere als richtig anerkannt werden, noch das Letztere, wie noch wenigern Bedenken unterliegt, zumal wenn man weiß, wie mancher Fürst die Geldschulden seines Regierungs Vorfahrens zu bezahlen nicht geneigt oder in Stande war, als erwiesen gelten. Hiermit fällt die Auslegung, von welcher die Anklage ausgeht, und folgerecht die Anklage selbst als unbegründet in sich zusammen.[759]

Der Kriminalsenat des OLG Paderborn hatte einem Strafantrag auf bloßen Verdacht einer strafbaren Handlung eine Absage erteilt.

19.2 „Politische Erörterungen“ des Gerichts – Justiz und Politik.

Der Kriminalsenat hatte die Vermutung eines Tendenzprozesses zum Urteil angemerkt. Auf die Ministerkritik erwiderten die Richter des Kriminalsenats, das Gericht habe nicht einen politischen Tendenzprozess führen wollen, wohl aber rechne es das Verfahren zu den politischen Prozessen, „die zur Gefahr für den zur Freisprechung sich hinneigenden Richter werden.“ Dabei werde in der Regel jede Regierung die Verurteilung erwarten und wünschen; sie hätte sonst die Anklage nicht erfordert.[760] Sie erklärten politische

Erörterungen hier für unvermeidlich und wesentlich.[761] Damit sei keine Parteinahme verbunden. Sie berichteten dem Minister, sie seien von Anfang an entschlossen gewesen, „alles zu vermeiden, woraus irgend auf einen politischen Standpunkt geschlossen werden könnte." Sie sähen es als „vollkommene Pflicht des Richters an sich fern zu halten von jeder Parteiung in den Fragen, die die heutige Zeit beengen;" damit wollten sie nicht nur liberale Positionen, sondern auch die Erwartungen der Staatsregierung außen vor lassen. Für die Richter war die Staatsregierung zu einer Partei geworden. Sich opportunistisch solchen Erwartungen um der Karriere willen im Voraus zu unterwerfen, erklärten sie berufsethisch und moralisch als im höchsten Grade verwerflich:

> Der Referent, welcher eine Ausführung, einen Entscheidungs- oder Zweifels-Grund, obgleich er ihn für erheblich hält, deswegen wegläßt, bei jenen die auf sein Schicksal Einfluß haben können, Anstoß erregen zu können, der verletzt die Würde seines Amts und verstößt gegen das Gebot, daß man Gott mehr fürchten soll als die Menschen.[762]

Die Richter waren sich bewusst, dass aus der Sache selbst auch politische Wirkungen hervortreten könnten: „keinesweges aber die Augen verschließend das Dasein der Beengung selbst zu ignoriren, da dergleichen auf die Beurtheilung der Strafbarkeit offenbar von Einfluß sein"[763] könne. Den Vorwurf, nicht mit der Verwaltung, einer mit dem Gericht „coordinirten Behörde" zusammengearbeitet, ja sie auch kritisiert zu haben, begegnete das Gericht ausführlich. Die Richter übernahmen die kritischen Sätze des Ministers in ihre Stellungnahme und bemerkten dazu, die Anzeige der Verwaltungsbehörde sei nur die Grundlage für die Einleitung der Untersuchung gewesen; bei der Urteilsfindung habe sich das Gericht auf die Anschuldigungsgründe gestützt, auf welche das Inquisitoriat die Untersuchung gegründet und beschlossen habe, und auf die Vorhaltungen, welche der Untersuchungsrichter dem Angeschuldigten gemacht habe. Mit dem Hinweis auf das rechtlich geordnete Verfahren zogen die Paderborner Richter eine Grenze zum polizeilichen Rechtsverständnis der Staatsregierung. Dem Verdacht einer oppositionellen Haltung waren sie mit einer förmlichen Huldigung entgegengetreten, „an Sr. Majestät unsern König und Herrn".[764]

19.3 Verspottung der Anordnungen im Staate und der deutschen Bundesverfassung durch das Gedicht.

„das Preßgesetz“ (1841)[765]

Ein herrlich Wort klang jüngst durch alle Gauen
Vom Ostseestrande bis zum Vater Rhein:
Am Freiheitstempel will ich weiter bauen,
Die *Rede* soll nun frei von Fesseln sein;
[157v] Der Censor soll mit mörderischer Scheere
Nicht mehr vernichten freien Mannes Wort. –
Es jauchzte Beifall jeder Mann von Ehre,
Denn Geistesfreiheit ist des Volkes Hort.
#
Noch immer läßt sich das *Gesetz* erwarten,
Stürzt manchen Moder auch der Geist der Zeit.
Warum verschließt ihr uns den Zaubergarten,
Soll'n fürchten wir, daß euch das Wort gereut?
O tilget schnell des Zweifels banges Zagen,
Das durch des edlen *Fragers* Straf' erwacht
Soll denn ein freier Mann nicht dürfen fragen,
Was er erwog manch' sorgenvolle Nacht?
#
Erfülle, König, Deines Volks Verlangen,
Gib Dich mit ehrendem Vertrau'n ihm hin;
Entfessele die Rede ohne Bangen:
Den *Mißbrauch* straft des Volks verständ'ger Sinn!
Durch Liebe ist Dein Volk mit Dir verbunden,
Ein fester Band gewähret das Vertraun!
[158] Wenn *Einer* hat bei *Allen* Glauben funden,
Darf *Allen* dieser *Eine* dann mißtrauen?
#
Ein Volk von Männern haust in Deinen Landen,
Besonnen, – doch bereit zu kühner That;
Denk' wie muthig es den Thron gerettet hat!
Und als den großen Kaiser es bezwungen,

Durchforscht sein Geist des Denkens dunklen Schacht;
Kein Volk hat je solch gold'ne Frucht errungen:
Die *Wahrheit* hat es an das Licht gebracht!
#
Und dennoch dürfen Finsterlinge krächzen,
Dieß edle Volk sei *unreif*, *frei* zu sein?
Nicht *Sorg' um Dich* erregt ihr banges Aechzen,
Ihr Thun verträgt nicht hellen Lichtes Schein!
Zersprenge kühn des Geistes enge Schranken,
Doch willst Du's thun, vernichte sie auch *ganz*;
Wenn *alte Trümmer* rings unsicher schwanken,
Erblüht *das Neue* nicht im vollen Glanz.
#
[158v] Censur! Censur! Wie meine Wang' erröthet!
Wie das verhaßte Wort die Brust beklemmt!
Ihr nennt *den* Mörder, der den *Körper* tödtet,
Wie den, der freier *Geister* Aufschwung hemmt?
Sprecht, Deutsche, mir von Würde nicht und Ehre,
Nicht eher seid des Namens *Mann* ihr werth,
Bis aus des letzten Censors letzter Schere
Gehämmert ist ein scharfes Männerschwert!

Zur Begründung der Anklage auf Verspottung der Anordnungen im Staate und der deutschen Bundesverfassung hatte die Anklage das Gedicht „Das Preßgesetz" herangezogen. Es war bereits im Feuilleton der „Kölnischen Zeitung" 1842 wörtlich abgedruckt, zu einer Zeit, als Friedrich Wilhelm IV. ein neues Presserecht in Aussicht gestellt habe.[766] Die Richter des Kriminalsenats rückten es in einen Zusammenhang mit der Entwicklung des Presserechts seit 1819. Die Zensur sei – zunächst auf nur fünf Jahre befristet – eingeführt und 1824 unbefristet verlängert worden, um „frechen unehrerbietigen Tadel oder Verspottung der Landesgesetze und Verordnungen im Staate" zu verhindern. Dazu führte das Gericht aus, daß es erlaubt sei, „Zweifel, Tadel, Einwendungen, Bedenklichkeiten gegen Gesetze und Anordnungen im Staate auszusprechen, Verbesserungen zu beantragen, und hier auf hinzielende Vorschläge zu machen. Die Gesetzgebung des Preußischen Staats" habe „niemals die Unterdrückung der Äußerungen über Mängel und Fehler der Gesetze und staatlichen Anordnungen beabsichtigt." Ihr gebühre „der Ruhm, die Betrachtung und Besprechung der inneren Landesangelegenheiten, der Staats-Verwaltung und Verfassung so wie der Landesgesetzgebung von jeher gestattet zu haben."[767] Verboten und straffällig sei nur: *„der freche unehrerbietige Tadel"* oder *„die Verspottung"* der Landesgesetze und Anordnungen. Eine Verspottung der Zensur und Zensurgesetze könne unmöglich in dem fraglichen Gedicht gefunden werden. Zu verspotten heiße lächerlich zu machen. Das Gedicht sei ernst gehalten. Die Verwerflichkeit der Zensur werde „aus der Natur der Sache und den Vorzügen der Preßfreiheit gefolgert und ihr Bestehen als ein schweres Unglück tief beklagt". „Kein theilnehmender Leser mag er für die Preßfreiheit oder für die Censur eingenommen seyn," werde Neigung zum Lachen empfinden. „Entweder er theilt mit dem Verfasser den herben Schmerz über das Bestehen der Censur und der Censur Gesetze, oder er beklagt, daß deren Heilsamkeit so entschieden hat in Zweifel gestellt werden können."[768]

Der Verteidiger hatte die gegen Dr. Jacoby[769] ergangene Entscheidung des Kammergerichts einbezogen, die auch den Umgang des Autors mit der Zensur und der Erörterung der Landesgesetze zu behandeln hatte. Frechheit sei ein relativer Begriff. Frech sei zunächst eine Eigenschaft der Person. Es tadele frech, dessen Tadel eine Frechheit bekunde.

> Frech ist, der durch sein Benehmen, *die für dieses Benehmen* durch das Sitten – Anstand oder Rechtsgesetz gebotenen Schranken unbekümmert um die Folgen offen und wissentlich verletzt. Die allgemeine, auf keinen bestimmten Fall bezogene Bezeichnung ‚Frecher Tadel' setzt Schranken voraus, welche der Tadel nicht überschreiten darf, ohne über diese Schranken Auskunft zu geben.[770]

Die Richter entzogen sich der Suggestivwirkung der im Tatbestand formulierten Begriffslogik, die seit 1819 auf die Abwehr eines Verfassungsstaats und deutscher Einheit zielte, fragten nach den allgemeinen Verhaltensnormen und nannten das Fehlen dieser Normen eine „Lücke im Gesetzestext". Sie werteten deshalb die Strafvorschrift als „mangelhaft", weil unerwähnt geblieben sei, „welche Schranken der Tadel inne zu halten habe." Die wörtliche Auslegung des Gesetzes führe „zu dem Resultate, es habe „Strafe verwirkt, der durch seinen Tadel das Sitten-, Anstands- oder Rechtsgesetz unbekümmert um die Folgen offen und wissentlich verletze."[771] „Welcher Tadel ausschweifend sey", werde „nicht erklärt vielmehr als bekannt angenommen." Die Lücke müsse aus den allgemeinen Grundsätzen über die den Staatsangehörigen dem Staate und seinen Verordnungen gegenüber obliegenden Pflichten ergänzt werden. Damit übertrugen die Richter den Begriff der Frechheit aus der politischen Verdächtigungssprache in die der bürgerlichen Ethik, wie sie im ALR ausgedrückt war. Die Aufzählung der denkbaren Maßstäbe schlossen die Richter mit den Worten: „Tadel in diesem Sinne wird Niemand in dem incriminirten Gedichte finden."[772]

Ihre Begründung zur Entscheidung zum Gedicht „Preßgesetz" bekräftigten die Richter, indem sie die Kritik des Justizministers in freier Beweisführung mit einem „erkenntnistheoretischen Realakt" konfrontierten:

> Wie bemerkt ist das Gedicht im Jahre 1842 im Feuilleton der gelesensten Zeitung der westlichen Provinzen erschienen. Es ist in 8000 Exemplaren unter das Volk verbreitet, unter den Augen aller Behörden in jedem Gasthofe, jedem Gesellschafts u Lesezimmer aufgelegt; es hat Jahre lang zu Jedermanns Einsicht offen gestanden und steht vielleicht noch in diesem Augenblick offen, [... der Jahrgang der Kölnischen Zeitung[773] sei] öffentlich meistbietend verkauft. Niemand hat daran Anstoß genommen und den allerwenigsten ist eine Aufregung und ein Mißvergnügen mit dem Testat des Censor durch dies Gedicht irgend bemerkbar geworden; es ist gelesen und vergeßen wie so vieles was die Tageslitteratur beut. – Nach Verlauf von 3 Jahren erscheint das Gedicht von Neuem in einer Sammlung mit andern Gedichten, wodurch es offenbar die Publizität nicht erlangen kann, wie durch den Abdruck in einer weit verbreiteten Zeitung, und nun soll das in diesem Gedicht enthaltene Verbrechen so klar, so offensichtlich sein, daß selbst den Richter eine schwere Verantwortlichkeit treffen soll, der dies Verbrechen nicht hat finden können. Schon der Umstand, daß das Gedicht trotz seiner Verbreitung nie und nirgends Aufregung und Unzufriedenheit mit den Maaßregeln der Regierung veranlaßt hat, scheint das Urtheil zu rechtfertigen.[774]

19.4 Schmähung des Deutschen Bundes – Polizeiliche Logik oder Prinzipien des Rechtsstaats?

Den Schuldspruch des Strafsenats zum Gedicht „Der deutsche Bund" hatte der 2. Senat verworfen. Auf die Kritik des Justizministers hin ersetzte er in der Darstellung seines *Gedankengangs* das „historische" Referat durch juristische Hinweise: Prüfung der Rechtsgrundlage, Klärung des objektiven Tatbestands und, über die Analogie zu § 151 Tit. 20 Th II ALR, zu „einer näheren Begriffserklärung" „der, an sich höchst unbestimmten, Worte des Gesetzes: ‚*frecher unehrerbietiger* Tadel' der Bundesgesetze und Anordnungen im Staate." Weil das ALR den Schuldvorwurf von einer unverkennbaren Absicht im Hinblick auf die Tat abhängig mache, sei diese Absicht als „*das wesentliche Requisit des subjektiven Thatbestandes*" „dem Inculpaten nicht zur Last" zu legen. Dabei habe sich das Gericht „von jedem subjektiven Urtheile über die politischen Ansichten, Wünsche und Hoffnungen des Dichters fern zu halten gesucht, und deshalb gleich Anfangs vorausgeschickt, daß der Richter sich bei der Beurtheilung des inkriminirten Gedichtes auf den Standpunkt des *Dichters* stellen müsse." „Alles, was sodann über den Inhalt des Gedichtes gesagt worden", sei „nur eine Uebersetzung der Phantasie-Bilder des Dichters in eine einfache poetische Sprache, mittelst welcher der *Dichter selbst* redend eingeführt und der Sinn seiner Gedanken, Wünsche und Hoffnungen bloß historisch *referirt*"[775] werde. Das Gericht habe das Gebiet politischer Erörterungen, „welches der Spruchrichter nicht ohne Not betreten dürfe", in den Entscheidungsgründen vermieden, oder doch zu vermeiden gesucht. Sollte es „trotzdem nicht gelungen sein, die richtige Grenze zu halten", so falle das gewiß am wenigsten einer illoyalen Richtung ihrer Gesinnungen zur Last. – § 539 ALR stelle gerade den Grundsatz an die Spitze:

> Wer nicht die Absicht hat, den Anderen durch Verachtung zu kränken, oder ihn zu beschimpfen, der macht sich auch keiner Injuirie schuldig, –

Die Ausführung der Entscheidungsgründe habe „sich gerade hauptsächlich mit Prüfung *der* Frage beschäftigt, ob unter den vorliegenden Umständen dem Angeschuldigten die verbrecherische *Absicht*, den deutschen Bund und dessen Anordnungen zu schmähen und zu verspotten beigemessen werden könne." Sollte das Gericht „etwa dennoch unrichtig entschieden oder nicht überall die richtigen Gründe zur Motivirung der Entscheidung gefunden haben, möchten die Ursache hier nur in der Verschiedenheit der Ansichten über die Auslegung der einschlagenden Gesetze zu suchen sein." –

Der 2. Senat schloss den Bericht zu den Urteilsgründen im beruhigenden „Bewußtsein, bei Entscheidung der Lüning'schen Sache ohne Partei-Rücksichten" lediglich nach seiner „besten pflichtmäßigsten Ueberzeugung gehandelt und erkannt zu haben."[776]

19.5 Auswertung der Berichte aus Paderborn durch den Justizminister.

Der Präsident des OLG Paderborn reichte dem Justizminister die Berichte beider Senate ein. Grundsätzlich gab er dem Minister recht, unterstützte aber die Richter. Ihre Rechtsansichten unterlägen zwar erheblichen Bedenken, doch widerlegten sie deutlich den Verdacht, dass illoyale Gesinnung oder Parteirücksichten bei den Mitgliedern der Senate Eingang gefunden und dass diese die Gründe der Entscheidungen beeinflusst hätten.[777] Beide Senate hatten in ihren Berichten dem Ansinnen eines Schuldeingeständnisses widersprochen. Der Justizminister verlangte nun vom Präsidenten des OLG, alle an den Urteilen vom 26.11.1845 und 03.07.1846 beteiligten Richter einzeln zu vernehmen, „in wie weit jeder Einzelne die Gründe des Erkenntnisses gekannt, und dieselben zu den Seinigen gemacht habe"[778] und die Niederschriften „unter Namhaftmachung der Referenten bei beiden Senaten schleunigst einzureichen."[779] Diese Protokolle stellten den Justizminister nicht zufrieden. Sie sind nicht überliefert. Der Minister übergab die Urteile, Berichte und die Protokolle der dienstlichen Vernehmungen dem Kammergericht. Er forderte das Kammergericht zu einem Gutachten darüber auf, ob und gegen welche Mitglieder des OLG Paderborn eine Kriminaluntersuchung oder ein Disziplinarverfahren wegen der in den Urteilen gegen Dr. Heinrich Otto Lüning formulierten Urteilsgründe einzuleiten sei.[780]

20. Das Kammergericht zur Ministerkritik und zur Richterantwort.

Das Kammergericht war von 1835 bis 1840 preußisches Sondergericht für alle Straftaten gegen die Verfassung und wider die öffentliche Ordnung und Ruhe tätig gewesen, als Strafsenat in erster, als Appellationssenat in 2. Instanz.[781] Seit 1845 sollte es mündliche Gerichtsverhandlungen in öffentlichen Verfahren erproben, verbunden damit auch die freie Entscheidung des Richters, der die „Gründe, welche ihn dabei geleitet haben, in dem Urtheil anzugeben"[782] hatte. Das Gericht trat für Disziplinarangelegenheiten im Plenum beider Senate als Instruktionssenat zusammen. Der Vizepräsident des Kammergerichts Heinrich Leopold v. Strampff[783] moderierte als Präsident des Kriminal- wie auch des Instruktionssenats die vom Minister gewünschten Beratungen. Strampff hatte auch Beiträge zur preußischen Rechtssprechung veröffentlicht.[784] Während seiner Zeit als Vizepräsident des Oberlandesgerichts Münster pflegte er Austausch mit Ludwig Vincke in vielen Begegnungen.[785]

Das Kammergericht besaß von der Geschichte her ein besonderes Prestige, das Uhden in den „überall bewährten strengen Ansichten über den hohen Beruf des Richters"[786] sah, die sich beispielsweise 1836 in 39 Todesurteilen[787], in den Festungsstrafen für August Lüning von 25 Jahren – in Abwesenheit – und für Hermann zu sechs Jahren ausgedrückt hatten. Das Kammergericht betonte die Unabhängigkeit der preußischen Justiz, indem es vorab dem Justizminister dankte, dass er „nur die *Gründe* der Entscheidungen, nicht den *Urteilsspruch* selbst als anfechtbar"[788] begutachten lasse.

Der Kriminalsenat des Kammergerichts stellte fest, es sei „kein hinreichender Grund zur Einleitung einer Criminal Untersuchung"[789] vorhanden, doch gebe es „mehrfach ganz ungehörige und anstößige Bemerkungen und Ausführungen". Den Vorwurf des Ministers, das Gericht habe „sich auf politische Erörterungen eingelassen", diese lägen „schon an und für sich außerhalb dem Gebiet richterlicher Thätigkeit" verwandelten beide Senate in die Feststellung, „daß die Entscheidungsgründe des einen und des andern Erkenntnisses in die Erörterung einschlagender politischer Verhältnisse und Thatsachen" *weiter als Not tue* „eingegangen sind"[790]. Das Kammergericht reklamierte damit die Sachkompetenz der preußischen Richter auch, oder gerade in politischen Fällen. Es hatte diese Diskussion Ende 1830 geführt[791], einige der damals beteiligten Richter waren noch im Amt, darunter seit 1843 der aktuelle Vizepräsident.

Der Kritik durch die Staatsregierung entsprach das Kammergericht, indem es wiederholt kritisierte, dass „die subjective Meinung des erkennenden Richters auf eine unangemessene Weise" hervortrete und „auf den unbetheiligten Leser den Eindruck einer keineswegs ruhigen, unbefangenen, und der Würde eines großen Gerichtshofs angemessenen Haltung des Richters" machte. Dem Ministervorwurf, die Urteilsgründe enthielten „sogar Behauptungen, die selbst gegen die Strafgesetze"[792] verstießen, begegnete es mit der Feststellung, dass die Paderborner Richter „hier und da" außerhalb des Gerichts „sogar den Schein einer Billigung der incriminirten Lüningschen Gedichte" erkennen ließen. Das Kammergericht bestätigte die Paderborner Richter darin, dass sie die strafrechtliche Prüfung sorgfältig und auf das Inquisitoriat des Gerichts ausgerichtet hätten, nicht aber auf die Polizeianzeige des Oberpräsidenten. Bei der Begründung ihres Freispruches von dem Vorwurf der Beleidigung des Königs von Griechenland sei allerdings der Kriminalsenat des OLG Paderborn „mindestens von einer groben Fahrlässigkeit" nicht freizusprechen.

IX.
Der Aufstand zu Athen. (S. 36-39)
(15. Sept. 1843)

Hellas! Triumpf, die Freiheit regt die Schwingen,
Die Götter lächeln dem geliebten Land;
Zerrissen sind der Diplomaten Schlingen,
Von edlem Zorne ist das Volk entbrannt!
Hört ihr Homeros Harfe brausen?
Sie kehrt zurück, der Helden schöne Zeit;
Achilleus läßt die Lanze lächelnd sausen,
Und Diomed ruft mächtig euch zum Streit!

Dich, edles Volk, Dich dachten sie zu knechten,
Dich, das so jauchzend für die Freiheit starb!
So zück' das Schwert denn in der starken Rechten,
Das lange glühend um die Freiheit warb!

Schon büßte blutig einst der Knecht des Czaren,
Er trog Dich um des heißen Kampfes Preis;
Doch um die heil'ge Allianz zu wahren,
So pfropften sie auf Dich ein schwaches Reis.

Für Kronen hast Du nicht Dein Blut vergossen,
Dein trunk'nes Auge sah ein schönes Ziel;
Der Freiheit ist Dein edles Blut geflossen: --
Du sollst nicht dienen zu des Knaben Spiel!
Ein fremder Jüngling sollte träumend flechten
Zum Diadem des Volkes Lorbeerkranz?
Die Freiheit sollten Bureaukraten ächten,
Die Du errangst im blut'gen Waffentanz?

Wo einst Perikles Stimme mächtig schallte,
Da sammelt still das Volk sich zum Gericht;
Und ob auch manchen Männerfaust sich ballte; --
Die Rache schweigt da, wo die Freiheit spricht!
Die Lieblinge der Götter, die Hellenen,
Wir glaubten staunend sie zurückgekehrt;
Es fiel kein Haupt, die Freiheit zu versöhnen: --
Es mordet nur der Kön'ge siegend Schwert!

Was Baiern, Russen, Engelländer, Franken!
In Deiner Brust glänzt Deines Glückes Stern;
Was Diplomaten! -- Erdengötter wanken,
Der Tag der Völker, er ist nicht meher fern.
Nach Deines Volkes Göttern sollst Du rufen:
Es sendet Zeus den allgewalt'gen Blitz,
Poseidon brauset um der Throne Stufen,
Es schirmt Athene ihren hehren Sitz.

So schwinge rauschend denn der Freiheit Fahnen,
Die mit des Friedens Oelzweig Du gekränzt;
Klug, wie Odysseus, lenke Deine Bahnen,
Sei treu dem Tag, der ewig, ewig glänzt!

Kein König kann ein einig Volk bezwingen,
Ein Volk ist mächt'ger, als der mächt'ge Czar.
Herbei! Wem Lieder noch im Herzen klingen,
Der lege sie auf d i e s e s Volks Altar!

Die Richter hätten den Ausdruck im Gedicht „schwaches Reis“ und „Spiel des Knaben“ auf das jugendliche Alter König Ottos bezogen, darin keine Beleidigung des Königs gesehen, aber nicht bedacht, dass Otto in Griechenland bei Regierungsantritt zwar „beinahe 18 Jahre“, zum Zeitpunkt der dichterischen Erzählung „Der Aufstand zu Athen“ am 15.09.1843 das 28. Jahr aber „schon lange erreicht“ habe. „Gerade der Umstand [sei] außer Acht geblieben“, „dessen Würdigung zu einer andern Beurtheilung des Gedichts nothwendig hätte hinführen müssen“.

> Indessen sind wir mit dem Criminalsenat unsers Collegii einverstanden, daß sich eine absichtliche Hintansetzung jener Thatsache nicht als vorhanden annehmen läßt, und sind der Meinung, daß sich aus diesem Umstande auch eine DisciplinarUntersuchung auf Amtsentfernung nur bei dem höchsten Grade der Verletzung der Amtspflichten durch Fahrlässigkeit oder grobe Unwissenheit und nur dann eintritt, wenn dadurch dem Staate oder den Parteien ein *erheblicher* Schade zugefügt worden.[793]

In diesem Zusammenhang kritisierte das Kammergericht auch, dass „auf eine unangemessene Weise das subjective Urtheil des Richters“ sichtbar geworden sei, wenn der Richter die kritische Aussage des Dichters über König Otto als ein Urteil beschreibe, „welches die meisten Staats-Männer“ mit dem Dichter teilen, „und das in Wort und Schrift von Freund und Feind zahllos wiederholt ist“. Der Richter rechne sich offenbar dieser Gruppe zu und formuliere eine Erörterung, „deren es, wie so mancher andern, keineswegs bedurfte.“[794]

Auch zum Schutz der Majestät des bayrischen Königs hatte der Justizminister Bericht eingefordert. Er bezog sich auf das Gedicht „Vertrauen, eine Geschichte passirt in dieser Zeit“ in den Xenien. (S. 79)

Nein, wir bewilligen's nicht! Endlos ist eure Verschwendung!
Schmuck sind die Bauten wohl: – aber es hungert das Volk!"
Ach, das versteht ihr nicht! Wo bliebe der Glanz meiner Krone,
Hielte so ängstlich ich Haus; – *Königen muß man vertrauen!*
Ha, welch herrliches Wort! Wir bewilligen mehr als ihr wolltet,
Aus so triftigem Grund zahlen die Deutschen auch gern!
Weil ihr gezahlt, was ihr mußt, und mehr nicht gesagt, als ihr solltet: –
Nächstens versprach ich auch was! „Vivat der König und Herr!"

Der Kriminalsenat des Oberlandesgerichts hatte in dem Zwiegespräch, welches in dem Gedicht ein König mit seinem Volke führt, den „bairischen Finanz und Erübrigungsstreit" des Jahres 1843 wiedererkannt; das Gedicht sei ohne Zweifel „beleidigenden Inhalts". „Die bairischen Stände werden lächerlich darin gemacht und der Verachtung Preis gegeben." Nur die bayerischen Stände seien der beleidigte Teil. König Ludwig I. von Bayern sei dagegen unbeleidigt geblieben, er habe seine Sache mit unzureichenden Gründen verteidigt und die Stände mit solchen Phrasen und leeren Versprechen abzufinden gewußt. Das Kammergericht stützte diese Auffassung mit dem Hinweis auf die literarische Form,

> daß bei einer Xenie der Schluß in der Regel die Spitze enthält, auf welche es der Dichter abgesehen hat, und daß der Schluß (das Schlagwort) sich gegen die Stände richtet. Wird diese Seite hervorgehoben, und dies ist in dem Urtheil geschehen, so entfernt sich dadurch die Annahme einer groben und strafbaren Fahrlässigkeit, wogegen aber auch hier, namentlich in folio 156ᵛ enthaltenen Stelle, die subjective Meinung des erkennenden Richters auf eine unangemessene Weise hervortritt.[795]

Verschiedenartig beantwortete Rechtsfragen stellte das Kammergericht als zulässig hin, auch wenn es diese für fehlerhaft erklärte, beispielhaft dargestellt an dem Gedicht „der heilige Bund der Völker".

Das Gedicht mit der Überschrift

„Der heilige Bund der Völker"[796]
(bei der Räumung Frankreichs, Oktober 1818.)
Nach Béranger. (S. 44)

sei eine Übersetzung aus dem Französischen, hatte Lüning geltend gemacht.

Ich sah die Friedensgöttin niedersteigen,
geschmückt mit Blumen, mit dem Aehrenkranz;
Vor ihrer Stirn voll heit'rer Ruhe schweigen
Des Krieges letzte, matte Donner ganz.
Engländer, Franken, Russen, Deutsche, Friesen,
Gleich stark und tapfer hab' ich euch erkannt;
Auf! Völker, auf! den heil'gen Bund zu schließen!
Auf! reichet euch die Hand!

„Der Haß, ihr Armen, trug euch herbe Früchte,
Im Schlafe schreckte euch ein banger Traum;
Platz ist für Jeden unter'm Sonnenlichte,
Theilt friedlicher des Erdballs engen Raum!
Da, wo ihr suchtet, kann kein Glück ersprießen:
Am Siegeswagen war't ihr festgebannt!
Auf! Völker, auf! den heilgen Bund zu schließen!
Auf! reichet euch die Hand!

Ihr trug't in's Nachbarland des Krieges Wüthen:
Der Nordwind heult' – auf lodert euer Dach!
Und als die wilden Flammen nun verglühten,
Schleicht träg der Pflug: der Arm ist wund u. schwach!
Und wo die Marken an einander stießen,
Starrt blutbespritzt der Blumen hold Gewand.
Auf! Völker, auf! den heil'gen Bund zu schließen!
Auf! reichet euch die Hand!

In euren Städten wüthen noch die Flammen,
Und kaum geendet ist der blut'ge Krieg,
Da markten schon und feilschten frech zusammen
Die Könige um ihren Theil am Sieg.
Wehrlos wie Lämmer, werdet ihr zerrissen,
Aus schwerem – ein unmenschlich Joch erstand.
Auf! Völker, auf! den heil'gen Bund zu schließen!
Auf! reichet euch die Hand!

O laßt umsonst des Krieges Sturm nicht enden:
Heilt durch *Gesetz*[797] die Wunden, die er schlug!
Floß für Erob'rer nicht mit gier'gen Händen,
Für undankbare Kön'ge Blut genug?
Ihr sollt nicht jubelnd falsche Sterne grüßen:
Heut schrecklich – bleichen morgen sie am Strand.
Auf! Völker, auf! den heilgen Bund zu schließen!
Auf, reichet euch die Hand!

Deckt die Vergangenheit mit dichtem Schleier,
Frei athmet auf die Welt nach schwerem Druck!
Bestellt die Felder bei dem Klang der Leier:
Die Künste sind des Friedens schönster Schmuck.
Der Ceres Füllhorn seh' ich überfließen,
Froh knüpft die Hoffnung Hymens süßes Band.
Auf! Völker, auf den heil'gen Bund zu schließen!
Auf! reichet euch die Hand."

Das war es, was die Göttin mir verkündet,
Und mancher König sprach die Worte nach;
Der Herbst hat mit dem Lenze sich verbündet,
Die Blumen flüstern: Holde Lieb' erwach!
Und Frankreichs Wein soll heut den Fremden fließen,
Heut wird befreit sein schönes Vaterland!
Auf Völker, auf! den heil'gen Bund zu schließen!
Auf! reichet euch die Hand!

In dem Lied[798] „La Sainte Alliance des Peuples"[799] besinge Pierre-Jean de Béranger „aus Anlaß der Räumung Frankreichs von den Besatzungstruppen der alliirten Mächte das Glück der unter den europäischen Nationen wiederhergestellten Eintracht," der Dichter beschreibe „mit begeisterten Worten die Segnungen des Friedens" und bitte „die Völker, dieser Segnungen halber nicht abermals in Streit und Krieg zu zerfallen." Die Anklage lege dem Beschuldigten „die Erzeugung von Unzufriedenheit mit den durch die Friedensschlüsse begründeten staatlichen Verhältnissen" zur Last. Zwar wolle es sträflicher Weise ausdrücken, dass „die Früchte des letzten großen europäischen Kontinental-Krieges gewesen seien, dass die Fürsten die Völker, ohne diese zu befragen, frech unter einander getheilt hätten, und daß die Völker unter ein noch schwereres Joch gebracht seien, als es vor dem Kriege auf selbigen gelastet, doch sei dies straffrei, weil die Friedensschlüsse Verträge zwischen Staaten seien und „keinen Theil der Gesetze und Anordnungen im Preußischen Staat ausmachten."[800]

Das Kammergericht widersprach dieser Rechtsansicht, verwies auf die Veröffentlichung der Verträge im Jahre 1818, führte indessen aus, dass

> nur eine verschiedenartig beantwortete Rechtsfrage vorliege, da allerdings noch darüber gestritten werden könne, ob Friedensschlüsse und Staatsverträge, welche den Territorialbestand eines Staats begründen, und die mithin das Fundament seiner äußeren völkerrechtlichen Stellung gegen andere Staaten und zugleich das seiner inneren Organisation bilden, als Staatsanordnungen zu erachten seien, da sie die Fundamente derselben wären. Da auf dieser nicht ganz zweifelsfreien Rechtsfrage die erfolgte Freisprechung beruhe, so lasse sich aus der angetragenen Beantwortung derselben eine Untersuchung nicht füglich rechtfertigen.[801]

Im übrigen stehe einem Gerichtshofe stets die Vermutung zur Seite, dass er nach Überzeugung und mit Gewissenhaftigkeit geurteilt habe, eine Parteilichkeit für den Angeklagten sei nicht anzunehmen. Auch wiesen die Entscheidungsgründe nirgends auf eine Beugung des Rechts zu Gunsten des Angeklagten oder eine vorsätzliche Pflichtwidrigkeit.

In seiner zum Gedicht „Der deutsche Bund" dem Minister eingereichten Begründung hatte der 2. Senat des OLG Paderborn herausgearbeitet, wie wichtig er den Nachweis des sujektiven Tatbestandes angesehen und dass er das Gedicht deshalb vom Standpunkt des Dichters aus beurteilt habe. Er wies darauf hin, dass das Gesetz über die Bedingungen der Ehrenkränkung gerade den Grundsatz an die Spitze stelle:

> Wer nicht die Absicht hat, den Anderen durch Verachtung zu kränken, oder ihn zu beschimpfen, der macht sich auch keiner Injuirie schuldig[802] –

und dass die Ausführung seiner Entscheidungsgründe sich gerade hauptsächlich

> mit Prüfung *der* Frage beschäftigt, ob unter den vorliegenden Umständen dem Angeschuldigten die verbrecherische *Absicht*, den deutschen Bund und dessen Anordnungen zu schmähen und zu verspotten beigemessen werden könne.[803]

Zur Beurteilung dieser Begründung holte das Kammergericht aus bis zum Plädoyer des Verteidigers, stellte fest,

> daß der Dichter beabsichtigt habe, den von ihm fingirten, nach den Freiheitskriegen zu erwartenden Bund der Deutschen, dem Deutschen Bunde, wie er aus der Bundesakte hervorgegangen, einander gegenüber zu stellen und gleichsam einen Kampf beider auf Tod und Leben auszumalen. Dieß Bild sei consequent durchgeführt, und so könne es nicht auffallen, wenn bei einem so gewagten, wiewohl dichterisch nicht unstatthaften Bilde die einzelnen Striche zur Skizzirung derselben stark aufgetragen seien. Schließe diese Anschauungsweise eine Absicht, den deutschen Bund zu beleidigen, aus, so könne es nicht weiter auffallen, wenn der Deutsche Bund als Sarkophag der Freiheit der Deutschen bezeichnet sei, ja wenn der Deutsche Bund so dargestellt werde, als folge ihm ein bleicher Schemen, der Schatten des verschwundenen Bundes der Deutschen, nach, und wenn von ihm weiter gesagt werde, auf seiner Seele laßte ein schwerer Mord, nämlich die Vernichtung des Gedankens einer sonst kräftigen erstarkten Einheit.[804]

Das Kammergericht bemerkte, dass aus der Definition der vom 2. Senat in Paderborn formulierten Poetik der Freispruch Lünings sich von selbst habe ergeben müssen.[805] Es bezeichnete dieses Vorgehen als fehlerhaft. Ein Gericht habe das dichterische Erzeugnis als etwas rein Objektives ins Auge zu fassen, habe nur zu ergründen, von welchem Gesichtspunkte der Angeschuldigte ausgegangen und auf welchem Wege er zu seinem Endziel gelangt sei. Danach habe er den rein objektiven Teil seiner Aufgabe vorwalten zu lassen. So hatte es das Kammergericht bisher gehalten, jetzt legte es dar, der Richter habe „die Grundlage, auf welcher das Gedicht“ beruhe, „darzulegen, seine Tendenz zu prüfen“; im einzelnen forderte es eine Feststellung der polizeilich angezeigten Begriffslogik und zählte Fundstellen auf: in der Grundansicht des Gedichts, in der Tendenz, in den Bildern und Anschauungen, welche die Phantasie des Dichters in Ausmalung seines Grundgedankens vorführe, in den Episoden, in den einzelnen Bildern, in der Darstellung selbst im Hinblick auf die Strafbarkeit, auch wie weit das vom Dichter vielleicht versteckt Gesagte strafbar sei und die gezogenen Schranken überschreite. Der Richter habe sich dem Zensor gleichzustellen, der vor dem Drucke nicht die Kritik nach dem Standpunkt des Verfassers, sondern nach dem des objektiv Erlaubten anlege. Das Kammergericht bezeichnete damit das von ihm in der Vergangenheit praktizierte Verfahren in den politischen Prozessen, wo aus der Logik der verwendeten Begriffe die Logik des Urteils folgte und eine weitere rechtliche Abwägung unterblieben war. Der Kriminalsenat des OLG Paderborn hatte den Unterschied der Kompetenzen genau beschrieben: „das Tadelswerthe, Unschickliche, Ungeeignete dieser Sprache" gehöre „zum Ressort der Censur und Polizeibehörden", ihm habe nur „die Beurtheilung [...], ob sie dem Strafgesetz verfallen sei"[806] vorgelegen; „nur" – mit dieser Einschränkung waren die polizeilichen Aspekte außen vorgeblieben. Das Kammergericht abschließend:

> Dennoch ließe sich ein Disciplinarverfahren auf Amtsentfernung nicht durchführen, denn es dürfte weder eine vorsätzliche Pflichtverletzung, noch eine grobe Fahrlässigkeit vorliegen, durch welche dem Staate oder den Parteien ein erheblicher Schaden zugefügt worden, vielmehr zunächst hauptsächlich nur eine unrichtige Rechtsansicht vorwalten.[807]

Für den Fall, dass entgegen dem Gutachten eine Untersuchung „höheren Orts" beschlossen werden sollte, sei diese nur gegen die Gesamtheit der beteiligten Richter beider Senate einzuleiten. Mit dieser Formel bekräftigte das Kammergericht den Anspruch der Paderborner Richter auf Wahrung der „Unabhängigkeit des Rechtsgesprächs."[808]

21. Interner und öffentlicher Abschluss der Diskussion um die Urteilsgründe.

Fünf Monate nach dem Gutachten des Kammergerichts berichtete Justizminister Uhden dem Monarchen über die gegen Otto Lüning geführten Ermittlungen, die Gerichtsverfahren und Untersuchungen. Uhden machte sich das Gutachten des Kammergerichts zu eigen, nannte Chef-Präsident

Lange als Zeugen, dass die Richter „von der treuesten, loyalsten Gesinnung erfüllt“ seien, eine verfehlte Arbeit dürfe aber nicht „die Ergebnisse einer langen, wiederholt lobend anerkannten amtlichen Wirksamkeit des Kollegii vergessen“ machen. „Hochgestellte Beamte, und unter diesen der Finanz-Minister v Düesberg, welcher viele der ältern Mitglieder aus naher amtlicher Berührung *persönlich*“ kenne, „stimmten in das Lob derselben mit ein“.[809] Gleichwohl halte er die erhobenen Vorwürfe für berechtigt, doch liege der Fehler hauptsächlich in „irriger Rechtsansicht“. Das Kammergericht rate von strafrechtlichen und disziplinarischen Massregeln gegen die Richter ab[810], dennoch sei der Fall doch „zu exorbitant“, habe „auch bereits ein zu großes Aufsehen erregt“[811], als dass er durch eine einfache ministerielle Rüge abzumachen wäre. Er bat König Friedrich Wilhelm IV., den Paderborner Richtern seine persönliche Missbilligung auszusprechen. Den Erlassentwurf an das OLG Paderborn fügte er bei. Darin stellte er die Paderborner Richter als Männer hin, die sich unter dem Einfluss von Rädelsführern[812] im Schutz ihrer richterlichen Stellung zu „Partei-Meinungen des Tages“[813] und zu sonst strafbaren Äußerungen hätten hinreißen lassen. Der König teilte dies auch allen anderen Oberlandesgerichten mit, der Öffentlichkeit durch die Augsburger Allgemeine ein halbes Jahr später.[814] Otto Lüning nahm das im Westphälischen Dampfboot nicht zur Kenntnis.

22. Otto Lüning und seine Richter: Freispruch vom Revolutionsverdacht durch „Revolution“ der Richter?

Otto Lüning hatte in der Alternative „der deutsche Bund wird nun der Deutschen Bund“[815] die politische Wende ausgedrückt. Nach dieser revolutionären Umkehr treten in der „freien Zukunft“ die „Deutschen“ an die Stelle des von autoritärer Obrigkeit bestimmten deutschen Bundes. Wie die Richter des Paderborner Strafsenats in die „Revolution“ hineingezogen wurden, machen die historischen und politischen Bezüge deutlich, die sie in den Gründen ihrer Einzelentscheidungen ansprachen, um die dichterischen Aussagen zu erklären. Sie beriefen sich auf die „Dichter der Freiheitskriege“, ungenannte, aber „bewährte Kriegs- und Staatsmänner“ und die „burschenschaftlichen Verbindungen“ im Urteil der „Geschichtsschreiber“ der „Geschichte der Neuzeit“, fassten sie ein in die – wegen der Verfolgung der Studenten – „gereizte Stimmung des Volkes“[816]. „Was dem Geschichtsschreiber und Politiker erlaubt ist, darf auch der politische Dichter wagen.“[817] Mit dem Umfeld dieser Bewegung sind sie gut vertraut: „es ist bekannt“, man teilt die Auffassungen der „meisten Staats-Männer“, spricht aus, „was Geschichte und Politik als zweifellos betrachten“, was „zu den allbekannten geschichtlichen Wahrheiten gehört“[818] und „nach der weit verbreiteten Ansicht vieler achtungswerther Männer durchgreift“[819]; Widerspruch dagegen wird „in zahlreichen Schriften und in Blättern widerlegt“[820]. Die Staatsregierung fühlte sich angegriffen. Das Kammergericht hatte nur die „subjective Meinung des erkennenden Richters“ ausgemacht, sie trete, wie mehrfach vermerkt, „auf eine unangemessene Weise hervor“.

Der Paderborner Appellationssenat sah wie die Richter der 1. Instanz auf „die Geschichte der Neuzeit“. Sie zitierten „historisch kritisch“ und bis zur Datierung am 25.03.1813 genau die Erklärung von Kalisch und hielten den Fürsten ihre eigenen Worte von dem „neuen deutschen Reiche, in welchem Deutschland verjüngt und lebenskräftig und in Einheit gehalten unter Europas Völkern dastehen sollte“ entgegen. Das wirkte noch revolutionärer als der Freispruch Lünings. Der Justizminister hatte die Brisanz erkannt und die Sekretierung beider Urteile angeordnet, das Oberlandesgericht Paderborn die Urteilsabschriften in Rheda und Gütersloh einziehen lassen.[821] Darüber berichtete ausführlich die „Kölnische Zeitung“ am 15.10.1846, Einzelheiten aus den Urteilsbegründungen gerieten nicht an die Öffentlichkeit. Gegen die Beschlagnahme der Urteilsabschriften beschwerte sich Lüning beim Justizminister, verständlicherweise erfolglos.

Die Betrachtung der Urteile und der ergänzenden Ausführungen hat gezeigt, dass die Justiz nicht mehr als Stütze des autoritären Regimes verlässlich war. Dabei huldigten sie dem König und betrieben keine Opposition. Allerdings bedienten sie sich ihres eigenen Verstandes. Oberlandesgerichts Vizepräsident Heinrich Ebmeyer[822], der die Beratungen im Kriminalsenat geleitet hatte, gehörte 1848 zu den Juristen, die von ihrem aufgeklärten Rechtsverständnis[823] öffentlichen Gebrauch machten, um die politischen Verhältnisse und Tatsachen zu erklären und zu verändern. Er wurde 1848 im Wahlkreis Lübbecke-Herford als Mitglied der deutschen Nationalversammlung gewählt, gehörte auch dem Rumpfparlament in Frankfurt an. Oberlandesgerichtspräsident Friedrich Lange[824] wurde 1865 Ehrenbürger der Stadt Paderborn. Am 16.08.1879 gelangten die Urteile mit allen Begleitakten im

Zuge der Verwaltungsreform zum Appellationsgericht nach Hamm und blieben vollständig erhalten, öffentlich zugänglich seit 1965.[825]

23. Epilog.

Otto Lüning ließ am 15.05.1848 das Dampfboot zum letzten Mal erscheinen, Walter Gödden informiert im „Lesebuch" über den Umzug nach Frankfurt, die vergebliche Kandidatur zur Nationalversammlung und die Herausgabe der „Neuen Deutschen Zeitung" zusammen mit Joseph Weydemeyer.[826] Ihren Brüdern zugetan, seit 1845 mit Joseph Weydemeyer verlobt, seit dem 03.10.1847 verheiratet, bewegte sich Luise Lüning[827] inmitten dieser sozialrevolutionären und emanzipatorischen Diskussionen. Beiträge unter ihrem Namen sind nicht bis zur Auswanderung in die USA überliefert. Ein Brief ihres Verlobten aus Brüssel vom 21.02.1846 lässt erkennen, dass sie in die Erörterung der zwischen den Männern verhandeltenen Themen nicht einbezogen wurde:

> [...] Wenn ich Dir erzähle, was wir hier für ein Leben geführt haben[828], so wirst Du über die Kommunisten gewiß die Hände über den Kopf zusammenschlagen. Um den Unsinn auf[s] Höchste zu treiben, haben Marx, Weitling, Marx' Schwager und ich[829] eine ganze Nacht durch ---- gespielt. Weitling wurde zuerst müde. Marx u. ich schliefen einige Stunden auf einem Sofa und verbummelten dann den folgenden Tag in Gesellschaft von seiner Frau[830] u. seinem Schwager auf die kostbarste Weise. Des Morgens früh zogen wir erst in eine Bierkneipe („estaminet") fuhren dann mit der Eisenbahn nach einem nahen Örtchen Villemorde wo wir zu Mittag aßen, u. kehrten dann in der übermüthigsten Laune mit dem letzten Zuge wieder zurück. Marx ist durch alle diese Geschichten wieder sehr auf den Strumpf gekommen, wenn ihm jetzt das mehrtägige Fahren nur nicht wieder schadet. Morgen will ich mit Weitling eine Lusttour nach Waterloo machen, was ungefähr 3 Stunden von hier entfernt ist. Könnte ich doch auch so recht bei Dir sein. In Köln wartet jetzt gewiß schon seit einiger Zeit ein Brief von Dir auf mich u. ich muß hier ohne Nachricht sitzen. Das ist recht häßlich; ich werde mich aber bald reichlich entschuldigen für all diese Entbehrungen. Aus dem Liederbuch werde ich Dir noch einige Gedichte abschreiben, welche Du aber nicht eher erhälst,

als bis ich selbst komme. Ich küsse Dich mein Liebchen. ≈≈≈≈≈≈ So eben springt Marx wieder ein, er ist nur bis Arlon mitgefahren; nun ist doch Aussicht zum Ende da, jedenfalls wird für's Erste die Langeweile enden, die ich während seiner Abwesenheit genossen habe. ≈
Ich muß sogleich einige Zeilen an Julius[831] absenden, und benutze diese Gelegenheit, Dir auch diese zukommen zu laßen. Marx hat mir angekündigt, daß ich noch unbedingt 1 ½ Wochen hier bleiben müßte. Ich muß mich in diese harte Nothwendigkeit schon ergeben, da wir jedenfalls noch erst Antwort von Julius abwarten müssen. Bitte liebes Herzchen, laß mir auch noch einige Nachricht bis dahin zukommen, aber recht bald, damit mich Dein Brief nicht verfehlt, wenn ich etwa meine Abreise etwas beschleunigen könnte. Sei mir nicht böse, daß ich Dir wieder so wenig schreibe; Du weißt ja, wie es bei einem solch herumtreibenden Leben geht. Ich werde Dir desto mehr erzählen, wenn ich bei Dir bin. Alles mag ich auch dem Papire jetzt nicht anvertrauen, da die Gefahr der Eröffnung bei Briefen von hier nur viel größer ist. – Morgen werde ich nach Köln schreiben, damit ich etwaige Briefe möglichst bald erhalte.
Herzliche Grüße an Bella, Schaumburg[832], Deinem Vater. Es grüßt Dich Dein
Joseph

Joseph Weydemeyer, von 1842 bis 1845 Leutnant der Artillerie, begleitete das „Westphälischen Dampfboot" Otto Lünings mit zahlreichen Beiträgen. August Lüning berichtet über das letzte Zusammensein der Geschwister und ihrer Familien mit dem Vater im Sommer 1850 in Frankfurt:

> Das Jahr 1850 kann als der Kulminationspunkt des gesammten Lüning'schen Familienlebens bezeichnet werden, und mag daher hier eine kurze Erwähnung finden. Bruder Otto, Chef-Redaktor der „Neuen deutschen Zeitung", des Hauptorgans der äußersten Linken des Reichsparlamentes von 1848 und 1849, bewohnte nebst unserm Schwager Weydemeyer, Mitredaktor der „Neuen deutschen Zeitung" und ihren beiden Familien eine reizende Villa vor dem Bockenheimer Thor in Frankfurt. Dort trafen wir drei von Zürich, Bruder H., meine Frau und ich, mit dem Vater aus Westfalen zusammen, der noch einmal alle seine 4 Kinder, von denen drei aufs Glücklichste verheirathet, gesund und fröhlich bei einander sehen sollte. Diese Tage und Wochen des heitersten Zusammenlebens, in so glücklichen Familienverhältnissen, werden nie aus meiner Erinnerung schwinden.[833]

Otto und Luise brachten sich und ihre Familien vor polizeilicher Verfolgung 1851 in der Schweiz in Sicherheit. Luise und Joseph Weydemeyer fuhren mit ihren Kindern weiter am 28.09.1851 über Le Havre in die USA, weil sie in der Schweiz kein Auskommen sahen. Im US-amerikanischen Bürgerkrieg wirkte Weydemeyer in unterschiedlichen Kommandos als Offizier. Die Deutschamerikaner beteiligten sich innerhalb der republikanischen Partei auf Seiten der vorhaltslosen Verfechter einer Emanzipation der Sklaven. Weydemeyer war in St. Louis „einer jener führenden Deutschen. Er war es, der die politische und soziale Bedeutung des Kampfes gegen die Sklaverei erkannte." Weydemeyer wurde „im Herbst 1865 zum Countyauditor, zum höchsten Finanzbeamten in St. Louis gewählt."[834] Er starb 1866 an der Choleraepidemie. 1944 erschien der Name Joseph Weydemeyers am Bug eines Libertyschiffes.[835]

24. Karten

24.1. Die im Buch genannten ostwestfälischen Orte im Regierungsbezirk Minden 1848.

LAV NRW W., W 051/Karten A Nr. 11776,
überarbeitet von Arthur Neugebauer. Der QR-Code verweist
auf das unbearbeitete Kartenbild im Online-Portal des LAV NRW W.

24.2. Der Deutsche Bund 1815-1866 mit einem Hinweis auf die Grafschaft Ravensberg.

In: Professor G. Droysens Allgemeiner Historischer Handatlas
in sechsundneunzig Karten, mit erläuterndem Text.
Ausgeführt von der Geographischen Anstalt von Velhagen & Klasing
in Leipzig unter Leitung von Dr. Richard Andree.
Velhagen & Klasing, Bielefeld/Leipzig 1886.

Anmerkungen

1 Friedrich Keinemann, Zeitgenössische Ansichten über die Entwicklung von Wirtschaft, Gesellschaft und Kultur in den westfälischen Territorien der 2. Hälfte des 18. Jahrhunderts. Westfälische Zeitschrift 120, Münster 1970, S. 408-411.

2 Hartmut Mangold, Hoffmann als „Demagogenrichter", https://etahoffmann.staatsbibliothek-berlin.de/leben-und-werk/jurist/hoffmann-als-demagogenrichter/ 14.01.2023, 17.00 Uhr.

3 Wilhelm H. Neuser, Protokolle 1, S. 488-491, hier S. 490. „Um 1820 hatte sich die Zahl der preußischen Pfarrer bei 5. 714 eingependelt", Hans-Ulrich Wehler 2, S. 461.

4 Kabinettsorder v. 01.03.1817, Erich Förster Die Entstehung der preußischen Landeskirche, Tübingen 1905, Bd. 1, S. 270.

5 „Sekten" standen unter landesherrlichem Schutz und zugleich unter dem Verbot der „Proselytenmacherei." Valjavec, Fritz, Das Woellnersche Religionsedikt und seine geschichtliche Bedeutung. In: Historisches Jahrbuch der Görres-Gesellschaft 72 (1953), S. 386. „Oesterreich, Rußland und Preußen [...] erklärten die neue Verfassung [beider Sizilien] für das Werk einer politischen Sekte" (der Carbonari). Brockhaus 1820 s. v. Sicilien (das Königreich beider S.), S. 111.

6 Die Bezeichnung Protestanten sei „auf den Reichstagen von 1521 bis 1529, insbesondere der Speyerer „Protestatio" vom April 1529 als Rechtsbegriff entstanden, später seien so auch im konfessionellen Sinne Lutheraner und Reformierte zusammengefasst worden. Friedrich Wilhelm Graf, Protestantismus, S. 12-13.

7 Vormärz Handbuch, S. 59.

8 In der zeitgenössischen Presse wurde Schuckmanns polemische Wendung nicht aufgenommen, nur das Nebeneinander der Begriffe gegensätzlich bewertet: dem Satz, „die Protestanten" bildeten „fortwährend die aufmerksame und freimüthige Opposition in der Kirche Christi" stand gegenüber, „die Idee einer Opposition bei religiöser Gesetzgebung" „widerspräche steter Beförderung brüderlicher Herzlichkeit." Ralf Ventur, S. 76-77.

9 Friedrich Wilhelm Graf, Protestantismus, München 2006, S. 15-16.

10 „Nach dem Tod Königin Luises im Jahr 1810 war Friedrich Wilhelm III. unter den Einfluss einer »Ersatzfamilie« aus Höflingen geraten." Christopher Clark, Preußen, S. 463.

11 „Berichtigung einer Stelle in der Bredow-Venturinischen Chronik für das Jahr 1808. Ueber politische Vereine und ein Wort ueber Scharnhorsts und meine Verhältnisse zu ihnen, Berlin 1815". Schmalz ließ drei weitere Veröffentlichungen folgen.

12 Aloys Hirt (1759-1837) Erster Professor für Klassische Archäologe in Berlin.

13 Johann Heinrich Schmedding an Ludwig Freiherr Vincke aus Berlin am 17.11.1815. Friedrich Philipp Rosenstiel (1754-1832) war ein preußischer Beamter und Direktor der Königlich Preußischen Porzellan-Manufaktur sowie Preußischer Staatsrat. Vincke war seit dem 13.11.1813 Zivilgouverneur, ab dem 25.05.1815 Oberpräsident von Westfalen. In: Vincke, Tagebücher 7, Brief Nr. 79, S. 558-60, hier S. 559.

14 Zum Tugendbund s. Matthias Wolfes, 1, Berlin New York 2004, Anm. S. 216f.

15 Schmalz, Berichtigung, S. 11.

16 Ebd., S. 15.

17 ALZ 1815, Sp. 142.

18 „Ueber die der Warnung des geheimen Justizraths Schmalz gegen geheime Verbindungen zu Grunde liegende Wissenschaft." GStA PK I. HA. Rep. 77. IX. Nr. 5. Vol. l, Bl. 103-104. Zitat bei: Dankfried Reetz, Schleiermacher, S. 273.

19 Schmalz vertrat in seinem „Handbuch der Staatswirthschaft, (Berlin 1908) eine entschieden konservative Haltung. Demokratisierungstendenzen jeglicher Art wurden kategorisch abgewiesen. Schleiermacher, KGA 1.14, S. LXI.

20 Schmalz, Berichtigung, S. 14.

21 Ebd., S. 11.

22 Ebd., S. 15.

23 Schmalz, Letztes Wort, S. 9.

24 Den Vorwurf „Kampf gegen Gespenster und Windmühlen" tat der Verfasser damit ab, „niemand als die Müller" könne sich darüber beschweren. Schmalz, Letztes Wort, S. 4.

25 Zwei Übersichten in neuerer Zeit: Matthias Wolfes 1, S. 71-97 und Hans-Christof Kraus in: „Theodor Anton Heinrich Schmalz (1760-1831), Jurisprudenz, Universitätspolitik und Publizistik im Spannungsfeld von Revolution und Restauration", Frankfurt 1999, S. 189-242.

26 K.[amptz] (Rez.) in: Allgemeine Literatur-Zeitung Jena, October 1815, Sp. 74-76.

27 Schleiermacher erklärt die Begriffe aus dem griechischen Altertum: „Es herrsche in der Demokratie „eine Ungleichheit zwischen Einsicht und Willen; so daß offenbar ein Theil mehr activ, der andere passiv seyn wird. Dies bildet sich in der Praxis weiter aus, und der active wird ein Übergewicht über den passiven erhalten. Dies ist der Ursprung der in jeder Demokratie unerläßlichen Dämagogie, oder der Herrschaft der Einzelnen, die in der Volksversammlung ein überwiegendes Ansehn haben, ..." Schleiermacher, Kolleg 1817, Nachschrift Varnhagen, Schleiermacher, KGA II, 8, S. 237.

28 Heinrich Würzer, Fortgesezte Untersuchung über die Revolution. Der patriotische Volksredner, 1796, 6. Stück, S. 85: „bei uns [sind] die Bezeichnungen Jakobiner und Demokrat zu gleichdeutenden Wörtern und Schimpfnamen geworden, womit alle die belegt werden, die den Ursprung aller Souveränität

vom Volke herleiten und die Rechtmäßigkeit und Notwendigkeit politischer Reformen behaupten."

29 Ueber eine merkwürdige politische Schrift des Herrn Geheimrath Schmalz, Minerva 1815, S. 175f.

30 Schmalz, Letztes Wort, S. 14.

31 Hans-Christoph Kraus, S. 234; Matthias Wolfes 1, S. 85.

32 Hans-Christoph Kraus, S. 233.

33 Vormärz Handbuch, S. 739, 743-744.

34 Allgemeine Zeitung Nr. 2, 1816, 2. Januar.

35 Johann August Sack, zunächst Zivilgouverneur, seit 01.07.1815 Oberpräsident am Niederrhein. Am 11.01.1816 vernahm Vincke gerüchteweis, am 15. mit Gewissheit, dass er als Oberpräsident in die Provinz Pommern versetzt wurde. Vincke, Tagebücher 7, S. 220. Max Bär, Die Behördenverfassung der Rheinprovinz seit 1815. = Publikationen der Gesellschaft für Rheinische Geschichtskunde; 35. Bonn 1919, S. 121f. Sacks Rückhalt in der öffentlichen Meinung s. Reinhart Koselleck, Preußen, S. 225.

36 Cabinets-Ordre an Sack. Berlin, den 3. Januar 1816. Paul Czygan, Zur Geschichte der Tagesliteratur, S. 370.

37 Ebd., S. 359.

38 v. Solms-Laubach an Hardenberg. Coblenz, den 21. December 1815. Ebd., S. 369.

39 Schleiermacher, KGA III, 4, S. 680-692, hier S. 681.

40 Matthias Wolfes bemerkt, Schleiermacher habe den Predigttext selbst gewählt, verbinde den Wortlaut der Schrift ohne auf die Eigenart als Segenswort einzugehen mit der Frage, „wofür wir Gott danken und was für Wünsche und Gelübde wir vor ihn bringen sollen." Er identifiziere das biblische Israel aus der im Text vorausgesetzten Szene mit der preußischen Bevölkerung und setze Gemeinde und Volk gleich. KGA III, 4, S. 126-127.

41 Ebd., S. 686. Sperrung wie im Druck.

42 Ebd., S. 681.

43 Niebuhr, Barthold Georg, Ueber geheime Verbindungen, S. 9.

44 Schleiermacher, KGA III, 4, S. 687.

45 Ebd., Zeile 26 – S. 688, Zeile 2.

46 03.12.1821, aus dem Bericht der Mainzer Bundeszentralkommission über das politische Treiben in Berlin, GStA PK I. HA Rep 77 Tit. 17 Nr 40 Bd. 1, Bl. 150. Dankfried Reetz, Schleiermacher, S. 306. Matthias Wolfes KGA III, 4, S. 127.

47 Doppelter dicker Rotstrich unter dem Namen.

48 aus dem Bericht der Mainzer Bundeszentralkommission über das politische Treiben in Berlin, GStA PK I. HA Rep 77 Tit. 17 Nr 40 Bd. 1, Bl. 150. Dankfried Reetz, Schleiermacher, S. 306. Matthias Wolfes KGA III, 4, S. 127-128. Über

die Entstehung des Berichts, Verfasser und Adressaten s. Reetz, Schleiermacher, S. 273-287.

49 „So wenig Spuren eines solchen [Bl. 150] Frevels – der Empörung – giebt es in unserer Geschichte, daß sie sich in dem unbeachteten Gebiete unsicherer Vermuthungen verlieren; und daß jeder Argwohn, als ob hie und da etwas gebrütet würde, woraus sich Zwietracht entspinnen könnte, wenn er nicht sollte absichtlich das gegenseitige Vertrauen untergraben wollen, nur mitleidig würde verlacht werden." – – „oder wenn eine andre Stelle von ängstlichen Gemüthern spricht, die, verschüchtert durch die schweren Kämpfe und Leiden dieser letzten Zeit und gepeinigt von den Schreckbildern ausländischer Thaten sich und andere mit der Besorgniß quälen wenige oder viele wären da, die Übels wollten und Empörung brüteten, welchen besorgten Gemüthern dann gewünscht wird, daß ihnen Gott die Augen öffnen möge, damit sie sähen, daß kein solcher da sey und daß sie sich vor Schatten gefürchtet. pp" GStA PK I. HA Rep 77 Tit. 17 Nr 40 Bd. 1, Bl. 149-150.

50 ALR Teil II Tit. 11, § 532.

51 Bericht an den König v. (NN). Juni. 1823 Reetz, S. 487.

52 Theodor Anton Heinrich Schmalz, Herrn B. G. Niebuhrs Schrift wider die meinige, Berlin 1815, S. 4.

53 Ebd., S. 8.

54 Johann Bockhold, ein Schneider aus Leyden wurde 1833 von den Wiedertäufern in Münster zum König ausgerufen.

55 Theodor Anton Heinrich Schmalz, Letztes Wort ueber politische Vereine, Berlin 1816, S. 11f., dort auch das vorangegangene Langzitat. Hervorhebung wie im Druck. Dieser Titel wurde in der Allgemeinen Zeitung Nr. 11, S. 44 am 11.01. als soeben erschienen unter „Berlin, 2. Jan[uar]" angekündigt. Das Verbot weiterer Veröffentlichungen zu der von Schmalz angestoßenen Diskussion vom 06.01.1816 veröffentlichte die Allgemeine Zeitung Nr. 21, S. 83 am 21.01.1816.

56 Schleiermachers Schrift „An den Herrn Geheimenrat Schmalz. Auch eine Recension." ist im Laufe Dezember 1815 erschienen. Daher halten es Matthias Wolfes und Michael Pietsch für unwahrscheinlich, dass Schmalz davon in seiner 3. Schrift Kenntnis hatte. Schleiermacher, KGA I, 14, S. LVIII-LXVIII. 125-176.

57 In einem Brief aus Paris vom 21.10.1815 an Verleger Georg Reimer habe Friedrich Eichhorn – preußischer Kultusminister 1840 bis 1848 – davon abgeraten, gegen Schmalz und seine Beschuldigungen das Einschreiten der Regierung anzurufen. „Mit Recht – heißt es darin – fühlst du dich empört über Schmalz und Consorten, und sprichst in den Worten, welche du mir darüber geschrieben hast, eine eigene Empfindung aus. Darum bin ich aber nicht deiner Meinung, daß die Regierung mit einer Untersuchung sich in die Sache

legen soll. Wenn die Regierungen ein Mal angefangen, von Schriften jener Art Notiz zu nehmen, welche du in Vorschlag bringst; *wer steht dafür, daß wie du sie gegen die beschimpften* Verbündeten *anrufst, sich auch wieder gegen gerechte Anklagen als Verläumdungen brauchen läßt.* – Wo keine Personen angegriffen werden, und die Sache als Pasquill erscheint, würde jede offizielle Beurtheilung von Seiten des Staats in lauter Willkühr schwanken. [...]" (Schwarzer Doppelstrich am Rand und großes Fragezeichen in Rot. „Verbündeten" ist doppelt unterstrichen.) Bericht über das Berliner Treiben, Bl. 146.

58 Immediat-Eingabe von Niebuhr und Genossen. Berlin, 12.12.1815; abgedruckt in: O.[tto] M[ejer] (Hrsg.): Niebuhr und Genossen gegen Schmalz, in: Historische Zeitschrift 61 (1889), S. 295-307. Die Eingabe hier: S. 296-299, das Zitat: S. 297, die Unterzeichnerliste: S. 299. Bericht über die Eingabe und Zitat bei Wolfes 2, S. 81.

59 Verordnung wegen der angeblichen geheimen Gesellschaften vom 06.01.1816. Gesetz-Sammlung für die Königlichen Preußischen Staaten, Berlin 1816, Nr. 2, S. 5-6 und S. 7-12.

60 Ebd., S. 8. Vincke kritisierte das als eine „Einmischung der Gesetzgebung in die ärgerlichen Schmalzschen Händel!" 17.01.1816; am 23.11.1815 hatte Vincke einen Brief mit ausführlichem Bericht über den durch Schmalz ausgelösten Skandal erhalten und notiert: „abends mich an Niebhur contra Schmalz erbaut;" Vincke, Tagebücher 7, S. 222.

61 Schmalz hatte am 27.10.1815 von Friedrich Wilhelm III. unmittelbar nach der Rückkehr aus Frankreich den Roten Adlerorden 3. Klasse erhalten, zum 18.01.1816 die Einladung zur königlichen Tafel. Kraus, S. 225. Max Lenz, Geschichte der Königlichen Friedrich Wilhelms-Universität zu Berlin, I, S. 541.

62 Natorp, Bauks Nr. 4391, am 07.03.1815 an Franz Baedeker (1752-1825). Immanuel Kant hatte den Staat der bürgerlichen Kritik unterworfen, die Teilnehmer der Befreiungskriege daraus einen moralischen Anspruch auf politische Teilhabe abgeleitet. I. Kant, Vorrede zur Kritik der reinen Vernunft, 1881. In: Wilhelm Weischedel, I. Kant, Werke in zehn Bänden, Bd. 3, Darmstadt 1968, S. 13. Reinhart Koselleck, Kritik und Krise, Freiburg München 1959, S. 101. Druck in: Hertha Köhne, S. 158-163.

63 Joist Grolle, Die Völker erheben sich gegen Napoleon: In: Joist Grolle, Gunter Thiele, Erhrd Rumpf u. Friedrich J. Lucas, Menschen in ihrer Zeit Bd. 3, in der Neuzeit, Stuttgart 1975, S. 92. Arndt, Ernst Moritz, Meine Wanderungen und Wandlungen mit dem Reichsgrafen Heinrich Carl Friedrich vom Stein, Berlin, 2. unveränderte Auflage Berlin 1858, S. 33. Diese Stelle rückt Arndt in den Bericht über den Aufenthalt in Petersburg (1812-1814) ein. Die erste Auflage ist zwischen 1850 und 1858 erschienen. Es scheint, dass dieser Topos weiter verbreitet war sowohl im fordernden wie auch im sozialdenfensiven Sinne:

Reinhart Koselleck zitiert aus dem Verfassungsgutachten des Fürsten Hatzfeld v. 20.03.1815: *„Beinahe alle Klassen der Einwohner* [...] glauben *durch ihre Aufopferungen eine Konstitution erkämpft zu haben.* Sie hätten durch den Sieg über Napoleon *‚das überzeugende Gefühl ihrer eigenen Kraft erhalten*.' Reinhart Koselleck, Preußen, S. 212.

64 Frensdorff, Ferdinand, v. Münster, Ernst Graf, von; in: Allgemeine Deutsche Biographie, herausgegeben von der Historischen Kommission bei der Bayerischen Akademie der Wissenschaften, Band 23 (1886), S. 157-185. 15. Juli 2019.

65 Proklamation „an die Einwohner der mit der preußischen Monarchie vereinigten Rheinländer", Gesetz-Sammlung 1815, S. 25.

66 Hans-Ulrich Wehler 2, S. 426.

67 Ebd., S. 220.

68 Hans Joachim Behr, Die Provinz Westfalen und das Land Lippe 1813-1933. In: Wilhelm Kohl (Hg.), Westfälische Geschichte, Bd. 2, Düsseldorf 1983, S. 47f.

69 Jürgen Kloosterhuis, „Westfaleneind" und „Peines de Coeur" -Vorgaben für Vinckes Landratsamt, S. 21.

70 Peter Burg, Vincke und die preussischen Reformen, ebd., S. 63.

71 Ebd., S. 172.

72 Reinhart Koselleck, Preußen, S. 176.

73 Patent wegen Besitzergreifung der mit der Preußischen Monarchie wieder vereinigten westphälischen Länder mit Einschluß der dazwischen liegenden Enclaven. Vom 21. Juni 1815, Gesetz-Sammlung 1815, S. 195-196.

74 22.05.1815: Verordnung über die zu bildende Repräsention des Volkes.

75 Benzenberg, Johann Friedrich (1775-1846), in eigenen Worten „Gutsbesitzer am Rheine", Physiker, Vermessungsfachmann, liberaler Publizist, war Lehrer Eleonore Vinckes, Vincke war seit 1808 mit ihm bekannt.

76 Vormärz Handbuch, S. 86.

77 Johann Friedrich Benzenberg, Wünsche und Hoffnungen eines Rheinländers, Paris, 5. Sept. 1815, (32 Seiten) S. 9. Von demselben Verfasser: Verfassung (536 Seiten), Dortmund 1816.

78 Ebd., S. 11.

79 Ebd., S. 13.

80 Ebd., S. 17. Hervorhebung wie im Druck.

81 Nach der Mediatisierung seien fast alle Pfarrstellen in Ravensberg ins Patronat des Landesherrn gestellt worden. Scherr nennt 5 von 49 Pfarrstellen der Grafschaft, wo der Landesherr nicht der Patron sei. Scherr, Kirchliche Verfassung, Bl. 65v. Entsprechend vielfältig dürften die Kirchenordnungen gestaltet sein. Sebastian Schröder berichtet, in Holzhausen im Amte Limberg sei neben der Lüneburger Kirchenordnung auch der Verdener Text in Gebrauch gewesen. „Den Glauben verwalten. Zum landesherrlichen Kirchenwesen in der Grafschaft Ravensberg

unter den Kurfürsten von Brandenburg". Ravensberger Kolloquium Bielefeld am 21.01.2023.

82 Beitrag zur Geschichte der Synodal-Verfassung des Märkischen Lutherischen Ministeriums: womit zur Jubelfeier des zweihundertjährigen Bestehens dieser Verfassung in Hagen am 7ten und 8ten dieses Jahres geziemend einladet Hagen 1812.

83 12.03.1826, Schleiermacher KGA III, 10, S. 104.

84 Heide Barmeyer, Albrecht Geck, Jürgen Kampmann, Hertha Köhne, Wilhelm H. Neuser, Martin Ohst.

85 Hertha Köhne, S. 66/67.

86 Wilhelm H. Neuser, Lippstadt, S. 99f., Im „Hintergrund [standen] ohne Frage die demokratischen Forderungen der Französischen Revolution von 1789. Auf die Kirche übertragen bedeuten sie die Schaffung eigenständiger Synoden, die die Kirche leiten sollten." Wilhelm H. Neuser, Kirchengeschichte, S. 143.

87 Vincke wurde als Nachfolger des Freiherrn vom Stein 1803 Präsident der Kriegs- und Domänenkammer in Hamm und Münster. Tobias Arand, Martina Bäcker, Jens Hoppe, Der junge Vincke (1798-1813). Ludwig Freiherr Vincke, Münster 1994, S. 27.

88 Vgl. Kant „das Interesse an dem Gegenstand [wird] ein Vernunftinteresse genannt werden müssen"; Kant, Metaphysik der Sitten, Wiesbaden 1956, Bd. 7, S. 316.

89 25.01.1815 Vincke an Innenminister Schuckmann; Abdruck in: Heide Barmeyer, Konsistorium, S. 64-70, hier S. 66.

90 „Die Reformer bauten bewußt die zeitliche Dimension der Zukunft in ihren Verfassungsbegriff ein." Reinhart Koselleck, Preußen, S. 160.

91 Heide Barmeyer, Konsistorium, S. 67.

92 Ebd., S. 70. Bericht wegen der Predigerwahlen am 29.01.1815, ebd., S. 70-73.

93 Vincke fühlte sich mit Natorp „durch gemeinsame Erfahrungen, übereinstimmende Ansichten und Ziele freundschaftlich verbunden, ..." B. Walter, Personalpolitik Vinckes. In: Behr/Kloosterhuis, S. 171.

94 07.03.1815 Natorp an Bädecker, Hertha Köhne, S. 158.

95 Febr. 1815, Natorp an Vincke. Abdruck Vincke, Tagebücher 7, S. 525.

96 Abgedruckt in: Wilhelm Neuser (Hg.): Protokolle 1, S. 26-37.

97 Vincke nannte die Gutachten in der Reihenfolge „1. des Superintendenten Scherr in Bielefeld, 2. des Konsistorial-Rath Brökelmann in Petershagen, [...] 3. des Assessors der märkischen Synode Landrichters Berken, [...] 4. des vormals märkischen Predigers, jetzigen Lippischen General-Superintendenten Weerth in Detmold [...]"; er konstatierte, er fände seine „Ansichten in Betreff der großen Vorzüge, welche" er „der Synodalverfassung früherhin zugesprochen habe, alle bestätiget." Ebd., S. 26-27.

98 Das Gutachten des Johann Heinrich von den Berken, Stadt- und Landrichter in Altena, Assessor der märkischen Synode und in Auszügen das Gutachten des Heinrich Friedrich Christian Brökelmann, Konsistorial-Rat aus Minden sind abgedruckt in: Wilhelm Neuser (Hg.): Protokolle 1, S. 37-47. Vollständig überliefert sind die Gutachten von Scherr im GStA PK I. HA Rep. 76 Kultusministerium III, Sekt. 27 Abt. XIV Nr. 1, Bd. 1, S. 50r-77v, Brökelmann 94r-115v, und Berken 115r-119r. Johann Heinrich Scherr hat das Gutachten vor dem 20.12.1815 verfasst; es ist als Kopie aus dem Jahre 1818 mit zahlreichen Anmerkungen im Archiv des Kirchenkreises Herford Nr. 1 erhalten.

99 Zur Vorgeschichte über die „Breslauer Initiative (1812-15), die Entwicklung in der Kurmark (Brandenburg), in der Grafschaft Mark und die „liturgische Kommission" s. Albrecht, Geck, Kirchliche Selbständigkeitsbewegung, S. 100-108.

100 Kabinetsordre betr. Einrichtung von Presbyterien, Kreissynoden und Provinzialsynoden u. a. vom 27.05.1816, Wilhelm Neuser (Hg.), Protokolle 1 S. 133.

101 Ebd., S. 132-135, Förster, Entstehung Bd. 1, S. 423-428.

102 Zur Person: Fritz Achelpöhler, Verfassung, JWKG 105, 2009, S. 225-288. Alfred Menzel, Johann Heinrich Scherr, Bielefelder Pfarrer und ravensbergischer Superintendent. In: Ein Haus für die Geschichte, Festschrift für Reinhard Vogelsang; = 89. Jahresbericht des Historischen Vereins für die Grafschaft Ravensberg, Jahrg. 2004, Bielefeld 2004, S. 271-288.

103 Ebd., S. 272.

104 Christian Conrad Wilhelm Dohm (1751-1820), preußischer Diplomat, 1804-1806 Präsident der Kriegs- und Domänenkammer Heiligenstadt, am 11.12.1807 zum Staatsrat ernannt.

105 Fritz Achelpöhler, republikanische Verfassung, S. 260f.

106 Ausfertigung: GStA PK I. HA Rep. 76 Kultusministerium III, Sekt. 27 Abt. XIV Nr. 1, Bd. 1, S. 50r-77v. Das Gutachten, vor dem 20.12.1815 verfasst, zeigt Spuren der Bearbeitung von dritter Hand, auch von Vincke.

107 Ferdinand Weerth (1774-1836), Studienfreund Vinckes in Marburg, der durch Fürstin Pauline auf Empfehlung Natorps 1805 nach Detmold berufen war. Vgl. Heide Barmeyer, Schulpolitik, S. 44-46. Zur Entwicklung des lippischen Schulwesens in Zeit der Fürstin Pauline siehe auch Friedrich Wilhelm Saal, Das Schul- und Bildungswesen, S. 548 und zu Ravensberg S. 542. In: Wilhelm Kohl (Hrsg.), Westfälische Geschichte Bd. 3, Düsseldorf 1984. Weerths Gutachten ist nicht erhalten. Neuser, Protokolle Teil 1, S. 26; s. o. S. 12 [20].

108 Weerths „Urteil über die Synoden war durchweg kritisch-ablehnend und negativ", resümiert Heide Barmeyer. Barmeyer, Konsistorium, S. 40.

109 Bernhard Christian Ludwig Natorp, Quartalsschrift für Religionslehrer, bearbeitet von einer Gesellschaft Westphälischer Gelehrten, Duisburg und Essen 1804-1807/08.

110 Albrecht Geck, Kirchliche Selbständigkeitsbewegung, S. 105f.

111 Scherr, Kirchliche Verfassung, Bl. 50vf.

112 Ebd., Bl. 52.

113 „Gott hat den Menschen nach seinem Bilde gemacht, so lehret die Schrift. Der Bettler und der König stehen mit gleichem Rechte vor dem Throne des Ewigen, vor dem Throne dessen, der keinen Nahmen hat. Der da ist, der er war, der er seyn wird. Der Mensch will eine rechtliche Verfassung, nicht allein ihres Werthes wegen, sondern wegen seiner Würde." Johann Friedrich Benzenberg, Wünsche und Hoffnung eines Rheinländers. Paris 1815, S. 17.

114 Uwe Walter, Ungleichheiten. Zum Motto des Dresdner Historikertages. „Der Christusglaube der Getauften bedeutet, dass soziale, geschichtlich gewachsene Ungleichheiten keine konstitutive Rolle spielen, wenn die vor Gott versammelte Gemeinde als solche handelt. ‚Da ist', so PAULUS, ‚nicht Jude noch Grieche, da ist nicht Sklave noch Freier, da ist nicht Mann und Frau; denn ihr alle seid einer in Christus Jesus' [Galater 3, 28]." Wissenschaftliche Zeitschrift der technischen Universität Dresden 57 (2008), S. 25f.

115 Scherr, Kirchliche Verfassung, Bl. 51v.

116 Ebd., Bl. 53v.

117 Ebd., Bl. 52.

118 Ebd., Bl. 54f.

119 „[...] der Zeitgeist [pries] die tätige Teilnahme aller als erzieherisches Ideal [...] und die Bürger [verlangten] vom Souverän eine Verfassung und Mitbeteiligung an der Regierung [...]." Wilhelm H. Neuser, Lippstadt, S. 115.

120 Scherr, Kirchliche Verfassung Bl. 54v.

121 Scherr bezog sich auf die entsprechende Bemerkung Vinckes im Bericht an Schuckmann v. 25.01.1815. Vgl. S. 32, EN 88.

122 Scherr, Kirchliche Verfassung, Bl. 55r.

123 Zitat nicht näher ermittelt; Johann Georg Heinrich Feder (1740-1821), Philosoph und Pädagoge, war während Scherrs Studienzeit in Göttingen Prorektor der Georgia Augusta. Er hat einige seiner Abhandlungen im Verlag der Meyerschen Buchhandlung Lemgo veröffentlicht.

124 Das Zitat zielt auf Friedrich Schleiermacher, Glückwunschschreiben an die Hochwürdigen Mitglieder der von Sr. Majestät dem König von Preußen zur Aufstellung neuer liturgischer Formen ernannten Commission, Berlin 1814, 5-6; abgedruckt in: Friedrich Schleiermacher, KGA 1/9, 51-78, hier: 54.

125 Ebd., Matthias Wolfes, S. XXXIX-XXXX.

126 „Vgl. den trefflichen Schluß des oben erwähnten Glückwunschschreibens und das unverholene Einverständniß in der würdevollen Antwort". Scherr, Kirchliche Verfassung, Bl. 69.

127 Schleiermachers „Glückwunschschreiben" und sein Wirken für eine Synodalverfassung geriet in Polizeiakten, die ihm die „Beförderung eines dem Staate gefährlichen Systems über das Verhältniß der Geistlichkeit zum Staat" zur Last zu legten, um „ein den Absichten und dem Wohl des Staates entgegenstehendes System" vorzubereiten. Albrecht Geck, Christokratie und Demokratie, S. 130.

128 Druck: Wilhelm H. Neuser (Hg.), Protokolle 1, S. 130-131. Abschrift: EKA EKvW 4, 82-Nr. 86. E5, Bd. 1 Bl. 25r-26r. In der Fassung für den Ravensberger Superintendenten Scherr fehlen die Passagen, die auf die Vereinigung der konfessionell unterschiedlichen Synoden gerichtet waren.

129 Scherr, Zirkular v. 02.02.1817, EKA EKvW 4, 82-Nr. 86. E5, Bd. 1 Bl. 23v.

130 Albrecht Geck, Selbständigkeitsbewegung, S. 95-119, hier S. 100-107.

131 Neumann, C. H. Aus welchem Gesichtspunkte muß die in Anregung gebrachte Verbesserung der protestantischen Kirchenverfassung betrachtet werden. Worte der Verständigung und Beruhigung an das über die Angelegenheit noch nicht unterrichtete Publicum besonders in Beziehung auf die Schrift: Erwiederung auf die Antwort der [...] Commissarien, Berlin 1815.

132 Johann Friedrich Dahlenkamp, Ueber die äußere Einrichtung der Lutherischen Religionsgesellschaft in der Grafschaft Mark, Hagen 1798. S. auch Wilhelm H. Neuser (Hg.), Protokolle 1, S. 199. (1740-1817), Generalsuperintendent Gft Mark und Johann Wilhelm Aschenberg (Hg.) Die zweihundertjährige Jubelfeier der Märkischen lutherischen Synode, Hagen 1812.

133 Circular 02.02.1817 EKA EKvW 4, 82- Nr. 86, E5, Heft 2, Bl. 23v-25r, hier: 24v.

134 Hans Eckhard Lubrich, Bernhard Christoph Ludwig Natorp (1774-1846) Westfälischer Pfarrer, Pädagoge und Oberkonsistorialrat in Münster am Beginn der Moderne. In: Rudolf Mau (Hg.), Protestantismus in Preußen. Lebensbilder aus der Geschichte, Band 2, Frankfurt a. M. 2009, S. 101.

135 LkA EKvW 4, 82-E3, Heft 2, Bl. 33r bis 34r. Wilhelm H. Neuser (Hg.), Protokolle 1, S. 359-361.

136 Ebd., S. 315-332.

137 Ein kurzes Wort ist ausgewaschen.

138 08.07.1818 Konsistorium in Münster an Minister v. Altenstein, Druck bei Hertha Köhne, S. 174.

139 Scherr, Kirchliche Verfassung, S. 61.

140 13.08.1815 LAV NRW Abt. W. B 100 Regierungskommission Bielefeld, 103, Bl. 07-08. Der Vermerk: „per 15 Aug." und das Aktenzeichen 7370 zeigen an,

dass die Regierungskommission die Anregung unverzüglich aufgenommen hatte.

141 LkA EKvW 4, 81 Nr. 179.

142 Herford, den 10.10.1817, LkA EKvW 4.76, Nr. 40.

143 Geschehen zu Bielefeld in der Synodalversammlung der zur Superintendentur Bielefeld für jetzt gehörigen Prediger, LkA EKvW 4, 82, F1.

144 Albrecht Geck stellt diese Ausstattung der Presbyterien und Synoden als Merkmal einer im Westen, Magdeburg, Berlin und andernorts sich entwickelnden Selbständigkeitsbewegung der protestantischen Kirche dar, die im Ministerium Sorge und Abwehr ausgelöst habe. Christokratie und Demokratie S. 134-137.

145 Die zeitliche Nähe zum Sitzungstermin der Ravensberger Synode legt diesen Zusammenhang nahe. 27.12.1817 LkABI 4, 82-E3, Heft 2. Neuser wertet das unierte Abendmahl als „Höhepunkt“ der Gesamtsynode der märkischen Kirchen in Hagen vom 16. bis 18.09.1817; Höhepunkt war das unierte Abendmahl: „Unzählige Augen füllten sich mit Tränen und – wär' es hier an seinem Ort gewesen – die bisher Getrennten wären sich, innig gerührt, an's Herz gefallen“, heißt es in der Jubiläumsschrift (GesSyn 1817, 423). Wilhelm H. Neuser, Kirchengeschichte S. 149.

146 Archiv des Kirchenkreises Herford, Nr. 1.

147 KO v. 27.05.1816; Förster Bd. 2, S. 426.

148 Karl Justus Friedrich Weihe; Bauks Nr. 6736a. Sohn des Friedrich August Weihe.

149 18.06.1818 Das Konsistorium in Münster an Minister v. Altenstein. Druck Hertha Köhne, S. 167.

150 20.07.1818 Reg. Minden an Scherr; 23.07.1818 Ministerium an Konsistorium Münster, Wilhelm H. Neuser (Hg.), Protokolle 3, S. 31.

151 Widerspruch äußern gegen die Weisung der vorgesetzten Behörde.

152 02.10.1818 Scherr an Johanning, Archiv des Kirchenkreises Herford, Nr. 1. Die Reisekostenrechnung vom 14.04.1818 stand noch aus. Ebd.

153 LKA EKvW Best. 0.0 alt Nr. 22, Bl. 20.

154 Ebd., Bl. 22.

155 Georg Christoph Friedrich Gieseler, 1. Pfarrer in Werther, Bauks Nr. 1939. Frank Stückemann, Georg Christoph Friedrich Gieseler (1760-1839). Mitteilungen des Mindener Geschichtsvereins 90, Minden 2018, S. 51-102.

156 Vgl.: Scherr Einladung zur Kreissynode, Bielefeld, den 20. Oktober 1818 (Abschrift), in: Akten des Herforder Superintendenten Friedrich Wilhelm Johanning (1759-1851), Archiv des Kirchenkreises Herford Nr 1.

157 Georg Christoph Friedrich Gieseler, Das Jubelbüchlein zur Vorbereitung auf die dritte hundertjährige Jubelfeyer der Reformation, den 31. Oktober 1817, Werther Lemgo 1817, S. 31.

158 Bauks Nr. 6736.
159 Georg Gieseler, ebd., S. 33f.
160 Ebd., S. 44f.
161 Dortmund 1817, Sp. 1627. S. auch Vormärz Handbuch, S. 475.
162 Scherr, P. M., an alle Prediger 18.10.1817. LKA EKvW 4.76, Nr. 40.
163 Gieseler, S. 61 FN.
164 Frank Stückemann, Georg Gieseler und Zschokke, JHV 101, Bielefeld 2016, S. 41.
165 Leipziger Literatur-Zeitung 1821 Heft 234, Sp. 1872; Jenaische allgemeine Literatur-Zeitung 1821, Sp. 23.
166 Gieseler, Georg Christoph Friedrich, Christus und Greiling. S. 5. 17. 18. 30. Hervorhebung wie im Druck.
167 Johann Christoph Greiling, Greiling wider Gieseler. Über die Beschuldigungen der Apostel unseres Herrn, von Seiten des Herrn G. C. F. Gieseler, Oberprediger zu Werther, in der Grafschaft Ravensberg, Halberstadt 1821.
168 Albrecht Geck, Christokratie und Demokratie, S. 137, unter Verweis auf Friedrich Wilhelm Graf, Art. Liberale Theologie l. Zum Begriff, allgemein, RGG 5[4] (2002), S. 310-311.
169 Albrecht Geck, Jürgen Kampmann, Wilhelm H. Neuser, Der Kampf um die presbyterial-synodale Ordnung, S. 91-116.
170 LKA EKvW Best. 0.0 alt Nr. 22, Bl. 20.
171 Zwei Pfarrer der Bielefelder Synode hatten als Gäste teilgenommen: Johann Friedrich Lüning aus Gütersloh, 1827-1853 in Schildesche, Bauks Nr. 3887 und Moritz Budde aus Rheda, 1824-1835 Hofprediger (ref.) in Bielefeld, Bauks Nr. 857. Bericht der westphälischen Provinzial-Synode über ihre Verhandlungen zu Lippstadt vom 1ten bis 12ten September 1819. Wilhelm H. Neuser(Hg.), Protokolle 3, S. 91-92.
172 Ebd., S. 104.
173 Ebd., S. 106.
174 Ebd., S. 93.
175 „Gutachten der westphälischen Provinzialsynode über den von einem Hohen Ministerium der geistlichen Angelegenheiten vorgelegten Entwurf einer Kirchenordnung", ebd., S. 150f.
176 Ebd., S. 182.
177 „Damit nicht allein jedes Mitglied der Provinzialsynode, sondern auch sämmtliche Kreissynoden, Gemeinden und Pfarrer zum Besitz der gepflegten Verhandlungen gelangen können, wurde dem Scriba aufgetragen, den Abdruck derselben zu besorgen [...]." Ebd., S. 94-95. Das Ministerium forderte das westfälische Konsistorium auf zu berichten, „aus welchem Grunde es sich

berechtigt gehalten, den Druck und Vertrieb der Verhandlungen zu gestatten." Ebd., S. 459.

178 Anonym [Friedrich Wilhelm III. und Daniel Amadeus Neander], Luther in Beziehung auf die pr. Kirchen Agende vom Jahre 1822, S. 33. Daniel Amadeus Neander (1775-1869) war vortragendem Rat im Kultusministerium. Über die Entstehung dieser Schrift und ihre Funktion s. Jürgen Kampmann, Einführung, S. 352-357.

179 Allerhöchste Kabinetsordre, wegen Veränderung der Benennung: Protestanten etc. in Evangelische etc. v. 3. April 1821, Kamptz Annalen, 1821, S. 341f. Polizei und Zensur sollen die Befolgung überwachen. Das handschriftliche Original der Kabinetsordre findet sich in GStA PK I. HA Rep. 89 Geheimes Zivilkabinett, Nr. 21769, Bl. 27.

180 Brendel, Sebald, Handbuch des katholischen und protestantischen Kirchenrechts, Bamberg 1839, S. 456.

181 [Fritsche, Christian] Anonym, Worte eines protestantischen Predigers, S. 18. Zitat und Rezension in: Anon., Kirchenagende für die Hof- und Domkirche in Berlin, Röhrs kritische Prediger-Bibliothek 1822, S. 582-585.

182 Friedrich Wilhelm III. an das Staatsministerium v. 11.01.1819. Strich am Rand hebt einzelne Zeilen hervor. GStA PK BPH Rep. 192 Wittgenstein Nr. VII B 11, Bl. 4.

183 Kirchen-Agende für die Hof- und Domkirche in Berlin. Mit Musikanhang, Berlin 2. Aufl. 1822, S. 46-47. Im Sommer 1826 wurde die Verknüpfung von Ordination und Amtseid aufgegeben. Kampmann, Einführung, S. 389-390.

184 „A Unbedingte Annahme der Agende – Münster Niemand" GStA PK I. HA Rep. 89 Nr. 23451, Bl. 176.

185 Förster 2, S. 350-392.

186 GStA PK I. HA Rep. 89 Nr. 23451, Bl. 206. Text und Handzeichen des Königs Förster Bd. 2, S. 385-386. In der Akte Bl. 206v hat der König den Text mit durchgängiger Linie und Fragezeichen über die Höhe dreier Textzeilen versehen.

187 Z. B. „Ist leicht abzuhelfen" Bl. 192.

188 Konzept mit Berichtigungen von der Hand Friedrich Wilhelms, ebd., Bl. 214.

189 Geschichte der Evangelischen Kirche der Union, Bd. 1, S. 153.

190 Luther in Beziehung auf die Preußische Kirchenagende vom Jahr 1822 mit den im Jahr 1823 bekannt gemachten Verbesserungen und Vermehrungen, 1827, erster Satz.

191 Kampmann, Einführung, S. 353.

192 Luther in Beziehung auf die Preußische Kirchenagende, S. 34.

193 Ebd., S. 38.

194 Kampmann, Einführung, S. 355. Kampmann referiert die Schrift und dokumentiert die verschiedenen Stellungnahmen.

195 Johann Christoph Fröbing, Luther oder kleine Geschichte der Kirchenverbeßerung. Ein Lesebuch für die Volksjugend, Hannover 1817.

196 Reinhart Siegert, das Lutherjubiläum von 1817, S. 133-139. In: Werner Greiling, Holger Böning, Uwe Schirmer (Hg.), Luther als Vorkämpfer? Reformation, Volksaufklärung und Erinnerungskultur um 1800, Köln/Weimar/Wien 2016.

197 Georg Gieseler Jubelbüchlein, S. 21.

198 Ebd., S. 56.

199 Ebd., S. 53.

200 Peter Heinrich Holthaus, Lebensbeschreibung Doctor Martin Luthers, S. 80.

201 Ebd., S. 64, Anmerkung.

202 Scherr, 06.08.1817, LkA BI 4, 82; „Das Jubelbüchlein des Herrn Bruders Gieseler, welches jetzt ausgegeben wird, darf als dem Zwecke der Volksbelehrung wohl entsprechend wiederholt empfohlen werden." Scherr, P.M. v. 18.10.1817, LKA EKvW 4.76, Nr. 40.

203 Ebd., S. 358-374.

204 Freimüthige Erklärung einer protestantischen Gemeinde in Westphalen gegen die in der Schrift: „Luther in Beziehung auf die Preußische Kirchen-Agende" geltend gemachten liturgischen Ansichten und Grundsätze. Leipzig 1828. Die Erklärung ist der Abdruck des Protokolls einer Beratung von Kirchenvorstand und Pfarrer Carl August Schrader (1795-1872).

205 Ebd., S. 45-46. Jürgen Kampmann, Einführung, S. 360.

206 Carl Schrader am 17.12.1827, Vernehmungsprotokoll. EZA 7/2574.

207 Ebd., S. 4.

208 Ebd., S. 21.

209 02.11.1846, LAV NRW Abt. OWL M8 Nr. 670 IV, Bl. 15.

210 Carl Schrader am 17.12.1827, ebd., S. 33.

211 Ebd., S. 37-38.

212 17.12.1827, Protokoll der Anhörung durch Reg. Rat Harten, EZA 7/2574. Christian August Salig , vollständige Historie der Augsb. Confession und derselben Apologie, 3. Theil, Halle, 1735.

213 Martin Luther, Predigt Joh. 19, 10 am 13.03.1529. In: D. Martin Luthers// sowol// in Deutscher als Lateinischer Sprache verfertigte// und aus der letztern in die erstere übersetzte// Sämtliche Schriften: 8. Die Auslegungen des Evang. Johannis, vom 14. bis zum 20. Cap. wie auch des 15. u. 16. Cap. der Apostelgeschichte, das 7. und 15. Cap. der 1. Epistel an die Corinther, und denn die ausfuehrliche Erklaerung der Epistel an die Galater, hrsg. v. Johann Georg Walch, 1742, Sp. 337-339. Weimarer Ausgabe Band 28, 1903, S. 361. Zitat nach

Hinweis in Frankfurter Rundschau 1985, Nr. 6, 10. Januar, S. 10 von Jürgen Baumann, Freiheit des Bürgers und Gewaltmonopol des Staates. In: Chr. Broda, E. Deutsch, H. L. Schreiber, H. J. Vogel (Hgg), Festschrift für Rudolf Wassermann zum 60. Geburtstag, Neuwied und Darmstadt 1985, S. 257.

214 Joh. 19, 10-11: „Da sprach Pilatus zu ihm: Redest du nicht mit mir? Weißt du nicht, dass ich Macht habe, dich loszugeben und Macht habe, dich zu kreuzigen? Jesus antwortete: Du hättest keine Macht über mich, wenn sie dir nicht von oben her gegeben wäre." Die Bibel nach der Übersetzung Martin Luthers, das Neue Testament, Stuttgart 2009, S. 132.

215 Ebd., Sp. 337-339. Weimarer Ausgabe Band 28, 1903, S. 361.

216 Schleiermacher KGA III, 15, S. 264.

217 28.03.1830, Schleiermacher KGA III, 12, 61-68.

218 12.03.1815, Schleiermacher KGA, III, 4, S. 645f.

219 10.03.1833, Schleiermacher KGA III, 14, S. 108.

220 AKZ, Theologisches Literatur-Blatt 14. Mai 1828, Sp. 317-319.

221 EZA 7/2574. Jürgen Kampmann, Einführung, zitiert ausführlich S. 361-363.

222 26.11.1827 Altenstein an Witzleben, den Adjudanten des Königs: „Auf den mir durch Ew. Hochwohlgeborenen mündlich bekannt gemachten Allerhöchsten Befehl Sr. Majestät des Königs ..."

223 10.12.1827. Vincke, Tagebücher 9, S. 286.

224 Anton Sasse (1777-1844), 1826-1844 Konsistorialrat bei der Regierung in Minden. Bauks Nr. 5305.

225 EZA 7, Nr. 2574, nicht paginiert.

226 LAV NRW OWL M 1 II Nr. 458, Bl. 115r.

227 Vincke 27.12.1827 EZA Berlin 7/2574 (nicht paginiert).

228 Unehrerbietig ist seit 1819 ein Begriff aus der politischen Polizeisprache. Circular-Rescript des Königl. Ministeriums des Innern und der Polizei v. 01.12.1819. Kamptz, Annalen 1819, S. 945-947. Vincke stellte Schraders Vorgehen auch als eine Verletzung der Amtsverschwiegenheit, „selbst eine Art von Selbsthülfe" dar. Es erschien damit als ein Vergehen gegen die seit 1819 erlassenen Censurbestimmungen. Kampmann, Einführung, S. 362.

229 Regierungsbezirk Minden 1817-1819 LkA EKvW 0,0 (alt) Nr. 171.

230 Scherr, Zirkular v. 02.02.1817, EKA EKvW 4, 82-Nr. 86. E5, Bd. 1 Bl. 23v.

231 Wilhelm H. Neuser, Protokolle 1, S. 490.

232 Reinhart Koselleck, Preußen, S. 226-227. Zitate nach GStA PK, I. HA R 74, Staatskanzleramt, H II, Gen. 14. Bl. 1-9.

233 Ebd., Bl. 3, durch Unterstreichen hervorgehoben.

234 Ebd., Bl. 2v.

235 Staatskanzler Hardenberg hat den vorletzten Satz auf Bl. 3 unterstrichen und am Rande vermerkt: „der preußische Staat muß allerdings durch Intelligenz

und seinen Geist, vorherrschen und diese von den obern Behörden mit Klugheit bearbeitet werden welches wohl von den Ministerien der Finanzen und des Innern insbesondere zu wenig beachtet worden ist." Die Kritik am Innenministerium setzte Hardenberg um mit der Errichtung des Ministeriums für „Geistliche, Unterrichts- und Medizinalangelegenheiten". „Preußens Kraft beruht auf der Macht seines Geistes." Reinhart Koselleck, Preußen, S. 398.

236 Unter dem 23.11.1815 hatte Vincke in seinem Tagebuch notiert: „abends mich an Niebuhr contra Schmalz erbaut." Vincke, Tagebücher 7, S. 207.

237 Vincke hatte in einer Skizze am 25.01.1815 eine Synodalordnung erwartet, „welche dem Einzelnen nach dem Maße seiner selbständigen Wirksamkeit ein lebendiges Interesse für sein Amt und dessen treue Ausübung gibt, welche denselben selbst durch diese Teilnahme bildet." Vgl. S. 32, EN 88. Hardenberg: „Hierin muß allerdings mehr geschehen", GStA PK, I. HA R 74, H II, Gen. 14. Bl. 4.

238 Ebd., Bl. 4v.

239 25.01.1815 Vincke an Innenminister Schuckmann; Abdruck in: Heide Barmeyer, S. 64-70, hier S. 66.

240 Febr. 1815, Natorp an Vincke. Vincke, Tagebücher 7, S. 525.

241 Ebd.

242 Wolfram Siemann, S. 69-71.

243 Hardenberg, Instruction wegen Verwaltung der höheren und geheimen Policey, Wolfram Siemann, S. 69.

244 Wolfram Siemann berichtet aus Akten, wie Hardenberg und Wittgenstein die Existenz und den Spitzeldienst der politischen Polizei auch vor Regierungspräsident Pestel in Düsseldorf und Oberpräsident Schön in Westpreußen geheim halten wollten, S. 176-179.

245 Was wegen der politischen Polizei gesagt sei, „ist hauptsächlich für das Publikum berechnet." Hardenberg an Wittgenstein, bei Wolfram Siemann, ebd. S. 178.

246 Anonym, Die entlarvte hohe und geheime Polizei des zerstörten Königreichs Westphalen 1814, S. 34.

247 03.11.1817: Allerhöchste Kabinettsorder wegen der Geschäftsführung bei den Oberbehörden, Gesetz-Sammlung für die preußischen Staaten 1817, S. 290. Mit derselben KO wurde das preußische „Ministerium der geistlichen, Unterrichts- und Medizinalangelegenheiten" errichtet.

248 Hans Branig, Wittgenstein, S. 102-103.

249 18.02.1818 GStA PK BPH Rep. 192 Wittgenstein Nr. VII B 11.

250 „Ancillon, Kamptz, Schuckmann, Knesebeck schienen ganz verbündet, allem entgegenzuwirken". Ancillon war „langjähriger Erzieher des Kronprinzen", v. d. Knesebeck „Generaladjutant des Königs". Vincke, Tagebücher 7, 02.07.1817, S. 346.

Ancillon warnte vor Reformen; „welche Gefahren so etwas in sich berge, habe der Verlauf der Französischen Revolution demonstriert". Die Reformgegner der konservativen Hofpartei wirkten neben Hardenberg und dem Staatsministerium wie eine „Kabinettsregierung". Wenn der Kanzler Vorschläge vorlegte, „dann wurden diese an den engeren Kreis mit der Bitte um Kommentar weitergegeben." Christopher Clark, Preußen, S. 463. Der König „verletzte die Gesetzesnorm, wonach der Kanzler die politische Verantwortung trug, und kehrte zur absolutistischen Kabinettsregierung zurück." Hans-Ulrich Wehler, 2, S. 336.

251 Dass „Zwecke im Inneren ohne des Königs Willen durchgesetzt werden sollen", [...] hatte Schmalz als Hochverrat bezeichnet. Schmalz 1, S. 11.

252 GStA PK, I. HA Rep. 192 Wittgenstein VII, B, 11. Bl. 10. Wolfram Siemann, S. 181.

253 Dieser Begriff soll den der „Restaurationspolitik" ersetzen, den Haller zur Legitimierung dieser Politik eingeführt hatte.

254 Eylert, Rulemann Friedrich (1770-1852) u. a. Hofprediger Potsdam Garnisonskirche (1806), Ev. Bischof (1818) und Mitglied des Staatsrates; Bauks Nr. 1587, S. 125.

255 Eylert, Rulemann Friedrich, Ermunterung zum Kampfe, S. 17f.

256 Ebd., S. 14.

257 GStA PK, I. HA Rep. 76 I, Anhang II. Nr. 55, Bl. 31-32, hier 31v-32r. Matthias Wolfes, Öffentlichkeit und Bürgergesellschaft. Friedrich Schleiermachers politische Wirksamkeit. Schleiermacher Studien Band 1, Teil II. Berlin-New York 2004, S. 152.

258 „Der König verletzte [mit der Ausgrenzung Hardenbergs] die Gesetzesnorm, wonach der Kanzler die politische Verantwortung trug, und kehrte zur absolutistischen Kabinettspolitik zurück." Hans-Ulrich Wehler 2, S. 336.

259 Zum weiteren Zusammenhang s. Hans-Ulrich Wehler 2, S. 339-341.

260 Wolfram Siemann, S. 181/2.

261 Das Oberlandesgericht Breslau war zum Gerichtshof für alle politischen Prozesse bestimmt. Holtze, Kammergericht, S. 103.

262 Jakob Nolte, S. 474f.

263 Wolfram Siemann, S. 181.

264 ALR Einleitung, §§ 39-42.

265 In Heinrich Heine, Erinnerung aus Krähwinkels Schreckenstagen. Bd. 3/1, S. 227.

266 Das juristische Gutachten in: E. T. A. Hoffmann, Juristische Arbeiten, hrsg. v. Friedrich Schnapp, München 1973, S. 290-382. Hoffmann, Votum in Sachen des Studenten Franz Lieber, 03.11.1819, ebd., S. 154.

267 Bericht der Immediat-Untersuchungs-Kommission, Exposé über die Ermittlungen in Sachen Dr. Ludwig Roediger, 19.12.1819, ebd., S. 232.
268 „schriftlicher Aufsatz“, hier zitiert als Schmalz 1.
269 Votum vom 15.02.1820, E. T. A. Hoffmann, S. 303-304.
270 Über Jahn als Symbolfigur beim Wartburgfest am 18.10.1817 Hans-Ulrich Wehler 2, S. 335.
271 Kamptz, Albert, Bemerkungen über den Thatbestand und den Versuch des Hochverraths, Jahrbücher für die preußische Gesetzgebung, Rechtswissenschaft und Rechtsverwaltung, Heft 31 und 32, Berlin 1820, S. 273-388.
272 Ebd., S. 309.
273 Hans-Ulrich Wehler 2, S. 339-341.
274 KO v. 21.05.1824. Gesetz-Sammlung für die Königlichen Preußischen Staaten 1824, S. 122.
275 Gesetz über Bestrafung von Studentenverbindungen v. 07.01.1838. ebd. 1838, Nr. 3, S. 13-16.
276 Reinhart Koselleck, Preußen, S. 416.
277 Circular-Rescript des Königl. Ministeriums des Innern und der Polizei v. 01.12.1819. Kamptz, Annalen 1819, S. 945-947.
278 Ausführlich zur preußischen Zensurpraxis Reinhart Koselleck, Preußen, S. 413-433.
279 Arnold Ruge, Preußen und die Reaction, Leipzig 1838, S. 36.
280 Urteil des Oberlandes-Gerichts Naumburg vom 26. Mai 1824, GStA PK I. HA Rep. 77 Tit. 18 3Adh1, Bd. 2, Bl. 5v.
281 Heinrich Friedrich Wilhelm Gesenius (1786-1842).
282 Urteil v. 26.05.1824, GStA PK I. HA Rep. 77 Tit. 18 Nr. 3Adh1, Bd.2, Bl. 3v.
283 Aussage Gustav Adolf Wislicenus am 20.10.1824, ebd. Bl. 50-51.
284 In Halle „wurde ich jedoch im Anfang des Jahres 1822 in meinem Studium unterbrochen, weil ich in Untersuchung wegen burschenschaftlicher Verbindung gerieth und zu einer Festungsstrafe von 15 Monaten verurtheilt wurde.“ [...] Eigenhändiger Lebenslauf 04.11.1843 in LAV NRW Abt. W. PSK 2425, Bl. 156. „Burschenschaftliche Verbindung“ wurde Jüngst im Urteil nicht angelastet.
285 28.03.1827 E. H. Ledebur an Moritz Rothert. In: Liebetraut Rothert, Westfälische Burschenschafter 1821-1830, Westf. Zeitschrift 144, 1994, S. 202. Liebetraut Rothert hat aus familiengeschichtlichen Dokumenten und Briefen Nachrichten von 12 der 28 Verurteilten dargestellt und dokumentiert.
286 06.12.1827 Andreas Ferdinand Huhold an Moritz Rothert. Ebd., S. 195.
287 Untersuchungssache wider den Königlichen Lieutenant Carl Friedrich von der Lanken und [27] Complicen [Breslau, den 25. März 1826] GStA PK I. HA Rep. 77 Tit. 28b Nr. 1, Bl. 3. – Jahrbücher für die preußische Gesetzgebung,

Rechtswissenschaft und Rechtsverwaltung, Band 27, Berlin 1826, S. 179-238. Eduard Anton veröffentlichte 1826 in Halle denselben Ausschnitt aus den Akten mit Klarnamen. Wilhelm Schulte nennt die in Westfalen beheimateten Verfolgten und skizziert das weitere Fortkommen in: Volk und Staat. Westfalen im Vormärz und in der Revolution 1848/49 Münster 1954, S. 64-74; Nachweise S. 441/442.

288 Gesetzsammlung 1816, S. 8.

289 Untersuchungssache von der Lanken und Complicen, Bl. 188v. Am Rande der Aktenblätter sind 1135 Bezugsakten notiert.

290 GStA PK I. HA Rep. 77 Tit. 28b Nr. 1, Bl. 230.

291 Allgemeines Criminal-Recht für die Preußischen Staaten, Erster Theil: Criminal-Ordnung, Berlin 1806.

292 Johann Heinich Carl Brandes, geb. in Salzuflen, Lehrer in Elberfeld, Heinrich Christian Albert Clemen, geb. in Lemgo, Lehrer am Gymnasium Bielefeld, Adolf Ludwig Christian Gabert geb. in Paderborn, cand. theol. Carl Johann Abraham Kerlen aus Hamm, Hauslehrer in Münster, Florenz Wilhelm Landfermann, geb. in Soest, Philologe, Herrmann Theoderich Ledebur aus Eidinghausen b. Minden, Hauslehrer Brackwede, jetzt Bielefeld, York Wilhelm Johann Viebahn, Soest, Auskultator.

293 Untersuchungssache von der Lanken Bl. 188v.

294 Kamptz, Beitrag, S. 187.

295 Sprewitz, ebd. S. 191.

296 Ebd., S. 195.

297 Pirscher, Friedrich Wilhelm, geb. 1804 zu Oderberg ebd., Bl.181v.

298 Bercht, Carl Friedrich, geb. 1801 zu Annaberg, ebd., 186v.

299 Ebd., S. 216-217.

300 Ebd., Bl. 189.

301 Kerlen, Carl Johann Abraham geb. 1802 zu Hamm, Gft. Mark, ebd., Bl. 87v.

302 Ledebur, Herrmann Theoderich Ringulf Ethelwolff Eduard, geb. 1801 zu Eidunghausen bei pr. Minden, ebd., Bl. 131; Lehmann, Friedrich Wilhelm, geb. 1802 zu Lennep bei Elberfeld, ebd., Bl. 136v; Ernenputsch ebd., Bl. 141, Quinke, ebd., 194v, Huhold, Andreas Ferdinand, geb. 1802 zu Heiligenthal im Mansfeldischen, ebd., Bl. 199.

303 Lange, ebd., Bl. 77v.

304 Schliemann, Ernst Philipp August, geb. 1803 zu Gnoien, Ghzgt. Mecklenburg ebd., 191v.

305 v. Willer ebd., Bl. 72.

306 Demme ebd., Bl. 150v.

307 „ein Staat ist nur in der Einheit des Regenten und der Unterthanen." Heinrich Luden, Handbuch der Staatsweisheit, Jena 1811, S. 20.

308 Johann Heinrich Carl Brandes aus Salzuflen, in: Follenberg, Carl (Hg.) Acten-Stücke über die unter dem Namen des Männer-Bundes und des Jünglings-Bundes bekannten demagogischen Umtriebe. Leipzig, 1833. In: Neigebaur, Geschichte der geheimen Verbindungen der neuesten Zeit. Siebentes Heft. Leipzig, 1833, S. 118; S. 120.

309 Kamptz, Bericht, S. 200.

310 Ebd., S. 216.

311 LAV NRW ABT. OWL M1 II Nr. 527, Bl. 6.

312 OLG Breslau, Urteil v. 25.03.1826, Kamptz, Beitrag, S. 186.

313 Luden, Politik, S. 8: „[...] das Gemüth wird sich aufschließen der Theilnahme, der Freundschaft, der Liebe; vereint werden die Menschen sich gegenseitig zu Menschen bilden, und damit in sich die Menschheit."

314 Ebd. S. 190.

315 Urteil Carl Johann Otto Siegismund v. Willer, geb. 1802 zu Wollgast i. Pommern; Untersuchungssache von der Lanken und Complicen, Bl. 70v/71.

316 Vormärz Handbuch, S. 196.

317 Kamptz, Beitrag, S. 235.

318 Paetsch, August Friedrich Gottlieb, geb. 1798 zu Ziegelsdorff bei Burg; Untersuchungssache von der Lanken, Bl. 92v.

319 Ernenputsch, Wilhelm, geb. 1801 zu Dhünn (Reg.Bez. Düsseldorf) ebd., Bl. 141, Springer, Carl August, geb. 1800 in Ludwigsdorff bei Hirschberg, ebd., 172, Quinke, Rüdiger Wilhelm Theodor geb. 1801 zu Neuenrode, Gft. Mark ebd., Bl. 194.

320 Ernenputsch, ebd., Bl. 141v.

321 von der Lanken, Carl Friedrich, geb. 1798 zu Vorwerk, Rügen, ebd., Bl. 46.

322 v. Bonge, geb. 1799 zu Liegnitz, in einer nicht bezeichneten Akte bei Neigebaur, Jünglingsbund, S. 135.

323 Kamptz, Beitrag, S. 234.

324 Ruge, Georg Arnold, geb. 1801 zu Bergen auf Rügen, Untersuchungssache von der Lanken, Bl. 115v.

325 Demme, Herrmann Ascan geb. 1802 zu Altenburg, ebd., Bl.150, Gabert, Adolf Ludwig Christoph geb. 1803 zu Paderborn, ebd., Bl. 167v.

326 Lange, Albert Eberhard, geb. 1802 zu Landsberg ebd., Bl. 77v.

327 Demme ebd., Bl. 149v.

328 Kamptz, Beitrag, S. 193.

329 Ebd., Bl. 184.

330 Clemen, ebd., S. 231.

331 Carl Willer, Untersuchungssache von der Lanken, Bl. 70v-71.

332 E. T. A. Hoffmann, Votum in Sachen des Studenten Franz Lieber, 03.11.1819, Juristische Schriften, S. 154.

333 Wilhelm Schulte, Volk und Staat, S. 73/74. G.H. Pertz, Das Leben des Freiherrn vom Stein, VI, S. 43.

334 Vincke, Tagebücher 8, S. 469.

335 09.01.1824, Vincke, Tagebücher 8. Vincke, Die Einsendung der Anstellungsacten des Dr. Clemen bei dem Gymnasium in Bielefeld betreffend, Acta betr. den Hülfslehrer an dem Gymnasium zu Bielefeld, Dr. Clemen wegen Theilnahme an geheimen und sträflichen Verbindungen GStA PK I. HA Rep.77 Ministerium des Innern, Tit. 21 Spez. C Nr. 17, Bl. 9-10.

336 Vincke, Tagebücher 8, S. 470.

337 Krönig an Schuckmann 11.01.1824, GStA PK I. HA Rep.77 Ministerium des Innern, Tit. 21 Spez. C Nr. 17, Bl. 6v.

338 17.01.1824 Ebd., Bl. 7.

339 StA BI, ältere Akten 877, nicht paginiert.

340 Untersuchungssache von der Lanken und Complicen, Bl. 182.

341 KO 23. August 1821 L. Rothert, S. 194.

342 22.03.1829, GStA PK I.HA Rep. 77 Tit. 21 Spez. C Nr. 17, Bl. 107-108; Bl. 111. Das Verbot der Anstellung in Preußen und preußisches Staatsgebiet zu betreten wurde 1837 aufgehoben.

343 „Die Nationalkokarde besaß der preußische Staatsbürger nach der königlichen Verordnung von 1813 als ‚stets anwesendes Sinnbild von dem Panier des Vaterlandes'. Ihre Aberkennung versperrte den Zugang zum Examen, zu öffentlichen Ämtern und brachte auch nach Haftentlassung noch Polizeiaufsicht mit sich." Liebetraut Rothert, S. 192. Clemen war Bürger des Fürstentums Lippe.

344 Huhold beschreibt im Brief am 06.06.1827, welche Möglichkeiten in Wesel gegeben waren bis hin zu Ausflügen mit Familien, aber auch, welche Spannungen sich aufbauen konnten. „Erst gestern sind wir von diesen beiden Leuten [Clemen und Schütte] sehr unrechtigerweise [...] gestört, von Clemen dazu durch schofele Bemerkungen von neuem beleidigt;" Liebetraut Rothert, S. 185-191.

345 Ebd., S. 210f.

346 Landrath v. Borries an den Staatsminister v. Schuckmann 10.01.1824, GStA PK I.HA Rep.77 Ministerium des Innern, Tit. 28b Nr.1, Bl. 133.

347 Scherr an v. Borries 09.06.1830. LAV NRW Abt. OWL M1 II Nr. 529, Beobachtung oppositioneller Personen, Band 1, Bl. 43ff. Pfarrer Heinrich Adolph Ledebur starb am 24.12.1830.

348 Kamptz, Beitrag, S. 186.

349 Follenberg, ebd., S. 208.

350 Ebd., S. 186.

351 Grab Walter, Leben und Werke norddeutscher Jakobiner, S. 87 u. 91.

352 Ebd., S. 147.

353 Heinrich Würzer, Der Patriotische Volksredner, Altona 1796, Bd. 1, S. 82. Er verbindet eine Begriffserklärung mit Hinweisen auf die Geschichte der Schweiz, Venedigs und der Französischen Revolution.

354 Ebd., S. 85.

355 Heinrich Luden, Politik, S. 18-23. Hervorhebung wie im Text.

356 Ebd., S. 22.

357 Preußische Staatszeitung 12.02.1834, Beilage Nr. 60 und 61, S. 238. David Hansemann, Preußen und Frankreich; staatswirtschaftlich und politisch, unter besonderer Berücksichtigung der Rheinprovinz. Leipzig 1833, 2. Aufl. 1834. Starke Abneigung gegen den „Beamtenabsolutismus" (auch ein Leitgedanke des „Berliner Politischen Wochenblatts"). Der „Beamtenstaat" war häufig Zielscheibe zeitgenössischer Kritik. Schon der Adel im späten 18. Jahrhundert hatte sich über den „Beamtendespotismus" beschwert. Vgl. Christina Rathgeber (Hg.), Protokolle, S. 18.

358 „gegen die nach §. 532. Theil II Tit: 11. des Allgemeinen LandRechts von den geistlichen Obern, resp(ective): von den Consistorien und Regierungen angedeutete Entsetzung eines Pfarrers wegen begangener Excesse in seinem Amte, soll der im §. 533. l(oco). c(itato). begründete Antrag auf förmliche gerichtliche Untersuchung und Entscheidung nicht mehr Statt finden, sondern nur ein Recurs an den Minister der Geistlichen und Unterrichts-Angelegenheiten."

359 Schleiermacher, Vorlesung über Politik im Sommer 1817, Vorlesungsnachschrift Jo. In: Reetz, Dankfried, Schleiermacher S. 183. In der Schreibweise mit Umlaut liegt der Versuch, zwischen einem lang gesprochenen ή und kurzem ε (e) zu unterscheiden.

360 August Krönig, Rektor des Bielefelder Gymnasiums, an Schuckmann 11.01.1824, GStA PK I.HA Rep.77 Tit. 21 Spez. C Nr. 17, Bl. 6v.

361 „Im Griechischen war – neben den homerischen Epen – die attische Literatur des fünften und vierten vorchristlichen Jahrhunderts vorbildlich; gelesen wurden die Tragiker Aischylos, Sophokles und Euripides sowie die attischen Redner. Im Lateinischen bildeten Cicero, Livius und die augusteischen Dichter Vergil, Horaz und Ovid den schulischen Lektürekanon." Stefan Rebenich, Die Deutschen und ihre Antike, Stuttgart 2021, S. 12-13.

362 Johann Christoph Felix Bähr, Herodot, S. 2. Die erste kritische griechische Textausgabe besorgte Heinrich Stein, Berlin, 1864.

363 Herodot, Hist. III, 80. – Bähr, Band 3, S. 68. Die Demokratie nannte er *isonomia*, ihre Verwirklichung *demokrateuesthai*. Herod. Hist. VI, 43. Bähr kommentiert diese Stelle, es sei unverkennbar, „wie das Wesen der Volksherrschaft, das der eigenen politischen Ansicht des Geschichtsschreibers entsprach, mit sichtbarer Vorliebe gezeichnet ist".

364 Herodot, Historien Griechisch-Deutsch, Hrsg. v. Joseph Feix, Band 1, S. 437. Auch die spätere Literaturgeschichte urteilt unverbindlich: man habe in Herodot „bald einen fröhlichen, bisweilen frivolen Geschichtenerzähler, bald einen tiefsinnigen Betrachter menschlichen Loses und dann wieder einen seines Zieles sicheren Historiker erkennen wollen." Albin Lesky, Geschichte der griechischen Literatur, Bern 1957/58, S. 289.

365 Aristoteles, Politika, III, 1281b. Diesen Hinweis erhielt 1959 der Verfasser von Herrn Dr. phil. habil. Paul Gohlke, Minden.

366 Aristoteles, Politik, III, 1281b, herausgegeben, übertragen und in ihrer Entstehung erläutert v. Paul Gohlke, Paderborn 1959, S. 135.

367 Vormärz Handbuch, S. 66.

368 Alfred Heuß, Hellas, S. 271. In: Propyläen Weltgeschichte. Eine Universalgeschichte, Hrsg. von Golo Mann und Alfred Heuß, 3. Band, Berlin Frankfurt Wien 1962.

369 Vormärz Handbuch, S. 231.

370 Die theologische Fakultät an Altenstein. Berlin, 19. Oktober 1819. Abdruck in: Max Lenz, Zur Entlassung de Wettes. In: Adolph v. Harnack u. a. (HGG), Philotesia für Paul Kleinert, Berlin 1907, S. 337-388. Nachdruck in: Max Lenz, Geschichte der Königlichen Friedrich Wilhelms-Universität zu Berlin, Halle 1910, Bd. IV, S. 366-370; hier S. 366.

371 Ebd., S. 367.

372 Ebd., S. 368.

373 EKZ 1832, 1. Heft, Sp. 2.

374 AKZ 1834, Sp. 1511.

375 Hans Ulrich Wehler, Band 2, S. 464-465.

376 EKZ 1832, Sp. 13.

377 Ebd., Sp. 6.

378 Ebd., Sp. 7-8.

379 Ebd., Sp. 10.

380 Ebd., Sp. 29; Hervorhebung wie im Druck.

381 Ebd., Sp. 31. 34; zuvor Sp. 25-26.

382 Christopher Clark, Preußen, S. 501.

383 Den Hinweis auf diesen Artikel dankt der Verfasser 2016 Dr. Frank Stückemann, jetzt Bielefeld.

384 Anon., Pyrmont, den 20. Juli 1834. In: Das Sonntagsblatt; eine vaterländische Zeitschrift zur Belehrung und Unterhaltung, Minden 1834/30, S. 240.

385 Scherr, 27.10.1834, LkA EKvW, Bestand 0,0 (alt), Nr. 353, Bd. 2, Bl. 188, Bl. 209 bis 214, Ausführung.

386 Ebd., Bl. 188v.

387 Ebd., B. 214.

388 Ebd., Bl. 215v.
389 Ebd., Bl. 215r.
390 Ebd., Bl. 205.
391 Ebd., Bl. 206.
392 Möller und Vincke am 07.01.1834, Konzept, Ebd., Bl. 216.
393 Verzeichniß der Pfarrer aller evangelischen Gemeinden und deren Einkünfte 1817-1819, LkAEKvW, Bestand 0,0 (alt), Nr. 171. 1843: Seelenzahl 4381. Protokoll der Kreissynode Bielefeld 1844, S. 21.
394 Im Text durch Bleistift unterstrichen.
395 GStAPK I.HA Rep. 89 Geheimes Zivilkabinett, jüngere Periode Nr. 23140 Bl. 187.
396 Ebd., Bl. 188v.
397 Ebd., Bl. 189v.
398 Die kursiv gesetzten Wörter sind Ergänzungen aus spitzer Feder wie das Namenszeichen M. für Müller, Karl Christian, Chef des Zivilkabinetts 1835-1847. Sein Namenzeichen M. steht ohne Datierung unter dem FW, der Paraphe Friedrich Wilhelms III.
399 Scherr an Konsistorium 10.11.1834. LkA EKvW, Bestand 0,0 (alt), Nr. 353, Band 2, Ausführung. Bl. 207.
400 Christopher Clark, Preußen, S. 475.
401 Eduard Hülsmann (1801-1856), seit 08.10.1837 Pfarrer in Lennep/Rhld, Mitglied der Nationalversammlung in Frankfurt 1848. Verf.: Prediger-Bibel oder exegetisches Handbuch f. praktische Theologen, 1. Bd. Stuttgart 1835 (löste erheblichen Streit aus). Bauks 2876, S. 226.
402 Dietrich August Rische, Dietrich August, Johann Heinrich Volkening. Ein christliches Lebens- und kirchliches Zeitbild aus der Mitte des neunzehnten Jahrhunderts, Gütersloh 1919, S. 107-113.
403 Die Kosten für die vergleichbare Fahrt mit Hermann Lüning von Breslau nach Berlin am 24.-26.12.1837 betrugen 71 rthl. 17 sgr. GStA PK I. HA Rep. 97 Kammergericht Nr. 3660 Bl. 69. Die Lehrer in Ober- und Niederjöllenbeck verfügten über 70-90 rthl. im Jahr. Schulen in der Grafschaft Ravensberg. 1815. 1816. Archiv des Kirchenkreises Herford, Akte Nr. 1.
404 GStA PK I.HA Rep. 89 Geheimes Zivilkabinett, jüngere Periode Nr. 23140 Bl. 187.
405 Ebd., Bl. 219v. Herv. i. Original unterstrichen.
406 25.01.1815 Vincke an Innenminister Schuckmann; Abdruck in: Heide Barmeyer, S. 66.
407 EZA 7/6820 Verhandlungen Westfälische Agendenkonferenz, Münster, 8.-10. Juli 1830, Bl. 56. Kampmann, Einführung, S. 435-437.
408 Scherr, erste Kreissynode 1835, S. 17. LkA EKvW 29.2.

409 Amtsblatt der Regierung zu Minden 1834, S. 246.
410 20.10.1834, GStA PK I.HA Rep. 97 Kammergericht Nr. 2300, Bl. 16.
411 GStA PK I. HA Rep. 77, Tit. 28a, Nr. 1, Bd. 1.
412 Reisepass v. 24.03.1835. Zweck der Reise sei die „Entfernung" von der Universität, „die von der höheren Behörde verfügungt" sei, „weil er sich der Absicht eine burschenschaftliche Verbindung zu stiften, verdächtig gemacht hat." Die Route war vorgeschrieben, Amtssekretär Consbruch quittierte den Pass am 8. Mai in Schildesche. GStA PK I. HA Rep. 77 Tit. 21 Spez L Nr. 55, Bl. 60.
413 Protokolle der Kreissynode Bielefeld. LkA EKvW, Bestand 29.2.
414 Scherr/Gessert, Vorträge der Eröffnung, S. 24.
415 Ebd.
416 Ebd.
417 Ebd.
418 Ebd., S. 30.
419 Bielefeld, Gütersloh je eine Pfarrstelle, Höxter 2 Stellen.
420 Protokoll der Kreissynode Bielefeld am 22.-23. Juli 1835. LkA EKvW Bestand 29.2. Im gesamten Regierungsbezirk Minden waren von 110 Pfarrstellen 100 in landesherrlicher Verfügung. Anlage zum Protokoll der Kreissynode 1847, S. 23. „Landesherrliche Patronate verhinderten die Pfarrwahl in einigen Gemeinden.
421 AKZ 26.03.1837, Bd. 16, Sp. 407-408.
422 Bericht des Superintendenten vor der Kreissynode 11.09.1838. Protokolle der Kreissynode Bielefeld. LkA EKvW Bestand 29.2.
423 Wilhelm H. Neuser, Evangelische Kirchengeschichte, S. 164.
424 Separat Votum mehrerer Mitglieder der Kreissynode in Beziehung auf einen vor die Synode gebrachten Antrag, die Pfarrwahlen betreffend. Anlage zum Protokoll der Kreissynode Bielefeld v. 12.08.1841, LkA EKvW Bestand 29.2.
425 I.HA Rep. 89 Geheimes Zivilkabinett, jüngere Periode Nr. 23141 Bl. 45-48.
426 Cand. Müller in Bielefeld mit 14, Hilfsprediger Müller in Gehlenbeck 13, Candid. Eggerling in Wiedenbrück 10, Candid. Sasse in Minden 6 Stimmen. LkA EKvW, Bestand 4.81, Nr. 403 Protokollbuch der Presbyteriumssitzungen (1835-56).
427 Nur bei zehn Pfarrstellen des Regierungsbezirks lag die Besetzung in den Gemeinden oder beim Magistrat.
428 Martin Tabaczek, Ein unchristlicher Streit um das Christliche Gesangbuch. In: Johannes Altenberend (Hg.), Ein Haus für Geschichte. Festschrift für Reinhard Vogelsang, Bielefeld 2004, S. 289-316.
429 Ebd., S. 291.
430 Ebd., S. 303 mit Beleg „Protokoll der kirchlichen Repräsentanten zu Hülhorst, 5.5.1855, LKA EKvW, 00-145c, Bl. 52."

431 Ebd., S. 316.
432 Vortrag vor der Kreissynode 1841, § XVI. LkA EKvW Bestand 29.2.
433 Bernd Walter, Von der preußischen Provinz zum Landesteil Nordrhein-Westfalens, S. 27.
434 Reinhart Koselleck, Preußen, S. 220.
435 Wilhelm Kohl, Westfälische Geschichte Bd. 2, S. 56.
436 11.11.1815, Reisebericht über das Schulwesen in Rheinland und Westfalen, GStAPK Rep. 76 Kultusministerium VI Sekt. 1 Gen – e, Nr. 1, Bl. 31.
437 Vormärz Handbuch, S. 175.
438 Bericht des Superintendenten 11.09.1838, S. 6-8, handschriftlich. LkA EKvW Bestand 29.2. Protokolle der Kreissynode Bielefeld.
439 Bericht des Superintendenten 04.10.1843, S. 3-4, Druck. Ebd.
440 Bericht des Superintendenten 03.07.1844, §.1. Die Kirche, S. 6, Druck. Ebd.
441 Vormärz Handbuch, S. 238-247, 1035.
442 Bericht des Superintendenten 03.07.1844, §.1. Die Kirche, S. 5, Druck. Ebd. Der Wortlaut und die Protokollnotiz lassen offen, wer aus der Synode eine Gegenrede gehalten hatte; der Begriff „christlicher Staat" weist hin auf Friedrich Julius Stahl, 1840 von Friedrich Wilhelm IV. nach Berlin berufen als Prof. für Rechtsphilosophie, Staats- u. Kirchenrecht. Er hatte Verbindungen nach Ravensberg. Die Bielefelder Konservativen versuchten 1849 vergeblich, für Friedrich J. Stahl die Mehrheit bei den konservativen Wahlmännern für das Landtagsmandat zu erlangen. Fritz Achelpöhler, Steinheim, S. 239.
443 Vormärz Handbuch, S. 856.
444 Hinweis auf die Kommunisten um Rudolf Rempel in Bielefeld und Otto Lüning in Rheda; der Parteibegriff bezeichnet eine offene Gruppe, keine förmliche Organisation.
445 Die Kommission bestand aus den Pfarrern Christian Friedrich Schack, 2. Pfr. in Heepen, Dr. Johannes Schliepstein, Brackwede, und Franz Theodor Stoy, Dornberg. Verhandlungen der Kreissynode Bielefeld 02.07.1845, S. 15. LkA EKvW Bestand 29.2. Protokolle der Kreissynode Bielefeld.
446 Bericht des Superintendenten § 10. Religiöser und sittlicher Zustand der Gemeinden. Synode 3. Juli 1844, In: Verhandlungen der Kreis-Synode Bielefeld von 1844, Bielefeld 1844, S. 14. Ebd.
447 Anz. f. d. Gft. R 1844, Nr. 17, 21.04.1844, Beilage.
448 Zur Person, zu dieser Veranstaltung und deren Echo bei den Behörden siehe Wilhelm Schulte, Volk und Staat, S. 70-73 und in ausführlichen Anmerkungen S. 455. Darstellung der Beziehungen zwischen Karl Grün und Otto Lüning in der Berichterstattung des Westphälischen Dampfboots: Uwe Synowski, S. 16-19.
449 Karl Grün, über wahre Bildung, S. 26.

450 Ebd., S. 24.
451 Ebd., S. 25.
452 Superintendent Heinrich Ludwig Wilhelm Heidsieck, Bauks Nr. 2430, Bericht 03.07.1844, S. 15. LkA EKvW Bestand 29.2. Potokolle der Kreissynode Bielefeld.
453 hervorgehoben wie im Druck.
454 13.07.1844, Landrat v. Ditfurth an Oberpräsident Vincke, LAV NRW Abt. W., Oberpräsidium 690 Die politischen Umtriebe des Dr. Grün Kriege, Lüning, Bl. 36-37.
455 Wilhelm Schulte, Volk und Staat, S. 455, Anm. 171.
456 25.10.1844, Umtriebe einiger Lehrer des Communismus in Bielefeld und der Umgegend betreffend. LAV NRW Abt. W., Regierung Münster Nr. 1064.
457 Randnotiz in Tinte, N.[atorp] 8/11, ebd., Bl. 1.
458 Otto Lüning, Vorschläge zur Verbesserung der Lage der arbeitenden Klassen, in: Dieß Buch gehört dem Volke 1, hrsg. von Dr. Otto Lüning, S. 87-90, hier S. 88. Bielefeld 1845.
459 Louis Blanc, Ein Vorschlag zur Organisation der Arbeit. Nach dem Französischen. Ebd., S. 119-128.
460 Protokoll der Kreissynode Bielefeld 02.07.1845, S. 15. Der „Pauperismus" oder „die soziale Frage" ist nach den Protokollen der Kreissynoden Bielefeld von 1845 bis 1870 nicht wieder behandelt worden. LkA EKvW Bestand 29.2. Protokolle der Kreissynode Bielefeld.
461 Anzeigen für die Grafschaft Ravensberg, 27. November 1839, 48. Stück, S. 402.
462 Ob Scherr über dieses Projekt 1842 der Kreissynode berichtet hat, ist unbekannt. Ebenso fehlen zeitgenössische Berichte. Fritz Achelpöhler, Schule in Bielefeld, S. 736f.
463 J. H. Scherr: Über Kleinkinderschulen. Beilage zu „Öffentliche Anzeigen für die Grafschaft Ravensberg Nr. 5, 1840, S. 3.
464 Rosalie Delius, geb. Hagedorn (1808-1881), war verheiratet mit Rudolf Delius, Präsident der Handelskammer, Frau Bürgermeister Körner, Doctorin Kampmann, Actuar. Kampmann, Killinger, Professorin Krönig, Niemann, Doctorin Wilmanns; Bürgermeister Körner, Pastor Alemann, Bielefeld Altstadt, Ratsherr Niemann und Kaufmann Arnold Friedrich v. Laer.
465 Vormärz Handbuch, S. 234.
466 J. H. Scherr: Über Kleinkinderschulen, S. 3.
467 Zitat aus dem 1. Jahresbericht der Pflegeanstalt in Hannover 1834. In: J. H. Scherr: Über Kleinkinderschulen, S. 10.
468 (Scherr u. a.) Erster Bericht S. 6. Dieser Bericht ist noch im Wesentlichen von Scherr verfasst. Er starb am 25. Dezember 1844.

469 Ebd.
470 Ebd., S. 11.
471 Ebd., S. 6.
472 Scherr 1840, S. 11.
473 Vormärz Handbuch, S. 45-46.
474 Heinrich Hubert Houben, Jungdeutscher Sturm und Drang. Leipzig 1911, S. 56.
475 Beilage zur Allgemeinen Zeitung 19.01.1834, S. 75.
476 GStA PK, I. HA Rep. 89 Geheimes Zivilkabinett, Nr. 22616 Betr. die Bestimmungen wegen des Privat-Unterrichts- und Erziehungs-Wesens, Bl. 20-24. Dieser Bericht weist dichte Unterstreichungen und Hervorhebungen am Rande auf. Diese sind nicht nachvollzogen.
477 Ebd., Bl. 24.
478 [David Hansemann], Preußen und Frankreich, S. 264-265.
479 Friedrich August von Staegemann, (1763-1840), seit 1817 Mitglied des Staatsrates. Unter Kabinettsminister Karl Friedrich Graf v. Lottum (seit 1823) war er als der vortragende Rat beim Staatsministerium Chef der Staatskanzlei; „als nächster Untergebener des Ministers bei der Leitung aller wichtigen Staatsangelegenheiten entwarf Staegemann in dieser Zeit fast alle wichtigeren Kabinetsordres des Königs, das Edict zur Entlassung der Bauern aus der Erbuntertänigkeit, auch das Verfassungsversprechen Friedrich Wilhelms III. Vergebens bemühte er sich als Leiter der allgemeinen preußischen Staatszeitung, die am 1. Januar 1819 ins Leben trat, den Demagogenriechern und Bureaukraten eine mildere Auffassung der burschenschaftlichen Bewegung beizubringen." Herman von Petersdorff, „Staegemann, Friedrich August von" in: Allgemeine Deutsche Biographie 35 (1893), S. 383-389. S. auch Vormärz Handbuch, S. 634.
480 GStA PK, I. HA Rep. 89 Geheimes Zivilkabinett, Nr. 22616, Bl. 1.
481 Ebd., Bl. 2v.
482 „Zur gleichen Zeit, als man den Landtagen gewissermaßen keine größere Publizität zugestand, mußte das Staatsministerium in seinen Entscheidungen die Wirkung auf die öffentliche Meinung immer stärker berücksichtigen." Christina Rathgeber, Protokolle, S. 15.
483 Allerhöchste Kabinetsordre vom 10ten Juni 1834., betreffend die Aufsicht des Staats über Privatanstalten und Privatpersonen, die sich mit dem Unterrichte und der Erziehung der Jugend beschäftigen. Gesetz-Sammlung für die Königlich Preußischen Staaten Nr. 18, Berlin 1834, S. 135.
484 Anweisung an das Staatsministerium, datiert „Berlin, den [ ] May 1834".
485 GStA PK, I. HA Rep. 89 Geheimes Zivilkabinett, Nr. 22616, Bl. 3-4; 13.
486 Ebd., Bl. 12.

487 Cirkular-Verfügung an sämmtliche Königl. Regierungen, sowie an das Königl. Provinzial-Schulkollegium hieselbst, die Beaufsichtigung der privat-Schulen und Erziehungsanstalten, der Privatlehrer, Erzieher etc. betreffend, vom 18. März 1840. Ministerial-Blatt für die gesammte innere Verwaltung in den preußischen Staaten, 1. Jahrg. 1840, Berlin 1840, S. 95-97.

488 Bis 1838 unter Ausschluß der Rheinprovinz. Er war von Herbst 1824 bis 1831 Präsident des OLG Breslau. Schubert, Werner, „Mühler, Heinrich von" in: Neue Deutsche Biographie 18 (1997), S. 286-287 [Online-Version]; URL: https://www.deutsche-biographie.de/pnd117162981.html#ndbcontent, 17.04.2023.

489 GStA PK, I. HA Rep. 89 Geheimes Zivilkabinett, Nr. 22616, Bl. 8.

490 Bericht des Staatsministeriums v. 22.07.1839, Instruktion Ebd., Bl. 15.

491 Carl Ludwig v. Haller, Restauration der Staats-Wissenschaft, oder, Theorie des natürlich-geselligen Zustands, der Chimäre des künstlich-bürgerlichen entgegengesetzt. Winterthur: in der Steiner'schen Buchhandlung, 1816-1834.

492 Bericht an die Regierung in Minden 27.01.1838, StA BI, ältere Akten 949.

493 22.02.1838, Regierung an Bürgermeister Körner, ebd.

494 02.11.1843 Ludwig Volrath Jüngst an die Regierung Minden LAV NRW Abt. W. PSK 2425 Bl. 154.

495 Ebd., Bl. 155.

496 Fritz Achelpöhler, Mädchen. Schule. Zeitgeschichte, S. 176-179.

497 Entwurf für Pro Memoria für das Kultusministerium in Berlin: 08.02.1856, LAV NRW Abt. W. PSK 2349, nicht paginiert.

498 22.10.1850 Regierung Minden an Superintendent Bielefeld, LAV NRW Abt. W. PSK 2425.

499 Ebd.

500 Regierung Minden 06.02.1856 LAV NRW Abt. W. PSK 2349.

501 Fritz Achelpöhler, Mädchen. Schule. Zeitgeschichte, S. 191.

502 16.02.1857 LAV NRW Abt. W. PSK 2349.

503 Fritz Achelpöhler, Mädchen. Schule. Zeitgeschichte, S. 202.

504 § 1 der Ministerial-Instruction zur Beaufsichtigung der Privatschulen [...] vom 31.12.39, Amtsblatt 1840, Seite 158ff.

505 11.12.1833 OLG Cöln Bericht über Prüfung der Personalacten der Referendarien und Auscultatoren. GStA PK I. HA Rep. 84a Justizministerium Nr. 50171, Bl. 52.

506 Ebd., Bl. 42. 3.11.1833.

507 Vernehmung am 27.12.1837, GStA PK I. HA Rep. 97 Kammergericht Nr. 3660, Bl. 4-6. Die Vernehmungsprotokolle unterschrieb Hermann Lüning mit Herrmann Lüning, das Gericht übernahm diese Schreibweise.

508 Vormärz Handbuch, Fundstellen, S. 901, 1001.
509 Vernehmung am 27.12.1837, GStA PK I. HA Rep. 97 Kammergericht Nr. 3660, Bl. 4-6. – Ostern 1835 war am 19.04.1835.
510 Heinrich Rudolph Dambach (1797-1845), Karrierejurist, war schon als Referendar mit dem Prozess gegen Ludwig Jahn befasst. Friedrich Ludwig Jahn am 25.12.1819, E. T. A. Hoffmann, Juristische Arbeiten, S. 269. Später Kammergerichts-Inquisitoriats-Direktor.
511 „Herrmann" Lüning war die Schreibweise des Vornamens im Umgang mit den Justizbehörden. „Diese Renoncen waren zwar mit der Konstitution (der Burschenschaft) bekannt, nur hatten sie bis jetzt noch keinen thätigen Antheil an der Gesetzgebung der Verbindung", GStA PK I. HA Rep. 90, Annex C, Nr. 50, Band 1, S. 16-17.
512 GStA PK I. HA Rep. 97 Kammergericht Nr. 3660, Bl. 4-6.
513 Ebd., Bl. 95.
514 Ebd.
515 Vormärz Handbuch, S. 286, 686.
516 Vormärz Handbuch, S. 624, 792f. ; GStA PK I. HA Rep. 97 Kammergericht Nr. 3660, Bl. 96.
517 GStA PK I. HA Rep. 97 Kammergericht Nr. 3660, Bl. 12 und 44. S. auch Vormärz Handbuch, S. 476.
518 Untersuchungsgefängnis in Berlin; dort wurde auch Herrmann Lüning inhaftiert und durch Dambach verhört.
519 21. Februar, Beilage zur Allgemeinen Zeitung, Nr. 52, 1834, S. 207
520 GStA PK I. HA Rep. 84a Justizministerium Nr. 50171.
521 Gesetz-Sammlung für die Königlich-Preußischen Staaten, Berlin 1835, S. 47-48.
522 Beilage zur Allgemeinen Zeitung Nr. 27, 27. Januar 1834, S. 107.
523 Ebd., S. 108.
524 Vormärz Handbuch, S. 60.
525 Johann Hinrich Hochdörfer, protestantischer Pfarrer zu Sembach, Kanton Winweiler 31 Jahre alt, Verfasser der Druckschrift „Der Bürgerfreund" 1. April 1832, S. 4f. „daß derselbe durch diese Mittel die Bürger und Einwohner unmittelbar angereizt habe, die Bayrische Staatsregierung u die k. Autorität, selbst mit Gewalt und Waffen, umzustürzen und zu verändern, um in ganz Deutschland eine andere Verfassung einzuführen; daß jedoch diese Provokationen ohne Erfolg geblieben sind." S. 24. Dr. Wirth vor dem Appellaltionsgericht 1. Febr. 1834.
526 Beilage zur Allgemeinen Zeitung Nr. 19, S. 74.
527 27. März 1834, ebd., S. 343, nach einer Meldung aus Frankfurt in der Allgemeinen Zeitung.

528 28. Februar 1834, ebd., Nr. 59, S, 235.
529 27. Januar. 1834. ebd., Nr. 27, S. 108.
530 23.02.1834, ebd., Nr. 77, S. 306.
531 GStA PK I. HA Rep. 97 Kammergericht Nr. 3663, Bl. 8.
532 „uns wurde die Entstehung der Burschenschaft nach dem Wartburgfeste" auseinander gesetzt. GStA PK I. HA Rep. 97 Kammergericht Nr. 3663, Bl. 3. S. auch Vormärz Handbuch, S. 90-91.
533 GStA PK I. HA Rep. 97 Kammergericht Nr. 3663, Bl. 13v.
534 Ebd., Bl. 21.
535 In Leipzig betrug die Wechselsteuer „anfangs 2, später 4 %". Hans Leonhardt, Die älteste Leipziger Burschenschaft (1818-1833): Ein Beitrag zur Geschichte der Universität Leipzig im 19. Jahrhundert, Paderborn 2012, S. 35.
536 GStA PK I. HA Rep. 97 Kammergericht Nr. 3663, Bl. 9.
537 Ebd., Bl. 6v-7.
538 Ebd., Bl. 15.
539 Ebd., Bl. 16v.
540 Ebd., Bl. 17v. Lüning 06.01.1838: „Als Renoncen hatten wir verfassungsmäßig die Tendenz der Burschenschaft nicht in Erfahrung gebracht." Bl. 54.
541 Ebd., Bl 4v.
542 Ebd., B. 15v-16.
543 Ebd., Bl. 18.
544 Heinrich Heine, Reisebilder.
545 Carl Ludwig Börne (1786-1837), Briefe aus Paris. B. ließ sich 1830 in Paris nieder, nahm 1832 am Hambacher Fest teil. Er schrieb unter anderem für die Allgemeine Zeitung.
546 Ernst Ortlepp (1800-1864), Dichter des Vormärz. S. auch Vormärz Handbuch, S. 225, 531.
547 Henrich Steffens (1773-1845), Philosoph, Naturforscher, Hochschullehrer und Dichter. S. auch Vormärz Handbuch, S. 415.
548 Harro Harring (1798-1870) nordfriesischer Revolutionär. S. auch Vormärz Handbuch, S. 71, 222, 285, 290, 519, 529.
549 Friedrich Wilhelm Carové, (1789-1852), z. B. Der Saint Simonismus und die neuere französische Philosophie, Leipzig 1831; Rückblick auf die Ursachen der französische Revolution und Andeutung ihrer welthistorischen Bestimmung, Hanau 1834; irrtümlich in der Akte als „Carowe" überliefert. S. auch Vormärz Handbuch, S. 400.
550 [Spatzier] Spazier, wahrscheinlich Richard Otto (1803-1854), der Die Geschichte des Aufstandes des Polnischen Volks in den Jahren 1830 und 1831 verfasst hat. Altenburg 1832. S. auch Vormärz Handbuch, S. 286, 393.

551 Gotthilf August von Maltitz (1794-1837) schlesischer Husar in der Befreiungskriegen, Schriftsteller. S. auch Vormärz Handbuch, S. 510, 792.

552 Ernst Freymund, (Pseudonym des August Wilhelm Gfrörer) (1803-1861) die Geschichte unserer Tage. Frankreich in den letzten Tagen des Juli 1830 mit besonderer Rücksicht auf Paris. / Die Revolution in Belgien im Jahre 1830. Das Jahr 1830, 2 Bände, Stuttgart 1831. Das Jahr 1831, Stuttgart 1832.

553 1837 12.5. Erkenntnis des Kammergerichts gegen Mitglieder der Greifswalder Burschenschaft. GStA PK I. HA Rep. 77, Tit. 28 A Nr. 5, Bl. 72-73.

554 Vormärz Handbuch, S. 953, 984

555 Vormärz Handbuch, S. 91, 982-987.

556 GStA PK I. HA Rep. 97 Kammergericht Nr. 3663, Bl. 22.

557 Ebd., Bl. 24.

558 17.12.1835 Greifswald, Amtsdruck, S. 9.

559 Friedrich Holtze, Kammergericht, zitiert auch aus der Charakteristik, die Fritz Reuter mit dem Ton der Verachtung entworfen hat. Ut mine Festungstid. Kammergericht, S. 134.

560 Friedrich Moritz von Wagemann, Hauptresultate, S. 61.

561 Heinrich Heine hatte über das Auftreten der „Häuptlinge der Société des amis du peuple" Anfang 1832 berichtet. „Furchtbar, wie ein Echo aus den blutigsten Tagen der Konvention, klangen die Reden jener Häuptlinge der Société des amis du peuple, die vorige Woche vor den Assisen standen, angeklagt, gegen die bestehende Regierung konspiriert zu haben, um dieselbe zu stürzen und eine Republik zu errichten". „Der Citoyen [Auguste] Blanqui, Sohn eines Konventionels, hielt eine lange Rede, voll von Spott gegen die Bourgeoisie, die Boutiquiers, die einen Louis Philippe, la boutique incarnée, zum Könige gewählt, und zwar in ihrem eigenen Interesse, nicht im Interesse des Volks." Heinrich Heine, „Über die Zustände in Frankreich", 2. Artikel 19. Januar 1832. In den Akten wird nicht festgestellt, dass Lüning dieses Buch in Händen gehabt habe. Im „Aufruf an die Volksfreunde in Deutschland" hatte Johann Georg August Wirth die Adresse der Volksfreunde (amis du peuple) zu Straßburg im Vorfeld des Hambacher Festes mitgeteilt.

562 GStA PK I. HA Rep. 97 Kammergericht, Nr. 3660, Bl. 16.

563 Die polizeibekannten Kenntnisse überliefert Friedrich Moritz von Wagemann, Hauptresultate, S. 24.

564 GStA PK I. HA Rep. 97 Kammergericht, Nr. 3660, Bl. 48v.

565 Ebd., Bl. 49.

566 Ebd., Bl. 48. „ich will dabei gar nicht leugnen, daß unsere Freiheit ein stark republikanisches Gepräge hatte", schreibt Bruder August in einem 1874 veröffentlichten Nachruf auf Hermann Lüning. Jetzt: Roland Köhne (Hg.), August

Lüning, Professor Hermann Lüning (1814-1874) – Ein Lebensbild. JbHVR 1986/87, S. 117.

567 Ebd., Bl. 50.

568 Ebd., Bl 14.

569 Ebd., Bl. 19v.

570 Ebd. Bl. 24v/25, hervorgehoben durch Unterstreichung.

571 Ebd.

572 Ebd., Bl. 78v.

573 Ebd., Bl. 79. Am Rand durch senkrechten Strich markiert.

574 Ebd., Bl. 80.

575 Ebd., Bl. 50v.

576 Ebd., Bl. 51.

577 Copia vidimata aus dem Reise Tage-Buche des Stud. Friedrich Leonhard Schmidt. GStA PK I. HA Rep. 97 Kammergericht, Nr. 3660, Bl. 64-65.

578 Ebd., Bl. 87.

579 Verteidigungsschrift, ebd., Bl. 99.

580 Ebd., Bl. 95 Börnes Briefe aus Paris und Heines Reisebilder und in Wiederholung Bl. 105.

581 Vormärz Handbuch, S. 685.

582 Feier des Stiftungstages /: 26. Juli :/ der Pariser Julitage und mehrerer politischen Feste, als z. B. des Aufstandes der Republikaner zu Paris /: 6. Juni :/ beim Begräbniß des General La Marque.

583 Ebd., Bl. 98.

584 Ebd., Bl. 105v.

585 Ebd., Bl. 106v.

586 Friedrich Holtze, Kammergericht, S. 134.

587 Polnische Bezeichnung: Twierdza Srebrnogórska. Der größte europäische Festungsbau, entstanden zwischen 1765 und 1777 in der Gemeinde Peterwitz, polnische Bezeichnung Stoszowice, im Eulengebirge, polnische Bezeichnung Góry Sowie.

588 Ebd., Bl. 155.

589 GStA PK I. HA Rep. 77, Tit. 21 Spez. L Nr. 55, Bl. 160.

590 Ebd., Bl. 152v. Das Urteil folgt mit zwei Abweichungen § 9 des Gesetzes über die Bestrafung von Studentenverbindungen vom 7. Januar 1838, Gesetz-Sammlung für die Königlichen Preußischen Staaten 1838 Nr. 3 (Nr. 1863). Der Entzug der Nationalkokarde ist nicht in § 9 enthalten, im Urteil nicht der Entzug der Konzession zur Erteilung von Privatunterricht. Am 26.07.1840 war das Urteil 2. Instanz „hier [d. h. in Silberberg] noch nicht eingegangen." Ebd., Bl. 159.

591 Justiz-Kommissarius Ciborovius in Berlin und als stellvertretender Verteidiger der Justiz – Kommissarius Rueppel in Frankenstein. Ebd., Bl. 153v.

592 Ebd., Bl. 159.

593 17.12.1835 Greifswald, Amtsdruck S. 2.

594 Ebd., S. 3.

595 Konstitution des s.g. Preß- und Vaterlands-Vereins im Jahre 1831 durch Johann Georg August Wirth, Herausgabe der Zeitschrift „die Tribüne" mit dem Aufsatz „Deutschlands Pflichten" und den Statuten des Vereins.

596 Ebd., S. 9.

597 S. o. S. 66, E. T. A. Hoffmann, „bloße Gesinnungen".

598 Darunter auch im Manuskript die 1844 in Schaffhausen unter dem Titel „Gedichte" abgedruckten Texte V, VIII, XIII und XV. LAV NRW Abt. OWL M8 677 II, Bl. 3.

599 20.05.1844, ebd., Bl. 24.

600 Kölnische Zeitung 27.07.1844 aus der Magdeburger Zeitung.

601 Vormärz Handbuch, S. 387.

602 August Lüning machte im Nachruf diese Stellen als Briefzitate kenntlich. 76. JBHV 1986, S. 119-120.

603 Vormärz Handbuch, S. 507.

604 August Lüning machte im Nachruf diese Stellen als Briefzitate kenntlich. 76. JBHV 1986, S. 121.

605 Wolfgang Harich: Jean Pauls Revolutionsdichtung, S. 120.

606 Ebd., S. 538.

607 Inge Stephan, Literarischer Jakobinismus in Deutschland (1789-1806), Stuttgart 1876, S. 191-192.

608 GStA PK I. HA Rep. 77 Tit. 6 Lit. L, Nr. 127, Bl. 26. Am 19.09.1845 berichtete der Innen- dem Außenminster, dass Hermann „unerlaubte Verbindungen zu stiften" versucht und sich „an den neuesten socialistischen Arbeiten seines Bruders Otto betheiligt" habe. Bl. 91.

609 „Wegen staatsgefährlicher Umtriebe, besonders wegen Theilnahme an der Greifswalder Burschenschaft, sollte er zur Kriminal-Untersuchung gezogen werden, er entzog sich derselben aber durch die *Flucht*. Sein erst jetzt angebrachtes Gesuch um Begnadigung wegen der gegen denselben ausgesprochenen Strafe eines 25 jährigen Festungsarrestes ist bei des Königs Majestät nicht befürwortet worden." Berlin, den 5. Juli 1844. Ebd., Bl. 1. Das Amnestiegesuch des Vaters hatte Friedrich Wilhelm IV. am 03.12.1842 abgelehnt, aber die Reise zu einem einwöchigen Aufenthalt in Schildesche unter sicherem Geleit im Sommer 1843 ermöglicht. Der Innenminister sah am 16.04.1844 „keine Veranlassung", das am 31.08.1843 aus Schildesche erneut vorgetragene Gesuch „zur Begnadigung in irgendeiner Form zu empfehlen." Dem folgte

auch Fiedrich Wilhelm IV. und überließ den Ministern der Justiz und des Innern die Ablehnungsverfügung vom 7. August 1844. GStA PK I. HA Rep. 77 Tit. 21, Lit. L Nr. 43, Bl. 22 und 32.

610 17.08.1844, GStA PK I. HA Rep. 77 Tit. 6 Lit. L, Nr. 127, Bl. 27.

611 Eichhorn an Oberpräsident Vincke am 07.10.1844, ebd., Bl. 50.

612 Eichhorn an Lüning am 07.10.1844, ebd., Bl. 51.

613 Roland Köhne, 76. JBHV 1986, S. 122.

614 GStA PK I. HA Rep. 97 Kammergericht Nr. 3660. Bl. 79. Am Rand durch senkrechten Strich markiert.

615 Otto Lüning, Politisches Rundgemälde, (Januar bis September 1844). Dieß Buch gehört dem Volke 1, S. 1.

616 Hermann Lüning, Der Nachbar Knolle, ebd., S. 155-167.

617 Ebd., S. 165.

618 Ludwig Frh. Vincke, Darstellung der innern Verwaltung Großbritanniens, mit einer Vorrede von B. G. Niebuhr, Berlin 1815.

619 Hermann Lüning, Nachbar Knolle, S. 165.

620 Hermann Lüning, Die griechische Staatsumwälzung vom 15. September 1843, Dieß Buch gehört dem Volke 1, S. 186.

621 Ebd., S. 187.

622 Ebd., S. 196.

623 Ebd., S. 203. Lüning hatte sich für seinen Beitrag wesentlich auf die anonyme Schrift „Ursachen der Unzufriedenheit des griechischen Volkes mit dem früheren Verwaltungssysteme", Luxemburg 1844, gestützt. In dieser Broschüre sind die hier zitierten Ausschnitte nicht enthalten.

624 22.06.1844. LAV NRW Abt. W. Reg. Münster Nr. 247, Bl. 64-65.

625 Gesellschaftsspiegel. 1845, S. 126-130, 153-160, 187-191, 203-208.

626 Vormärz Handbuch, S. 715.

627 Vormärz Handbuch, S. 967-969.

628 Westphälisches Dampfboot 1, Nachrichten und Notizen, Deutschland, Aus Westphalen, Ende Mai, ebd., S. [44-45].

629 Joseph Arnold Wilhelm Weydemeyer, geb. 02.02.1818 in Münster, gestorben 20.08.1866 in St. Louis, USA.

630 Das Westphälische Dampfboot 1, S. 496-515. Otto Lüning ließ diesem Beitrag die Auswertung „amtlicher Quellen des Königlichen Polizei-Präsidii und der Magistrats" von Alexander Schneer „über die Zustände der arbeitenden Klassen in Breslau" vorangehen.

631 Die Seidenarbeiter in Lyon hatten für einen Mindestlohn und einen Tarifvertrag gestreikt, sich erfolgreich gegen einen Militäreinsatz behauptet; sie hatten an den Minister des Handels und der öffentlichen Arbeiten die Bitte: „Daß in Zukunft jede neue Erfindung im Maschinenwesen zum Behufe der Industrie,

falls durch Einführung derselben eine gewisse Anzahl von Händen überflüssig gemacht würde, nicht eher in Anwendung gebracht werden dürfe, als bis die Behörden für Mittel gesorgt haben, den Arbeitern, die durch solche Maschinen ersetzt werden sollen, Beschäftigung zu verschaffen". Julius Meyer, Arbeit, in; „Dieß Buch gehört dem Volke, 1. Jahrgang, hrsg. v. Dr. Otto Lüning, Bielefeld 1845, S. 110.

632 „Donjon" – der Festungskern, hier der höchste Punkt der Anlage Festung Silberberg.

633 Krankheitsbild von Dysenterie, Ruhr, Typhus.

634 Westphälisches Dampfboot 1, S. 498.

635 Ebd., S. 550.

636 Ebd., S. 504.

637 Ebd., S. 507.

638 Ebd., S. 498.

639 In der Schweiz verfasste Hermann Lüning eine Schulgrammatik der neuhochdeutschen Sprache (Zürich 1853); dann gemeinschaftlich mit Sartori 1860 und 1861 zwei Bändchen eines deutschen Lesebuchs; in der wissenschaftlichen Welt ist sein Name bekannt geworden durch: Die Edda, eine Sammlung altnordischer Götter- und Heldenlieder. Urschrift mit erklärenden Anmerkungen, Glossen und Einleitung, altnordischer Mythologie und Grammatik (Zürich 1859). Baechtold, Jakob, „Lüning, Hermann", in: Allgemeine Deutsche Biographie (1884), S. [Onlinefassung]; URL: https://www.deutsche-biographie.de/sfz54966.html#adbcontent, 16.04.2023.

640 GStA PK I. HA Rep. 77 Tit. 6 Lit. L, Nr. 127, 17.08.1844, Bl. 27.

641 Julius Meyer machte Schloss Holte nahe Gütersloh „zum Treffpunkt nahezu aller führendend Männer der demokratischen und republikanischen Bewegung Nordwestdeutschlands." Otto Lüning war einer jener Oppositionellen, die sich damals auf Schloss Holte nahe Gütersloh trafen. Zu diesem Kreis zählten unter anderem Ferdinand Freiligrath, Karl Marx, Friedrich Engels und August Heinrich Hoffmann von Fallersleben. Walter Gödden, H. O. Lüning. Lesebuch, S. 143.

642 Vormärz Handbuch, S. 856-862, hier S. 856.

643 Roland Köhne (Bearb.), Prof. Hermann Lüning (1814-1874) – ein Lebensbild. Von Dr. August Lüning JHV 76, Bielefeld 1987, S. 122.

644 Vormärz Handbuch, S. 856.

645 Walter Gödden, H. O. Lüning. Lesebuch, S. 141. J. Sänger, Frühsozialisten, S. 11.

646 Justus Julius Gottlieb Helmich (1816-1865).

647 Uwe Synowski, S. 19.

648 August Lüning, Die Bedeutung Pestalozzi's für die Gegenwart, Das Westphälische Dampfboot 2, S. 130-133.
649 Vormärz Handbuch, S. 975.
650 August Lüning, Die Bedeutung Pestalozzi's für die Gegenwart, Das Westphälische Dampfboot 2, S. 133.
651 Friedrich Anneke, Ein ehrengerichtlicher Proceß, Leipzig 1846, S. 62.
652 Ebd., S. 33. Helmich war in offener Gesellschaft „1845 von einem Leutnant der Garnison mit dem Degen schwer verletzt", aus politischen Gründen 1845/46 in die USA emigriert. Monika Minninger, Bielefelder in Nordamerika, www.stadtarchiv-bielefeld.de, Bielefeld 2009, S. 22. Der Angriff auf Helmich erregte großes öffentliches Aufsehen in Deutschland, der Angreifer erhielt 13 Monate Festungshaft. Reinhard Vogelsang, S. 266.
653 Ebd., S. 70.
654 Ebd., S. 78.
655 Heinrich Würzer, Der Patriotische Volksredner, Bd. 1, S. 125f.
656 Vormärz Handbuch, S. 400.
657 Lorenz v. Stein, Geschichte der socialen Bewegung in Frankreich, S. 350. Jürgen Neffe schreibt diesem Werk eine Wirkung „nach dem Gesetz der unbeabsichtigten Folgen" zu; es habe „eigentlich zur Abschreckung dienen" sollen; in Wirklichkeit sei „es jedoch zu jenem Buch geworden, das die gefürchteten Ideen in Deutschland überhaupt erst publik" gemacht habe. Marx, der Unvollendete, München 2017, S. 94.
658 Otto Lüning (Hg.), Dieß Buch gehört dem Volke 1., S. 116f.
659 Friedrich Anneke, Ein ehrengerichtlicher Prozeß, Leipzig 1846, S. 10.
660 Eine Tochter Evas, Auch Eva muß ein Denkmal haben, Westphälisches Dampfboot 1, S. 11-13.
661 Ebd., S. 13.
662 Vormärz Handbuch, S. 80.
663 Eine Tochter Evas, Auch Eva muß ein Denkmal haben, Westphälisches Dampfboot 1, S. 11.
664 Ebd., S. 12.
665 ††††, Kurze Erwiederung an Herrn †††, Verfasser des Aufsatzes „Pro memoria", Westph. Dampfboot 1, Märzheft, S. 318-321.
666 †††, Pro memoria, ebd., S. 119-123.
667 Ebd., S. 318.
668 Ebd., S. 320.
669 Ebd., S. 321.
670 †††, Spott und Abwehr, ebd., S. 350-356. Der anonyme Autor hatte mit 9 Seiten und 47 Zeilen den doppelten Umfang der beiden von Frauen verfassten Artikel eingenommen.

671 F. Schnake, Das westphälische Dampfboot, red. von Dr. Otto Lüning in Rheda. Gesellschaftsspiegel, 7. Heft, S. 26.

672 Karl Grün, Über wahre Bildung, S. 22-24.

673 H. O. Lüning, Gedichte, Schaffhausen 1844. Dazu auch Walter Gödden, H. O. Lüning. Lesebuch, S. 145-148.

674 Otto Lüning, Lesebuch, S. 8.

675 [Adolph, Glasbrenner], Verbotene Lieder. Von einem norddeutschen Poeten, Bern 1844.

676 Anselm von Gross-Trockau, Lieder eines Gefangenen, Bamberg 1843.

677 Vormärz Handbuch, S. 797f.

678 GStA PK I. HA Rep. 77 Tit. 6 Lit. L, Nr. 127, Bl. 3.

679 V. VIII. XIII. und XV. der abgedruckten Gedichte, ebd., Bl. 7 und „Zechers Morgenlied" und „Ludwig Philipp", die in der Druckausgabe nicht enthalten sind. LAV NRW Abt. OWL M8 Nr. 677 II, Bl. 22.

680 30. Juni 1844 Innenminister an OP Vincke, GStA PK I. HA Rep. 77 Tit. 6 Lit. L, Nr. 127, Bl. 7. Otto Lüning hatte aus Breslau am 31.02.39., aus Rheda am 09.02.42., 17.06.42. und 21.12.43 geschrieben, August aus Rüschlikon. Otto Lüning verlangte in der Vernehmung am 31.07.1844 die Rückgabe, „da sie gar keinen Einfluß auf die Untersuchung haben können." Die gegen ihn „eingeleitete Untersuchung" sei „blos auf den Inhalt vorgelegter Gedichte basirt." LAV NRW Abt. OWL M8 Nr. 677II, Bl. 22.

681 Ebd., Bl. 185, S. 1-96. Über den Gedichtband siehe Walter Gödden, H. O. Lüning, Lesebuch, S. 145-148.

682 03.07.1844, ebd., Bl. 7-10.

683 06.07.1844, LAV NRW Abt. OWL M8 Nr. 677II, Bl. 3.

684 Am 28.05.1844 bezeichnete Landrat Trzebiatowski in Wiedenbrück Lüning und Groneweg als Mitglieder einer Vereinigung, die als „Anhänger des modernen Liberalismus im hiesigen Kreise immer rücksichtsloser und dreister fortfahren, eine engere Verbindung unter sich zu Gütersloh und Rheda, unter Anschluß gleich gesinnter Personen zu Bielefeld zu unterhalten, und ihre Ansichten, wie verlautet, zur Verwerfung aller religiösen und staatlichen Einrichtungen im größeren Publikum einen weiter zu verzweigenden Eingang hohnlächelnd zu verbreiten suchen." LAV NRW Abt. W., Oberpräsidium 690, Bl. 16.

685 16.07.1844, LAV NRW Abt. OWL M8 Nr. 677II, Bl. 26.

686 Ebd.

687 Otto Lüning an das OLG Paderborn am 14.07.1844. Ebd. Bl. 9. Die Kölnische Zeitung skandalisierte mit einem aus der Trierer Zeitung v. 19.07.1844 entnommenen Bericht am 27.07.1844, die Aachener Zeitung am 05.08.1844 den exzessiven Charakter der Beschlagnahme und Durchsuchung. Der

Kriminalsenat trug Lünings Beschwerde Rechnung und verfügte die Aufhebung der Beschlagnahme an Inquisitoriat Paderborn am 20.07.1844: „Es sind allerdings Bücher und Litteralien mit Beschlag belegt, von denen nicht mit irgend einigem Grunde angenommen werden kann, daß sie mit der dem p. Lüning gemachten Anschuldigung in Verbindung stehen." Die Rückgabe erfolgte am 30.07.1844. LAV NRW Abt. OWL M8 Nr. 677II, Bl. 2. und 13.

688 Vormärz Handbuch, S. 290.

689 23. Juli 1845, ebd., Bl. 85.

690 Vormärz Handbuch, S. 799.

691 Innenminister an Außenminister, GStA PK I. HA Rep. 77 Tit. 6 Lit. L, Nr. 127, Bl. 89.

692 Ebd., Bl. 90-97.

693 Westphälischer Merkur v. 09.08.1844.

694 18.08.1844, GStA PK I. HA Rep. 77 Tit. 6 Lit. L, Nr. 127, Bl. 29.

695 Graf v. Merveldt war Landrat des Kreises Beckum mit der Stadt Oelde im Regierungsbezirk Münster, Trzebiatowski Landrat des Kreises Wiedenbrück mit Rheda und Herzebrock im Regierungsbezirk Minden.

696 09.08.1844, ebd., Bl. 12-13. Die Meldung vom Attentat traf am 28.07.1844 in Herzebrock ein.

697 16.08.1844, ebd., Bl. 21-23.

698 14.08.1844, ebd., Bl. 16.

699 20.08.1844, ebd., Bl. 21.

700 21.08.1844, ebd., Bl. 35.

701 30.08.1844, ebd., Bl. 42.

702 02.09.1844, ebd., Bl. 40-41. RP Richter, Minden, an Innenminister.

703 24.09.1884, ebd., Bl. 48.

704 26.09.1844, ebd., Bl. 47.

705 10.04.1845, ebd., Bl. 78-79.

706 15.11.1844, ebd., Bl. 67.

707 Ebd., Bl. 69. Randbemerk: „Es scheint als ob die Crim. Untersuchung viel zu frühzeitig veranlaßt worden."

708 20.12.1844, ebd., Bl. 72.

709 24.01.1846, ebd., Bl. 106-107. Der Bericht mit der Urteilsabschrift traf am 28.01.1846 in Berlin ein.

710 04.02.1846, ebd., Bl. 155.

711 LAV NRW Abt. OWL M8 Nr. 677 II, Bl. 133.

712 Bericht Amtsverwaltung Rheda v. 09.12.1844, ebd., Bl. 76-79.

713 Ebd., Bl. 135.

714 Ebd., Bl. 172v.

715 Ebd., Bl. 181v.

716 LAV NRW Abt. OWL M8 Nr. 677 II Bl. 231-237.

717 Eduard von Schaper, (1792-1868) 1845-1846 Oberpräsident der Provinz Westfalen.

718 Friedrich David Groneweg, Justiz Commissair in Gütersloh (1805-1886).

719 1. Instanz am 23. April 1845, LAV NRW Abt. OWL M 8 Nr. 677 II Bl. 101-124. Groneweg bat am 4. Mai 1846 im 2. Verfahren um Terminverschiebung wegen seiner sonstigen Arbeitsbelastung, insbesondere der „Untersuchung gegen die Eisenbahnarbeiter wegen des Tumults bei Schildesche". Ebd., Bl. 200. Die „Vertheidigung II. Instanz" vom 5. Juni 1846, ebd., Bl. 203-228 schloss mit der Bitte um Rückgabe des bei den Akten befindlichen Exemplars der „Gedichte". Es zeuge „von der ungemeinen Theilnahme, welche jene Dichtung gefunden. Es ist im wahrsten Sinne des Wortes zerlesen."

720 Jacoby hatte die Erfüllung des Verfassungsversprechens angemahnt. Es erfolgte eine Untersuchung wegen versuchten Hochverrats, Majestätsbeleidigung und frechen, unehrerbietigen Tadels der Landesgesetze. In 1. Instanz erging ein Freispruch vom Verdacht auf Versuch des Hochverrats, im übrigen und wegen Erregung von Mißvergnügens zu 2 ½ Jahren Festungshaft verurteilt, erreichte er beim Oberappellationssenat des Berliner Kammergerichts völligen Freispruch. Die Begründung wurde ihm nur mündlich vorgetragen, eine schriftliche Ausfertigung verweigert. Jacoby fertigte aus dem Gedächtnis eine Aufzeichnung, sie zu veröffentlichen scheiterte an der Zensur. Sie erschien 1844 in Paris, Urtheil des Ober-Appellations-Senats in der wider den Doctor Johann Jacoby geführten Untersuchung wegen Hochverraths, Majestätsbeleidigung und frechen, unehrerbietigen Tadels der Landesgesetze, Deutsch-Französische Jahrbücher 1844, S. 45-70. Die Herausgeber Arnold Ruge und Karl Marx wurden 1845 auf Betreiben der preußischen Regierung aus Paris ausgewiesen. Edmund Silberner, Johann Jacoby, S. 117ff. Christopher Clark, Preußen, S. 507f.; Vormärz Handbuch, S. 242-243, 479, 646.

721 Verteidigungsschrift 1. Instanz, 28.04.1845, LAV NRW Abt. OWL M 8 Nr. 677 II Bl. 103; Ludwig Walesrode war mit Jacoby befreundet. „Man fand in seiner Schreibweise eine Verbindung von Börne'scher Schärfe mit Jean Paul'scher Weichheit. Die Schrift ‚Unterthänige Reden' aus dem Jahre 1843 trug ihm ein Jahr Festungsstrafe ein, das er im J. 1845-46 zu Graudenz verbüßte." https://www.deutsche-biographie.de/pnd116653396.html, 03.04.2023 Ein Exemplar befand sich unter den bei Lüning am 13.07.1844 beschlagnahmten Büchern, die am 30.07.1844 zurückgegeben wurden. LAV NRW Abt. OWL M 8 Nr. 677 II Bl. 13. S. auch Vormärz Handbuch, S. 891.

722 Verteidigungsschrift 1. Instanz. LAV NRW Abt. OWL M 8 Nr. 677 II Bl. 113v.

723 Ebd., Bl. 120-123.
724 Ebd., Bl. 105.
725 Ebd., Bl. 105-106.
726 „Ist es da zu verwundern, daß auch in Westphalen nach dem Vorbilde Ostpreußens und Sachsens Tendenzprozesse ihr Entstehen finden, daß wegen Hochverraths und Majestätsbeleidigung, wegen Aufruhres und Tumults, wegen Verspottung des preußischen Staates und des deutschen Bundes, wegen Aufreizung und Erregung von Mißvergnügen procedirt und injuriirt wird?" Friedrich David Groneweg in der Verteidigungsschrift v. 28.04.1845, Bl. 101.
727 Walter Gödden, H. O. Lüning, Lesebuch, S. 11.
728 Ebd., S. 166. Publikations Patent vom 28. Oct 1836, Gesetz-Sammlung für die preußischen Staaten, S. 309, Artikel 1.
729 Ebd., S. 167.
730 Ebd., Bl. 176v-177.
731 Ebd., Bl. 181v.
732 Vormärz Handbuch, S. 435.
733 Den Begriff hatte Verteidiger Groneweg eingebracht: „Soll er sich mit dem kritisch historischen Rüstzeuge wappnen und etwa zu jeder Strophe einen beweisführenden Anhang liefern?" Verteidigung 2. Instanz, Nr. 677 III, Bl. 205v. Barthold Niebuhr, Römische Geschichte 1811, hatte die literarische Überlieferung der römischen Geschichte durch Livius kritisch geprüft und als weithin unhistorisch befunden. Diese Methode hatte schnell Anklang gefunden und Geschichte zu einer Wissenschaft gemacht. S. auch Vormärz Handbuch, S. 57.
734 Hans-Ulrich Wehler 2, S. 341.
735 Der 2. Senat am 11.11.1846 in der Erläuterung der Urteilsgründe für den Justizminister. LAV NRW Abt. OWL M 8 Nr. 677 IV, Bl. 23.
736 Ebd., S. 168. „Eine stärkere Verurtheilung des herrschenden Regierungssystems, als sie in diesen Aussprüchen zweier Gerichtshöfe lag, ließ sich kaum denken." Stölzel, Band 2, S. 599.
737 Vormärz Handbuch, S. 905f.
738 Robert Eduard Prutz, Politische Wochenstube. Zürich und Winterthur (Verlag des literarischen Comptoirs), 1845. Nachdruck: Der deutsche Michel, S. 97 u. 98. Das Stück hatte großes Aussehen erregt, dem Verfasser ein Hochverraths Untersuchungsverfahren eingetragen, das auf Fürsprache Alexander v. Humboldts von Friedrich Wilhelm IV. niedergeschlagen wurde. Jacob Achilles Mähly, Prutz, Robert Jacob, ABD Band 26 (1888), S. 681.
739 Verteidigungsschrift LAV NRW Abt. OWL M 8 677 II, Bl. 204v.
740 „die von den liberalen und demokratischen Kräften verachtete Inkarnation der Illiberalität und Unterdrückung", Hans Ulrich Wehler, 2, S. 367.

741 LAV NRW Abt. OWL M 8 Nr. 677 II, Bl. 169-170.
742 Urteil 1. Instanz, ebd., Bl. 179v-180.
743 Groneweg, Verteidigungsschrift LAV NRW Abt. OWL M 8 677 II, Bl. 217.
744 Bl. 171.
745 Vormärz Handbuch, S. 62.
746 Ebd., Bl.171.
747 Ebd., Bl.171-172.
748 Ebd., Bl. 173.
749 08.08.1846, GStA PK I. HA Tit 6 Lit. L, Nr. 127, Nr. 127, Bl. 157.
750 21.08.1846, Ebd., Bl. 177. „Das Erkenntniß ist verbrecherischer als die Schrift." Vermerk des Referenten Methis im Innenministerium am Rand der ersten Seite der Urteilsabschrift der 2. Instanz. 06.08.1846, ebd., Bl. 156.
751 Ernst Albert Karl Wilhelm Ludwig v. Bodelschwingh (1794-1854), 1845 bis 1848 Innenminister.
752 21.08.1846. Ebd., Bl. 177v.
753 05.10.1846. LAV NRW Abt. OWL M 8 Nr. 677 IV, Bl. 39-40.
754 Ebd., Bl. 41.
755 05.10.1846, Ebd., Bl. 44.
756 Gesetzsammlung für die königlich preußischen Staaten 1844, S. 77-90. Stölzel, Rechtsverwaltung, S. 557ff. und Reinhart Koselleck, Preußen, S. 411.
757 Urteil 1. Instanz, LAV NRW Abt. OWL M 8 Nr. 677 II, Bl. 141.
758 Ebd.
759 Ebd., Bl. 141-142. Das Bundesverfassungsgericht hat am 10.10.1995 einen ähnlichen Beschluss – 1 BvR 1476/91 „zum Verhältnis von Meinungsfreiheit und Ehrenschutz bei Kollektivurteilen über Soldaten" gefasst.
760 LAV NRW Abt. OWL M 8 Nr. 677 IV, Bl. 17.
761 Ebd., Bl. 15v.
762 Ebd.
763 Ebd., Bl. 15.
764 Ebd. Walter Gödden, H. O. Lüning, Lesebuch, S. 19.
765 Ebd.; LAV NRW Abt. OWL M8, Nr. 677 II, Bl. 157-167v.
766 Kölnische Zeitung N° 173 am 22ten Juny 1842 mit der Überschrift „Das Preßgesetz" und unterzeichnet „Otto Lüning".
767 Urteil 1. Instanz, Bl. 162.
768 Ebd., Bl. 162-163.
769 „Die Richtigkeit dieser Erklärung und ob dieselbe vom Appellations Senate des Kammergerichts in dem Erkenntniß gegen Dr. Jacobi adaptirt sey, kann auf sich beruhen", hieß es im Urteil Bl. 163v.; vgl. EN. 720.
770 Urteil 1. Instanz, Bl. 163.
771 Ebd., Bl. 164.

772 Ebd., Bl. 165.

773 Vormärz Handbuch, S. 465f., 477.

774 LAV NRW Abt. OWL M 8 Nr. 677 IV, Bl. 19. Das Kammergericht kritisierte am 04.02.1847 die freie Beweisführung, es scheine auf „eine unangemessene Weise das subjective Urtheil des Richters über Handhabung der Censur hervorzutreten." GStA PK I. HA Rep. 89, Nr. 18520, Bl. 14.

775 Der 2. Senat am 11.11.1846 in der Erläuterung der Urteilsgründe für den Justizminister. LAV NRW Abt. OWL M 8 Nr. 677 IV, Bl. 23.

776 Ebd., Bl. 25.

777 15.11.1846 LAV NRW Abt. OWL M 8 Nr. 677, IV Bl. 13-14.

778 09.07.1847, Justizminister an Friedrich Wilhelm IV. GStA PK I. HA Rep. 89 J. P. Nr. 18520, Bl. 2.

779 14.12.1846. Ebd., Bl. 27. Die Protokolle dieser Einzelvernehmungen sind nicht überliefert.

780 18.01.1847 GStA PK Zivilkabinett I. HA Rep. 89, Nr. 18520, Bl. 1-5.

781 Friedrich Holtze, Das Kammergericht, S. 130.

782 Gesetz, betr. das Verfahren in den bei dem Kammergericht und dem Kriminalgericht zu Berlin zu führende Untersuchungen vom 17.07.1846, Gesetzsammlung für die königlichen preußischen Staaten 1846, Nr. 21, S. 267-290, hier § 19, S. 271.

783 Heinrich Leopold v. Strampff, 1800-1879. Aus Berlin 1838 an die Frankfurter Zentralbehörde 1840 Vizepräsident des Oberlandesgerichts Münster bis 1843. Über Naumburg kam S. nach Berlin an das Kammergericht 1845 als Vizepräsident und zugleich als Präsident des Kriminalsenats, auch des Instruktionssenats 1846. Czeguhn, Ignacio, „Strampff, Heinrich von", in: Neue Deutsche Biographie 25 (2013), S. 471-472 [Onlinefassung]; URL: https://www.deutsche-biographie.de/pnd117674583.html, 03.04.2023.

784 „Zusammen mit August Heinrich Simon (1805-60) gab S. die „Rechtssprüche der Preuß. Gerichtshöfe" (4 Bde., 1828-36) und die „Entscheidungen des Kgl. Geheimen Obertribunals" (3 Bde., 1837-40) heraus." Ebd.

785 31 Begegnungen mit Vincke von 1840 bis 1843 dokumentieren in den Tagebüchern eine „liebe" Freundschaft und den zweimaligen Ausdruck des Bedauerns über den Abschied „leider". Ludwig Vincke, Tagebücher 11, S. 357 und 367.

786 09.07.1847 an Friedrich Wilhelm IV., GStA PK I.Ha Rep. 89 Nr. 18520, Bl. 3.

787 Walter Schmidt, Burschenschafter, S. 4, Für vier von ihnen sah das Gericht die verschärfte Todesstrafe „mit dem Rade von oben herab vom Leben zum Tode zu bringen" vor. Ebd., S. 6. Die Todesurteile wurden durch Kabinettsordre v. 11.12.1836 faktisch aufgehoben, bei der Urteilsverkündung in lebenslängliche

oder lange Festungshaft umgewandelt, einige durch Begnadigungen vorzeitig, andere erst durch Amnestie vom 10.08.1840 abgeschlossen.

788 04.02.1847 GStA PK Zivilkabinett I. HA Rep. 89, Nr. 18520, Bl. 7, Hervorhebung durch Schrift und Unterstreichung wie in der Ausfertigung.

789 Ebd., Bl. 6.

790 Ebd., Bl. 6v. Ebenso der 2. Senat Paderborn: „daß wir das Gebiet politischer Erörterungen, welches auch nach unserer Ansicht der Spruchrichter nicht ohne Noth betreten darf, in unseren Entscheidungsgründen vermieden, oder doch zu vermeiden gesucht haben." LAV NRW Abt. OWL M8 Nr. 677 IV, Bl. 24.

791 Friedrich Holtze, Das Kammergericht S. 119.

792 Uhden an das OLG Paderborn 05.10.1846, LAV NRW Abt. OWL M8 Nr. 677 IV, Bl. 42-43.

793 04.02.1847 GStA PK Zivilkabinett I. HA Rep. 89, Nr. 18520, Bl. 12v-13.

794 Ebd., Bl. 12.

795 Ebd., Bl. 13v.

796 Abschrift des Gedichts und Urteilsbegründung. LAV NRW Abt. OWL M8, Nr. 677 II, Bl. 167v-172v. Zwei weitere Gedichte „nach Béranger" sind in dem Gedichtband enthalten, nicht aber in den Prozess gegen Lüning eingeführt worden: „Der König von Yvetot (Mai 1813)", S. 40 und „Poniatowski (Juli 1831)", S. 48. Seit 1836 war im Verlag Velhagen & Klasing eine Heftreihe mit Texten moderner Autoren unter dem Titel „musée français" erschienen. Reinhard Vogelsang 1, S. 261.

797 In der Abschrift unterstrichen, im Gedichtband gesperrt gedruckt.

798 Vormärz Handbuch, S. 799.

799 Pierre Jean de Béranger, Chansons choisies, Velhagen und Klasing Bielefeld 1839 und 1846, S. 97-99.

800 Urteil 1. Instanz, LAV NRW Abt. OWL M 8 Nr. 677 II, Bl. 171-172.

801 Strafsenat des Kammergerichts, GStA PK Zivilkabinett I. HA Rep. 89, Nr. 18520, Bl. 16.

802 § 539 Tit. 20 Th II ALR.

803 LAV NRW Abt. OWL M 8 Nr. 677 IV Bl. 24v.

804 Kammergericht, Bl. 18v-19.

805 Ebd., Bl. 19v.

806 Ebd., Bl. 16.

807 Ebd., Bl 20.

808 Ebd., Bl 17.

809 Uhden, 09.07.1847, GStA PK Zivilkabinett I. HA Rep. 89, Nr. 18520, Bl. 2-3.

810 Stölzel hatte Einsicht in die Akten des Justizministeriums nehmen können. Diese sind nicht dem Geheimen Staatsarchiv zugeführt worden. Stölzel berichtet, daß Friedrich Wilhelm „mit dem Gedanken umging, durch einen

Ministerrath unter seinem persönlichen Vorsitze die Paderborner Erkenntnisse zu vernichten und die betheiligten Richter zu bestrafen. Dieser letzte Versuch, kraft oberstrichterlicher Gewalt, Cabinetsjustiz zu üben, erstickte jedoch im Keime." Rechtsverwaltung und Verfassung, S. 600.

811 Uhden, 09.07.1847, Bl. 4.

812 „welche vorzugsweise verschuldet haben, daß die gerügten Gründe in die Erkenntnisse übergegangen sind" LAV NRW Abt. OWL M8 Nr. 677 IV, Bl. 31. Unter Hinweis auf Stölzel bemerkt Reinhart Koselleck, der König gestehe ein, dass „die Parteibildungen den Staat und seine Institutionen selber erfaßt hatten." Reinhart Koselleck, Preußen, S. 413.

813 Der erste Senat berichtete dem Minister, er habe zu Beginn seiner Beratungen festgestellt, „Alles zu vermeiden, woraus irgend auf einen politischen Standpunkt geschlossen werden könnte. Denn wir erkennen es als vollkommene Pflicht des Richters an sich fern zu halten von jeder Parteiung in den Fragen, die die heutige Zeit beengen; keinesweges aber die Augen verschließend das Dasein der Beengung selbst zu ignoriren, da dergleichen auf die Beurtheilung der Strafbarkeit offenbar von Einfluß sein kann." LAV NRW Abt. OWL M8 Nr. 677, Bl. 15.

814 Kabinetsordre vom 30.07.1847, „die den übrigen Gerichtshöfen durch Ministerialverfügung mitgetheilt wurde", Augsb. Allgemeine 02.12.1847, Nr. 336.

815 Otto Lüning, der deutsche Bund, Schlusszeile.

816 Urteil 1. Instanz, 176v-177.

817 Ebd., Bl. 152v.

818 Ebd., Bl. 150-152.

819 Ebd., Bl. 166v.

820 Ebd., Bl. 156.

821 Ebd., Bl. 3.

822 Heinrich (gen. Taut) Ebmeyer, (22.12.1793-07.05.1850).

823 Studienfreund Jodocus Temme (1798-1881), Erinnerungen, S. 64, überliefert die Anekdote, beim 3., dem sogenannten großen Examen, habe der Präsident der Examenskommission Ebmeier mit den Worten angesprochen: „Herr Referendarius, ich muß Ihnen vorab die Bemerkung machen, daß Sie wenigstens nach einer Seite hin die preußische Gerichtsordnung nicht richtig aufgefaßt haben. Das Gesetz schreibt vor, daß der Kandidat sich von uns soll examiniren lassen. Sie aber haben uns examinirt, und uns manche harte Nuß zu knacken vorgelegt."

824 Friedrich Eduard Traugott Lange (1793-1866).

825 LAV NRW Abt. OWL M 8 Nr. 677 II, Bl. 93; Mitteilung LAV NRW OWL v. 16.05.2023.

826 Walter Gödden, H. O. Otto Lüning, Lesebuch, S. 156f.

827 Luise Lüning 08.12.1822 geb. in Gütersloh – gest. im Januar 1868 in St. Louis (USA). 03.10.1847 Hochzeit mit Joseph Weydemeyer in Schildesche, jetzt Bielefeld.

828 Joseph Weydemeyer an „Fräulein Luise Lüning, Schildesche bei Bielefeld". W. – Papers 60, Inv. IISG 358/1-2, ARCH01626 Intern. Institute of Social History. Druck: Zeitgenossen von Marx und Engels, S. 75-77.

829 Karl Marx (05.05.1818-14.03.1883), [Wilhelm] Weitling, 05.10.1808-25.01.1871, Marx' Schwager Edgar Gerhard Julius Oscar Ludwig von Westphalen (26.03.1819-30.09.1890). Joseph Weydemeyer (02.02.1818-1867).

830 Jenny Marx, geb. von Westphalen (12.02.1814-02.12.1881).

831 Julius Meyer (1817-1863), Schwiegersohn des Gutsbesitzers und Industrieunternehmers Friedrich Ludwig Tenge – Niederbarkhausen.

832 Schauenburg.

833 Roland Köhne, JHV Bd. 76, S. 124. Karl Obermann berichtet über das politische und publizistische Wirken Weydemeyers in Jahren 1848 bis 1851. S. 132-228. Walter Gödden, H. O. Lüning. Lesebuch, S. 156-157.

834 Karl Obermann, Joseph Weydemeyer. Ein Lebensbild, Berlin [Ost], 1967, S. 390.

835 № 2822 in Standardausführung; aufgelegt am 03.10.1944, Stapellauf am 11.11.1944.
https://en.wikipedia.org/wiki/List_of_Liberty_ships_(Je%E2%80%93L.

Literaturverzeichnis

Um den Anmerkungsapparat nicht zu überlasten, wird die Aufnahme von Schriften in Reihen nicht belegt.

Siglen

ALR	Allgemeines Landrecht für die preußischen Staaten, Berlin 1804.
ALZ	Allgemeine Literatur-Zeitung, Jena und Leipzig.
AKZ	Allgemeine Kirchenzeitung, herausgegeben von Dr. Ernst Zimmermann, Darmstadt.
EZA	Evangelisches Zentralarchiv in Berlin. Archiv der Evangelischen Kirche in Deutschland.
EKZ	Evangelische Kirchenzeitung, herausgegeben von Ernst Wilhelm Hengstenberg, Berlin.
JBHV	Jahresbericht des Historischen Vereins für die Grafschaft Ravensberg, Bielefeld.
JWKG	Jahrbuch für Westfälische Kirchengeschichte, Bielefeld.
KO	Kabinets-Ordre.
LAV NRW Abt. OWL	Landesarchiv Nordrhein-Westfalen, Abteilung Ostwestfalen-Lippe in Detmold.
LAV NRW Abt. W.	Landesarchiv Nordrhein-Westfalen, Abteilung Westfalen in Münster. LAV NRW Abt. W., Oberpräsidium 690 Die politischen Umtriebe des Dr. Grün Kriege, Lüning.
Gesellschaftsspiegel	Organ zur Vertretung der besitzlosen Volksklassen und zur Beleuchtung der gesellschaftlichen Zustände der Gegenwart. Erster Band, hrsg. v. Moses Heß, Elberfeld 1845.
Gesetzsammlung	Gesetzsammlung für die Königlich-Preußischen Staaten. Berlin.
H. O. Lüning	Gedichte, Schaffhausen 1844.
	Dieß Buch gehört dem Volke 1. Jahrgang, Bielefeld 1845.
	Westphälisches Dampfboot, Monatsschrift, redigiert von Otto Lüning, 1. Bielefeld 1845. *2.* Bielefeld 1846.
StA BI	Stadtarchiv Bielefeld und landesgeschichtliche Bibliothek.

Vormärz-Handbuch Herausgegeben von Norbert Otto Eke im Auftrag des Forum Vormärz Forschung. Bielefeld 2020.

darin besonders:

Seite

40-47 Hans-Werner Hahn, Die Julirevolution und ihre Auswirkungen

56-65 Hans Fenske, Liberalismus

66-75 Birgit Bublies-Godau, Demokratie / Demokratismus – Republik / Republikanismus

76-85 Sandra Markewitz, Anarchismus im Vormärz

86-93 Manfred Hettling, Feste

171-178 Norbert Otto Eke, Vormärz und Aufklärung

196-203 Christian Jansen, Der deutsche Nationalismus im Vormärz

219-228 Claude D. Conter, Europa

229-237 Martin Friedrich, Kirchen, Religion und Theologie

238-247 Andreas Gotzmann, Judentum, Antijudaismus und Antisemitismus, jüdische Emanzipation

281-288 Anne-Rose Meyer, Politische und literarische Gruppenbildungen V: Philhellenismus und Polenfreundschaft

289-297 Norbert Otto Eke, Exil

381-391 Sandra Markewitz, Philosophische Sprachkritik im Vormärz

392-402 Gerhard Hohn, Kulturaustausch und Kulturtransfer I: Deutsch-französischer Kulturtransfer

414-420 Steen Bo Frandsen, Kulturaustausch und Kulturtransfer III: Deutschland/Dänemark – Norden

430-442 Christian Jansen, unter Mitwirkung von Felix Schumacher, Kulturaustausch und Kulturtransfer V: Deutsch-italienischer Kulturaustausch und Kulturtransfer

465-472 Clemens Zimmermann, Literaturverhältnisse II: Presse, Journalismus, Zensur im Vormärz

473-482 Jorg Requate, Literaturverhältnisse III: Journalismus

502-509 Marta Famula, Ästhetik

510-527 Florian Vasen, Theater und Drama

528-535 Alena Diedrich, Lyrik

620-625 Johanna Canaris, Reiseliteratur

632-640 Robert Langhanke, Mundartliteratur

641-647 Gunter Häntzschel, Anthologien

683-689 Sophia Victoria Krebs, Ludwig Börne (1786-1837)

715-721 Regina Roth, Friedrich Engels (1820-1895)

739-746 Philipp Hubmann, Joseph von Görres (1776-1848)

790-796 Joseph A. Kruse, Heinrich Heine (1797-1856)

797-804 Hendrik Stein, Georg Herwegh (1817-1875)
856-862 Walter Gödden, Otto Lüning (1818-1868)
885-895 Irina Hundt, Louise Otto-Peters (1819-1895)
896-902 Gunnar Och, August Graf von Platen (1796-1835)
903-909 Silvia Serena Tschopp, Robert Eduard Prutz (1816-1872)
953-959 Birgit Bublies-Godau, Jakob Venedey (1805-1871)
967-974 Bernd Füllner, Georg Weerth (1822-1856)
975-981 Dominik Nagl, Wilhelm Weitling (1808-1871)
982-987 Wilhelm Kreutz, Johann Georg August Wirth (1798-1848)

Archivalien

EZA 7/2574, Generalia.
EZA 7/6820, Generalia.

GStA PK I. HA Rep. 89 Geheimes Zivilkabinett, jüngere Periode Nr. 22616 Bestimmungen wegen des Privat-Unterrichts- und Erziehungs-Wesens, 1834-1865.
GStA PK, I. HA R 74, Staatskanzleramt, H II, Gen. 14. Bl. 1-9. Sieben Oberpräsidenten, Denkschrift v. 30. Juni 1817.

GStA PK I. HA Rep. 76 Kultusministerium III, Sekt. 27 Abt. XIV Nr. 1, Bd. 1, S. 50r-77v. [Johann Heinrich] *Scherr, Kirchliche Verfassung* betreffend. – mit Bezug auf die Grafschaft Ravensberg, Pro Memoria.

GStA PK I. HA Rep. 77 Tit. 18 Nr. 3adh1, Acta betr. den am 16. Dcbr. 1823 in Halle stattgehabten Studenten Tumult, Bd.2.

GStA PK I. HA Rep. 89 Geheimes Zivilkabinett, jüngere Periode Nr. 23451, geistliche Angelegenheiten.

GStA PK I. HA Rep. 77 Ministerium des Innern Tit. 28b Nr. 1. *Untersuchungssache* wider den Königlichen Lieutenant Carl Friedrich von der Lanken und [27] Complicen, Breslau, den 25. März 1826. Die allgemeinen und die anonymisierten Entscheidungsgründe gegen Heinrich Clemen abgedruckt in: Kamptz, Albert, Beitrag zur Lehre vom Hochverrath. Erkenntniß des Königl. Ober-Landesgerichts zu Breslau wider die zu Cöpenick zur Untersuchung gezogenen Mitglieder des hochverrätherischen Bundes der Jungen. Jahrbücher für die preußische Gesetzgebung, Rechtswissenschaft und Rechtsverwaltung, Band 27, Berlin 1826, S. 179-238.

GStA PK I.HA Rep.77 Tit. 21 Spez. C Nr. 17 4. Betr. den Hülfslehrer an dem Gymnasium zu Bielefeld Dr. Clemen wegen Theilnahme an geheimen und sträflichen Verbindungen, Jan. 1824 bis 1841.

GStA PK I. HA Rep 77 Tit. 17 Nr. 40 Bd. 1. Bericht der Mainzer Bundeszentralkommission über das politische Treiben in Berlin.

GStA PK I. HA Rep. 90, Annex C, Nr. 50, Band 1. *Straferkenntnisse* des Kriminal-Senats des Königlichen Kammergerichts wider die Theilnehmer an den geheimen burschenschaftlichen Verbindungen auf den Universitäten *Greifswald* und Breslau v. *17.12.1836. Amtsdruck*.

GStA PK I.HA Rep. 97 Kammergericht Nr. 2300. 1832-1835.

GStA PK I. HA Rep. 77 Tit. 21 Lit. L, Nr. 43. Ministerium des Innern betr. den Studenten der Rechte später der Medizin, August Lüning aus Schildesche in Westphalen wegen Teilnahme an burschenschaftlichen und sträflichen Verbindungen 1834-1844.

GStA PK I. HA Rep. 84a Justizministerium, 1842-1843, Acta der auf Begnadigung antragenden flüchtig gewordenen politischen Verbrecher.

GStA PK I. HA Rep. 97 Kammergericht Nr. 3663. Untersuchungs-Acten wider den Studiosus theologiae Lüning II, 2.-3. Juli 1834.

GStA PK I. HA Rep. 97 Kammergericht Nr. 3660. Untersuchungssache Studiosus theol. Christian Gottlieb Herrmann Lüning aus Schildesche bei Bielefeld wegen Teilnahme an im Jahre 1834 in Greifswald bestandenen geheimen Verbindungen. 8.11.1837-25.03.1838.

GStA PK I. HA Rep. 77 Tit. 21 Lit. L, Nr. 55. Ministerium des Innern Acta betr. den Studenten der Theologie Christian Gottlieb Herrmann Lüning aus Schildesche in Westfalen wegen Teilnahme an revolutionären Verbindungen, besonders an der Greifswalder Burschenschaft vom 2.07.1834 bis 27.08.1840.

GStA PK I. HA Rep. 89 Geheimes Zivilkabinett, jüngere Periode Nr. 23140, geistliche Angelegenheiten.

GStA PK I. HA Rep. 77 Tit. 6 Lit. L, Nr. 127 Ministerium des Innern, Polizeiabtheilung, betr. Dr. medic. Heinrich Otto Lüning wegen revolutionären Treibens, vom 13. Juni 1844 bis 15. October 1856.

GStA PK I. HA Rep. 89, Nr. 18520, Geheimes Zivilkabinett, jüngere Periode, betr. die von dem Oberlandesgericht zu Paderborn geführte Untersuchung wider den Doctor und praktischen Arzt H. O. Lüning zu Rheda 1847.

Archiv des Kirchenkreises Herford Nr. 1.

Jürgen Kloosterhuis, Quellen zur Universitäts-, Studenten- und Korporationsgeschichte im Geheimen Staatsarchiv Preußischer Kulturbesitz; Download über Inventar zur „Quellen zur Universitäsgeschichte“, https://gsta.preussischer-kulturbesitz.de/recherche/thematischer-wegweiser/universitaeten.html, 04.06.23.

LAV NRW Abt. OWL M1 II Nr. 458.

LAV NRW Abt. OWL M8 Nr. 677 I-IV Oberlandesgericht Paderborn, Untersuchung gegen Dr. Otto Lüning.
Urteil 1. Instanz, Bl. 133-183v.
Urteil 2. Instanz, Bl. 231-237.

LAV NRW Abt. W., B 100 Regierungskommission Bielefeld, 103.
LAV NRW Abt. W., Oberpräsidium 690 Die politischen Umtriebe des Dr. Grün Kriege, Lüning.
LAV NRW Abt. W., Regierung Münster Nr. 1064 Umtriebe einiger Lehrer des Communismus in Bielefeld und der Umgegend betreffend.
LAV NRW Abt. W. Reg. Münster Nr. 247.
LAV NRW Abt. W. PSK 2349.
LAV NRW Abt. W. PSK 2425.

LKA EKvW 0.0 (alt) Sachakten des Konsistoriums Nr. 22.
LkA EKvW 0.0 (alt) Sachakten des Konsistoriums Nr.171.
LkA EKvW 0.0 (alt), Nr. 353, Sachakten des Konsistoriums, Bd. 2, 1832-1840.
LKA EKvW 0.0-145c Sachakten des Konsistoriums.
LkA EKvW 4.76 Herford Münster Nr. 40.
LkA EKvW 4, 81 Werther, Nr. 179.
LkA EKvW 4.81 Werther, Nr. 403.
LkA EKvW 4.82 Borgholzhausen, F1.
LkA EKvW 29.2 Protokolle der Kreissynode Bielefeld.

Wilhelm H. Neuser, Die Protokolle der lutherisch-reformierten Gesamtsynode der Grafschaft Mark und ihrer Nebenquartiere, 1817 bis 1834 mit erläuternden Dokumenten, herausgegeben von Wilhelm Heinrich Neuser.
Teil 1 1817, Münster 1997. Teil 2 1818, Münster 1999. Teil 3 1819, Münster 1999.

StA BI, ältere Akten 877.
StA BI, ältere Akten 949.

Quellen und Literatur

Fritz Achelpöhler, Presbyterial- synodal und republikanisch. Der Bielefelder Superintendent Johann Heinrich Scherr und die Reform von Kirche, Schule und Staat von 1804 bis 1844, JWKG 105, 2009, S. 225-288.

–, Pietismus, antijüdische Ressentiments und kommunale Selbstverwaltung. Der Streit um die Wahl des jüdischen Arztes Dr. Bernhard Steinheim in den Vorstand der Bielefelder städtischen Töchterschule in den Jahren 1870-1873. JWKG 100, 2005, S. 227-283.

–, Schule in Bielefeld. Lernen fürs Leben. In: Andreas Beaugrand (Hg.), Stadtbuch Bielefeld 1214-2014. Bielefeld 2013, S. 732-739.

–, Mädchen, Schule, Zeitgeschichte. Eine Zeitreise mit Bielefelder Schülerinnen in die Jahre 1828 bis 1996. Bielefeld 2014.

Friedrich Anneke, Ein ehrengerichtlicher Proceß, Leipzig 1846.

Anonym, [Friedrich Wilhelm III. und Daniel Amadeus Neander], Luther in Beziehung auf die Preußische Kirchen Agende vom Jahre 1822, mit den im Jahre 1823 bekannt gemachten Verbesserungen und Vermehrungen, Berlin, Posen und Bromberg 1827, S. 33.

Anonym, [Christian Fritsche], Worte eines protestantischen Predigers über die Liturgie an Sonn- und Festtagen zur Abendmahlsfeier für die Hof- und Domkirche zu Berlin, Leipzig 1822.

Anonym, Die entlarvte hohe und geheime Polizei des zerstörten Königreichs Westphalen 1814.

Heide Barmeyer, Der Oberpräsident Vincke als Präsident des westfälischen Konsistoriums in den kirchenpolitischen Auseinandersetzungen in Preußen 1815-1834/35, Münster 1991.

–, Oberpräsident Vincke und die preußische Schulpolitik in Westfalen. Berlin 1993.

Eduard Baltzer, Preußisches Verfassungs-Büchlein für Jedermann, Beilage zu № 2 des Bielefelder Kreisblattes = Anzeigen für die Grafschaft Ravensberg, Bielefeld, den 7. Januar 1862.

Friedrich Wilhelm Bauks, Die evangelischen Pfarrer in Westfalen von der Reformationszeit bis 1945. Bielefeld 1 1980.

Hans Joachim Behr, Die Provinz Westfalen und das Land Lippe 1813-1933, in: Wilhelm Kohl (Hg.), Westfälische Geschichte, Bd. 2, Düsseldorf 1983.

Hans-Joachim Behr und Jürgen Kloosterhuis (Hgg.), Ludwig Freiherr Vincke. Ein westfälisches Profil zwischen Reform und Restauration in Preußen, Münster 1994.

darin:

Jürgen Kloosterhuis, „Westfaleneind“ und „Peines de Coeur“ – Vorgaben für Vinckes Landratsamt, S. 19-34.

Peter Burg, Vincke und die preussischen Reformen, S. 63-88.

Bernd Walter, Die Personalpolitik Vinckes zwischen territorialer Neuordnung und innerstaatlicher Konsolidierung, S. 157-172.

Pierre Jean de Béranger, Chansons choisies, Velhagen und Klasing Bielefeld 1839. 1846.

Johann Friedrich Benzenberg, Wünsche und Hoffnung eines Rheinländers. Paris 1815.

Hans Branig u. a., Fürst Wittgenstein, ein preußischer Staatsmann der Restaurationszeit, Köln 1981.

Sebald Brendel, Handbuch des katholischen und protestantischen Kirchenrechts, Bamberg 1839.

Christopher Clark, Preußen. Aufstieg und Niedergang 1600-1947, München 2007.

Paul Czygan, Zur Geschichte der Tagesliteratur während der Freiheitskriege, Bd. II. Aktenstücke, 2. Abteilung, Leipzig 1911.

Horst Denkler (Hg.), Der deutsche Michel, Revolutionskomödien der Achtundvierziger. Stuttgart 1971.

Deutsch-Französische Jahrbücher, herausgegeben von Arnold Ruge und Karl Marx, Paris 1844.

Rulemann Friedrich Eylert, Ermunterung zum Kampfe wider den nachtheiligen Einfluß unseres Zeitgeistes. Eine Predigt, gehalten bei der Feyer des Krönungs- und Ordensfestes, den 24sten Januar 1819, Berlin 1819.

Erich Foerster D., Die Entstehung der preussischen Landeskirche unter der Regierung König Friedrich Wilhelms des Dritten nach den Quellen erzählt. Tübingen Bd. 1 1905, Bd. 2 1907.

Freimüthige Erklärung einer protestantischen Gemeinde in Westphalen gegen die in der Schrift: „Luther in Beziehung auf die Preußische Kirchen-Agende“ geltend gemachten liturgischen Ansichten und Grundsätze. Leipzig 1828.

Johann Christoph Fröbing, Luther oder kleine Geschichte der Kirchenverbesserung. Ein Lesebuch für die Volksjugend, Hannover 1817.

Albrecht Geck, Kirchliche Selbständigkeitsbewegung in Preußen zu Beginn des 19. Jahrhunderts. JWKG 90 (1996), 95-119.

–, Schleiermacher als Kirchenpolitiker: die Auseinandersetzungen um die Reform der Kirchenverfassung in Preußen (1799-1823). Bielefeld 1997.

Christokratie und Demokratie. Die Presbyterialsynodalverfassung im Kontext konstitutioneller Bestrebungen in Preußen zu Beginn des 19. Jahrhunderts. In: Helmut Geck (Hg.): Der Kirchenkreis in der presbyterial-synodalen Ordnung, Münster 2008, S. 114-145.

Friedrich Wilhelm III., das Verhältnis von Kirche und Staat und die preußische Union. In: Jürgen Kampmann, Christian Peters (Hgg), 200 Jahre lutherisch reformierte Unionen in Deutschland. Beiträge zur Westfälischen Kirchengeschichte Bd. 46, Bielefeld 2018, S. 23-36.

Georg Christoph Friedrich Gieseler, Das Jubelbüchlein, zur Vorbereitung auf die dritte hundertjährige Jubelfeyer der Reformation, den 31. Oktober 1817, Werther Lemgo 1817.

–, Christus und Greiling. oder Wie soll die und muß die Verfassung der christlichen Kirche gestaltet seyn?, Lemgo 1819.

Walter Gödden, Lesebuch Otto Lüning. Zusammengestellt von Walter Gödden, Nylands Kleine Westfälische Bibliothek 73, Bielefeld 2018.

Walter Grab, Leben und Werke norddeutscher Jakobiner, Stuttgart 1973.

Friedrich Wilhelm Graf, Der Protestantismus. Geschichte und Gegenwart, München 2006.

Karl Grün, Über wahre Bildung. Eine Vorlesung gehalten den 28. April 1844 zu Bielefeld zum Besten der armen Spinner im Ravensbergischen, Bielefeld 1844.

J. F. Goeters und Rudolf Mau (Hg.), Die Geschichte der Evangelischen Kirche der Union. Ein Handbuch, Band 1, Leipzig 1992.

David Hansemann, Preußen und Frankreich; staatswirtschaftlich und politisch, unter besonderer Berücksichtigung der Rheinprovinz. Leipzig 1833, 2. Aufl. 1834.

Heinrich Heine, Erinnerung aus Krähwinkels Schreckenstagen. In: Hist.-krit. Gesamtausgabe, Manfred Windfuhr (Hg.), Hamburg 1992, Frauke Bartelt (bearb.), Bd. 3/1.

Johann Christoph Felix Bähr, Die Musen des Herodotus von Halikarnassus, übersetzt, Band 1, Stuttgart 1859.

Herodot, Historien Griechisch-Deutsch, Düsseldorf 2001, 2006[7], hrsg. v. Joseph Feix, Band 1, S. 437. In: Sammlung Tusculum, Wissenschaftliche Beratung Gerhard Fink, Niklas Holzberg, Reinhard Nickel Bernhard Zimmermann.

E. T. A. Hoffmann, Juristische Arbeiten, mit Erläuterungen hrsg. v. Friedrich Schnapp, München 1973.

E. T. A. Hoffmanns Briefwechsel. Friedrich Schnapp (Hg.) Gesammelt und erläutert von Hans von Müller (†) und Friedrich Schnapp, Band 3, Darmstadt 1969.

Friedrich Holtze, Das Kammergericht im 19. Jahrhundert, Berlin 1904.

Peter Heinrich Holthaus, Lebensbeschreibung Doctor Martin Luthers, 2. Aufl. Schwelm 1816.

Leopold Friedrich Ilse, Geschichte der politischen Untersuchungen welche durch die neben der Bundesversammlung errichteten Commissionen, der Central-Untersuchungs-Commission zu Mainz und der Bundes-Central-Behörde zu

Frankfurt in den Jahren 1819 bis 1827 und 1833 bis 1842 geführt sind. Frankfurt a.M. 1860.

Johann Jacoby, Vier Fragen – beantwortet durch einen Ostpreußen, Leipzig 1841.

–, Urtheil des Ober-Appellations-Senats in der wider den Doctor Johann Jacoby geführten Untersuchung wegen Hochverraths, Majestätsbeleidigung und frechen, unehrerbietigen Tadels der Landesgesetze. In: Arnold Ruge und Karl Marx (Hg), Deutsch-Französische Jahrbücher 1844, S. 45-70.

Jürgen Kampmann, Die Einführung der Berliner Agende in Westfalen. Beiträge zur westfälischen Kirchengeschichte, Band 8, Bielefeld 1991.

Albert v. Kamptz (Hg.), Annalen der preußischen innern Staats-Verwaltung. Berlin.

Kirchen-Agende für die Hof- und Domkirche in Berlin. Mit Musikanhang, Berlin 2. Aufl. 1822.

Hertha Köhne, Die Entstehung der westfälischen Kirchenprovinz. Beiträge zur westfälischen Kirchengeschichte, Band 1, Witten 1974.

Roland Köhne (Bearb.), Prof. Hermann Lüning (1814-1874) – ein Lebensbild. Von Dr. August Lüning Hermann Lüning, 76 JBHV1986-87, S. 111-130.

–, August Lüning, Professor Dr. Hermann Lüning. Ein Lebensbild v. 31.08.1874. In: 79. JBHV 1991, S. 111-130.

Kurt Koszyk und Karl Obermann, Zeitgenossen von Marx und Engels. Ausgewählte Briefe aus den Jahren 1844 bis 1852. Hrsg. und annotiert von Kurt Koszyk und Karl Obermann. Van Gorcum & Comp, Assen/Amsterdam 1975 (= Quellen und Untersuchungen zur Geschichte der deutschen und österreichischen Arbeiterbewegung. Neue Folge. Hrsg. Internationaal Instituut voor Sociale Geschiedenis, Amsterdam Band VI.).

Reinhart Koselleck, Kritik und Krise. Ein Beitrag zur Pathogenese der bürgerlichen Welt, Freiburg/München 1959.

–, Preußen zwischen Reform und Revolution, Allgemeines Landrecht, Verwaltung und soziale Bewegung von 1791 bis 1848, Stuttgart 1967.

Otto Lüning, Zum Gedächtnis von D. August Lüning, a. Bezirksarzt Rüschlikon, Zürich 1891.

Heinrich Luden, Handbuch der Staatsweisheit oder der Politik. Ein wissenschaftlicher Versuch / 1, Jena 1811.

Bernhard Christian Ludwig Natorp, Quartalsschrift für Religionslehrer, bearbeitet von einer Gesellschaft Westphälischer Gelehrten, Duisburg und Essen 1804-1807/08.

Wilhelm H. Neuser, Evangelische Kirchengeschichte Westfalens im Grundriß. Bielefeld 2002.

–, Der Kampf um die presbyterial-synodale Ordnung auf der westfälischen Synode in Lippstadt 1819, JWKG 79, 1986, S. 91-116.

Barthold Georg Niebuhr, Ueber geheime Verbindungen im preußischen Staate, und deren Denunciation, Berlin 1815.

Jakob Nolte, Demagogen und Denunzianten: Denunziation und Verrat als Methode polizeilicher Informationserhebung bei den politischen Verfolgungen im preußischen Vormärz, Berlin 2007.

Martin Ohst, Die Preußische Union und ihre politische Bedeutung. In: Grab, Wilhelm, Barth, Ulrich, Arndt, Andreas.; Christentum – Staat – Kultur. Akten des Kongresses der Internationalen Schleiermacher-Gesellschaft in Berlin, März 2006.

Robert Eduard Prutz, Politische Wochenstube. Zürich und Winterthur (Verlag des literarischen Comptoirs) 1845.

Christina Rathgeber (Hg.), Die Protokolle des Preußischen Staatsministeriums 1817-1934/38 Band 2, vom 6. Januar 1830 bis 2. Juni 1840, bearbeitet, Hildesheim Zürich New York 2004.

Liebetraut Rothert, Westfälische Burschenschafter 1821-1830, Westf. Zeitschrift 144, 1994, S. 167.

Dankfried Reetz, Schleiermacher im Horizont preußischer Politik, Studien und Dokumente zu Schleiermachers Berufung nach Halle, zu seiner Vorlesung über Politik 1817 und zu den Hintergründen der Demagogenverfolgung, Waltrop 2002.

Arnold Ruge, Preußen und die Reaction, Leipzig 1838.

J. Sänger, Frühsozialisten aus Ostwestfalen und Lippe. z. B. Dr. Lüning, Rheda, Arzt. In: Demokratie unser Weg, Demokratie unser Ziel! Hg. vom Bezirksvorstand der SPD Ostwestfalen-Lippe. Hamburg-Eppendorf 1993, S. 8-18.

[Johann] H.[einrich] Scherr u. F.[riedrich] F.[erdinand] Gessert, Vorträge der Eröffnung der ersten Kreissynode zu Bielefeld am 22. Juli 1835. Gehalten von [Johann] H.[einrich] Scherr, Pfarrer und Superintendenten zu Bielefeld. und F.[riedrich] F.[erdinand] Gessert, Pfarrer und Schulinspector zu Heepen. Zum Besten der Kirche zu Heepen. Bielefeld, bei August Velhagen 1835.

[Johann] H.[einrich] Scherr, Über Kleinkinderschulen. Beilage zu Nr. 5, der Öffentlichen Anzeigen der Grafschaft Ravensberg 1840.

[Johann] H.[einrich] Scherr [†], Erster Bericht über die Einrichtung, den Fortgang und den Erfolg der am 13. November 1843 eröffneten Klein-Kinderschule oder Bewahr- und Pflege-Anstalt für die noch nicht schulfähigen Kinder armer und unbemittelter Eltern zu Bielefeld, Bielefeld 1846, Stadtarchiv und landesgeschichtliche Bibliothek Bielefeld ST 80-16.

KGA, I, 9: Friedrich Daniel Ernst Schleiermacher, Kritische Gesamtausgabe. Kirchenpolitische Schriften. Herausgegeben von Günter Meckenstock unter Mitwirkung von Hans-Friedrich Traulsen Berlin – New York 2000.

KGA I, 14: Friedrich Daniel Ernst Schleiermacher, Kritische Gesamtausgabe, Kleine Schriften 1768-1833, hrsg. v. Matthias Wolfes und Michael Piersch, Berlin – New York 2003.

KGA II, 8: Friedrich Daniel Ernst Schleiermacher, Kritische Gesamtausgabe, Vorlesungen über die Lehre vom Staat, hrsg. v. Walter Jaeschke, Berlin – New York 1998.

KGA III, 4: Friedrich Daniel Ernst Schleiermacher, Kritische Gesamtausgabe, Predigten 1809-1815, hrsg. v. Patrick Weiland, unter Mitwirkung von Simon Paschen, Berlin/Boston 2011.

KGA III, 10: Friedrich Daniel Ernst Schleiermacher, Kritische Gesamtausgabe, Predigten 1826-1827, hrsg. v. Brinja Bauer, Ralph Brucker, Michael Pietsch, Dirk Schmid, Patrick Weiland, Berlin/Boston 2016.

KGA III, 12: Friedrich Daniel Ernst Schleiermacher, Kritische Gesamtausgabe, Predigten 1830-1831, hrsg. v. Dirk Schmid Berlin/Boston 2013.

KGA III, 14: Friedrich Daniel Ernst Schleiermacher, Kritische Gesamtausgabe, Predigten 1833-1834 Einzelstücke, Addenda und Corrigenda zur III. Abteilung, hrsg. v. Günter Meckenstock, Berlin/Boston 2017.

KGA III, 15: Friedrich Daniel Ernst Schleiermacher, Kritische Gesamtausgabe, Register zur Dritten Abteilung. Erstellt von Günter Meckenstock und Brinja Bauer, Ralph Brucker, Britta Andrea Marie Kunz, Michael Pietsch, Dirk Schmid, Patrick Weiland, Berlin/Boston 2018.

Theodor Anton Heinrich Schmalz, Berichtigung einer Stelle in der Bredow-Venturinischen Chronik für das Jahr 1808. Ueber politische Vereine und ein Wort ueber Scharnhorsts und meine Verhältnisse zu ihnen, Berlin 1815.

–, „Ueber des Herrn B.G. Niebuhr Schrift wider die meinige, politische Vereine betreffend."

–, „Letztes Wort über politische Vereine" erschienen in Berlin am 2.1.1816.

–, „Brief an den Herausgeber" 13.09.1816. = Deutscher Beobachter oder Hanseatische Privilegierte Zeitung Nr. 409, Hamburg 1.10.1816.

Alexander Schneer, „Ueber die Noth der Leinen-Arbeiter in Schlesien und die Mittel ihr abzuhelfen ; Ein Bericht an das Comité des Vereins zur Abhilfe der Noth unter den Webern und Spinnern in Schlesien, unter Benutzung der amtlichen Quellen des Königl. Ober-Präsidii und des Königl. Provincial-Steuer-Directorats von Schlesien etc". Breslau 1844.

Wilhelm Schulte, Volk und Staat. Westfalen im Vormärz und in der Revolution 1848/49 Münster 1954.

Wolfram Siemann, Deutschlands Ruhe, Sicherheit und Ordnung, die Anfänge der politischen Polizei 1806-1866, Tübingen 1985.

Reinhart Siegert, Das Lutherjubiläum von 1817. In: Werner Greiling, Holger Böning, Uwe Schirmer, Luther als Vorkämpfer? Reformation, Volksaufklärung und Erinnerungskultur um 1800. Köln/Weimar/Wien 2016, S. 113-140.

Lorenz v. Stein, Geschichte der socialen Bewegung in Frankreich von 1789 bis in unsere Tage, Leipzig 1842.

Alfred Stölzel, Brandenburg Preußens Rechtsverwaltung und Verfassung, Band 2, Berlin 1888.

Uwe Synowski, „Das Westphälische Dampfboot" (1845-1848) und der Frühsozialismus im ostwestfälischen Raum, Westfälische Forschungen. Mitteilungen des Provinzialinstituts für Westfälische Landes- und Volksforschung des Landschaftsverbandes Westfalen-Lippe. 35, Münster 1985, S. 3-26.

Martin Tabaczek, Ein unchristlicher Streit um das Christliche Gesangbuch. In: Johannes Altenberend (Hg.), Ein Haus für Geschichte. Festschrift für Reinhard Vogelsang, Bielefeld 2004, S. 289-316.

Ralf Ventur, Die Presse als Faktor und Forum bei der Entstehung der Rheinisch-Wesfälischen Kirchenordnung von 1835, Diss. Bochum 1990.

Die Tagebücher des Ludwig Freiherrn Vincke, 1813-1818, Band 7, bearb. von Ludger Graf von Westphalen Münster 1980.

Die Tagebücher des Ludwig Freiherrn Vincke, 1819-1824, Band 8, bearb. von Hans-Joachim Behr, Münster 2015.

Die Tagebücher des Ludwig Freiherrn Vincke, 1825-1829, Band 9, bearb. von Hans-Joachim Behr, Münster 2015.

Die Tagebücher des Ludwig Freiherrn Vincke, 1830-1839, Band 10, bearb. von Heide Barmeyer-Hartlieb, Münster 2018.

Die Tagebücher des Ludwig Freiherrn Vincke, 1840-1844, Band 11, 1840-1844, bearb. von Hans-Joachim Behr und Christine Schedensack, Münster 2019.

Ludwig Freiherrn Vincke, Darstellung der innern Verwaltung Großbritanniens, mit einer Vorrede von B. G. Niebuhr, Berlin 1815.

Reinhard Vogelsang, Geschichte der Stadt Bielefeld Band 1, Von den Anfängen bis zur Mitte des 19. Jahrhunderts, Bielefeld 1980.

Friedrich Moritz von Wagemann, Darlegung der Hauptresultate aus den wegen revolutionärer Complotte der neueren Zeit in Deutschland geführten Untersuchungen geführten Untersuchungen auf den Zeitabschnitt mit Ende Juli 1838, Frankfurt a. M. 1839.

Hans-Ulrich Wehler, Deutsche Gesellschaftsgeschichte, Zweiter Band. Von der Reformära bis zur industriellen und politischen „Deutschen Doppelrevolution" 1815 bis 1845/49, München 1987.

Carl Welcker, Die geheimen Inquisitionsprozesse gegen Jordan und Weidig, Karlsruhe 1843.

Matthias Wolfes, Öffentlichkeit und Bürgergesellschaft. Friedrich Schleiermachers politische Wirksamkeit. Bd. 1, Teil I, New York 2004.

–, Öffentlichkeit und Bürgergesellschaft: Friedrich Schleiermachers politische Wirksamkeit. Schleiermacher-Studien. Band 1 Wolfes, Teil II, Matthias Berlin Boston 2015.

Heinrich Würzer, Der Patriotische Volksredner, Altona 1796.

Verzeichnis der Namen